国家社科基金后期资助项目

汉语否定表达的
认知研究和逻辑分析

A Cognitive Study and Logic Analysis
of the Negative Expressions in Mandarin Chinese

袁毓林　著

商務印書館
创于1897 The Commercial Press
2018年·北京

图书在版编目(CIP)数据

汉语否定表达的认知研究和逻辑分析/袁毓林著. —北京:商务印书馆,2018
ISBN 978-7-100-15769-8

Ⅰ.①汉… Ⅱ.①袁… Ⅲ.①汉语—否定(语法)—研究 Ⅳ.①H146.3

中国版本图书馆 CIP 数据核字(2018)第 017392 号

汉语否定表达的认知研究和逻辑分析
袁毓林 著

商 务 印 书 馆 出 版
(北京王府井大街 36 号 邮政编码 100710)
商 务 印 书 馆 发 行
北京市艺辉印刷有限公司印刷
ISBN 978-7-100-15769-8

2018 年 3 月第 1 版　　开本 787×1092 1/16
2018 年 3 月北京第 1 次印刷　　印张 20½

定价:62.00 元

汉语语言表达的认知研究和逻辑、分析

希亮题

国家社科基金后期资助项目
出版说明

后期资助项目是国家社科基金设立的一类重要项目，旨在鼓励广大社科研究者潜心治学，支持基础研究多出优秀成果。它是经过严格评审，从接近完成的科研成果中遴选立项的。为扩大后期资助项目的影响，更好地推动学术发展，促进成果转化，全国哲学社会科学规划办公室按照“统一设计、统一标识、统一版式、形成系列”的总体要求，组织出版国家社科基金后期资助项目成果。

全国哲学社会科学规划办公室

目　录

叁　隐性否定动词的语义分析

前　言

否定是自然语言中的普遍现象，否定表达从形式到意义都有一系列复杂的表现，引起了语言学家的广泛兴趣。否定现象也成为各种语义学理论的试金石和催化剂，一方面检验了不同的语义学理论和方法的效力，另一方面也催生了一系列新颖的关于意义的概念、分析方法和技术，推动了语义学向纵深发展。

本书首先讨论了否定表达的有关理论问题，分析否定这种非线性范畴在表层结构中实现时所受到的线性限制，讨论线性的否定表达中否定词语的位置及其语义效用。还从认知的角度解释否定句中焦点的分布位置及其句法条件、否定句的预设是否具有可取消性，并提出相应的处理否定句的辖域歧义（内部否定和外部否定）的方法。然后分别考察现代汉语中偏正结构、并列结构、连谓结构、流水句和任指用法的疑问代词的否定表达形式，描写否定性词语“不、没有”跟这些结构中的有关直接成分在次范畴方面的选择关系，进而分析否定性词语的管辖范围和提醒人们注意这种否定辖域的界限的警示标志。特别研究了类比结构等流水句中否定性词语的管辖范围和造成辖域歧义的语法原因，还讨论一些常用的消除流水句中的辖域歧义的方法。接着，讨论了一系列隐性否定动词和隐性否定副词的句法、语义和语用问题。其中，援引了乐观假设、怀疑主义和劳酬均衡原理等社会心理学原则，来说明一种自上而下的、由概念驱动和句法制导相互协同的语句意义的形成和识解机制。最后，考察了中介语里跟“不”和“没有”的意义或用法偏误相关的否定表达，说明了错误原因和相应的改正方法。希望我们对于否定表达的理论研究和实例分析，能够有益于对外汉语教学这种实践活动。

通过这一系列跟汉语否定表达相关的个案研究，我们希望实践一种基于语言运用的语法研究范式。我们的目标是：让语法研究根植于人们使用和理解话语的实际情形，从活生生的语言运用的现实中发现语法研究的对象和素材。我们的信念是：语法不仅是一种人类种系进化所得的内在禀赋，而且是一种人类个体在社会交往中锻炼成就的文化技艺，更是一种程式化的以他人为指向的社会性智力；语法不仅体现为一套静态的由原则与参数等组成的规则系统，也体现为一种动态的由建构与猜测等智力行为组成的博弈程序。

本书在研究方法上的特点是：采用认知心理学、社会心理学、数理逻辑、形式语义学和计算机科学上的有关理论和方法，来分析和处理否定句的形式与意义；并且贯通句法、语义、语用、篇章等不同分析平面，力求挖掘出语言现象背后的规律。在理论上对于否定句的焦点、预设、断言、推论和辖域歧义等问题提出新的看法，并打破西方部分语言学家在这些问题上违背说话人语感的成见。在研究策略上，本书既借重认知功能语言学对于语言现象的洞察力，又依靠逻辑语义学的形式化分析技术；既描写否定表达的句法、语义和语用特点，又揭示否定表达的语义理解的认知过程和相关策略，特别是否定表达的意义形成和识解背后所依赖的社会心理原则；从而实践了一种基于语言运用的汉语语法研究范式，对于汉语语法研究方法的拓展具有启发性和借鉴意义。在实践和应用上，本书通过描写各种类型的否定表达形式，揭示汉语否定表达的各种主要的句法、语义和语用特性。这种根植于语言运用、基于真实文本语料的研究成果，对于计算机处理汉语信息和对外汉语教学，都具有直接的应用价值。

壹　否定结构的语义学理论

第一章　否定句的焦点结构及其预设和辖域歧义

本章通过对否定的辖域、焦点和预设等概念的讨论，说明否定是一种依托于句子的句法-语义结构的语法操作过程，否定的焦点可以从句子的成分结构和焦点结构上做出预测；否定有独立的辖域和焦点，否定词的位置有特定的语序效用。具体地说，否定词一般附加在充当谓语的核心谓词之前；如果要否定名词性的主语，则需要在主语之前加上"是"（即先造成谓词性结构，再受否定词修饰）。否定的语义运作是在句子的焦点结构之上进行的，否定词作为焦点敏感算子直接对句子的焦点进行否定，句子的预设则得以保持。如果句子的预设是由否定性结构表示的否定性命题，那么这种表达预设意义的否定的焦点就不是整个句子的焦点。由于焦点是一种相对于预设而言的关系性概念，句子的焦点结构是一种非线性的语法范畴，而否定又依托于句子的焦点结构来运作；因而，否定就不可能是一种线性的语法范畴。但是，在汉语这种注重语序的语言中，否定范畴的线性表达有其特定的语序效应，否定词的语序安排有特定而明确的指明辖域大小的语义效用。此外，鉴于否定的性质与辖域跟预设的紧密关系，本章还讨论了语义学对于预设投射问题的三种解决方案。结语部分简单地讨论了否定表达建构逆反性心智空间的机理及其在日常思维和文学、科学中的应用。附录部分讨论了否定与悖论的关系，介绍了常见的几种悖论的性质与类型。

第一节　否定的辖域、焦点和预设

从逻辑上讲，否定作用于一个简单句之上构成一个复合句，这个复合句的真值就是否定作用于其上的简单句的真值的反面。如果简单句记作 p，那么通过否定算子（记作$\neg$）操作后构成的复合句就记作$\neg p$。如果 p 为真（true），那么$\neg p$ 为假（false）；反之，如果 p 为假，那么$\neg p$ 为真。一般地说，一个逻辑算子的辖域就是受该算子影响的表达式的那个部分。据此，¬p 这种表达式的标记方法就说明了否定算子¬的辖域是整个简单句 p。① 如果一个简单句 p 和相应的否定句¬p 两者只有在命题 q 为真时它们才是真的，那么 p 预设(presuppose)q；或者说，q 是 p 和¬p 的预设(presupposition)。直观地说，预设(presupposition)是一种使某一语句具有真值的条件。② 在语言学上，否定的辖域指一个否定成分的作用范围。也就是说，在一个包含否定词的格式中，所有可能被这个否定词否定的项目构成了否定的辖域。事实上，处于否定的辖域之中的几个成分，通常只有一个是真正被否定的，这个被否定的项目就叫作否定的焦点。③ 吕叔湘(1985)指出，"在句子里，'不'或'没'的否定范围是'不'或'没'以后的全部词语。一个词在不在否定范围之内，有时候会产生重大的意义差别"(第 246 页)。还举了下列很有说服力的例子：

(1)a. 我一直<u>没</u>生病。～ b. 我<u>没</u>一直生病。

(2)a. 他天天<u>不</u>上班。～ b. 他<u>不</u>天天上班。

(3)a. 我实实在在<u>没</u>告诉他。～ b. 我<u>没</u>实实在在地告诉他。

吕先生说，"否定句也常常有一个否定的焦点。这个焦点一般是末了一个成分，即句末重音所在(即除去语助词，人称代词等)。但如果前边有对比重音，否定的焦点就移到这个重音所在"(第 246 页)。举的例子是：

(4)我<u>没</u>问他的 ˈ经历。(只谈了现在的情况)

(5)我<u>没</u>问他的 ˈ详细经历。(只知道他在农村里待过)

(6)我<u>没</u> ˈ问他的经历。(是他自己告诉我的)

(7)我<u>没</u> ˈ特地问他的经历。(是谈情况时透露的)

例(4)是一般的语调，只有句末重音，"经历"是否定的焦点；例(5)～(7)都有对比重音，否定的焦点分别向前移动到"详细""问"和"特地"上。

从形式语义学的角度看，否定词语就是否定算子(negative operator)。在这里，算子(operator)指一个符号或词语，它表示一个必须运作的变化过

① 详见 Allwood，Andersson & Dahl(1977)，pp. 30～31、44，中译本第 34～36、51～52 页。

② 详见 Allwood，Andersson & Dahl(1977)，pp. 149～153，中译本第 175～178 页。

③ 参考钱敏汝(1990)，第 31 页。

程。比如，否定词语加在一个简单句上，使其真值变得相反（原来真的变为假的，原来假的变为真的）。可见，算子具有把一个句法（或语义）表达式改变成另一个句法（或语义）表达式的功能。比如，否定算子把一个肯定表达式改变成一个否定表达式，逻辑连词"和"（即合取算子 ∧）具有把两个或两个以上的简单句改变成一个复合句的功能。① 汉语否定词语"不"和"没（有）"跟其他语言中的否定词语一样，是焦点敏感算子，它跟否定词语所在的句子的焦点发生关联（association），最终否定了焦点成分所表达的意义。② 因此，要想比较形式化地预测和解释否定句的意义，还得首先确定否定句的焦点结构。从焦点理论的角度看，③例（4）～（7）的焦点结构和语义解释，可以通过焦点的指派原则来获得比较严格的预测和解释。首先，假定焦点被指派到句子中语句重音所在的成分上，还可以递归地指派到包含这个成分的更大的成分上；④其次，假设语句的常规重音递归地落在谓语部分的非核心成分上，这就是辅助成分重读原则（简称"辅重原则"）；⑤最后，假设说话人可以改变常规的重音指派方式，把对比重音赋予任何他想特别强调的成分上。根据上述原则，例（4）否定词之外的谓语部分是述宾结构"问他的经历"，其中宾语是非核心成分（即辅助成分）；宾语"他的经历"是偏正结构，辅助成分是"他的"。但是，代词"他"和助词"的"都是轻读成分（weak forms），一般不能接受重音；于是，重音就流转到其中心语"经历"上。因此，句末的"经历"成为句子的焦点。由于否定词"没"是一个焦点敏感算子，所以它首先直接跟焦点相关联。结果，"经历"成为否定的焦点。根据同样的道理，在例（5）中，"详细经历"的辅助语"详细"获得了重音；于是，"详细"成为否定的焦点。在例（7）中，否定词之外的谓语部分是偏正结构"特地问他的经历"，其中的辅助语"特地"获得了重音；于是，"特地"成为否定的焦点。至于例（6）则是说话人打破常规，把对比重音指派给本来不能获得自然重音的谓语核心"问"上；结果，动词"问"成为否定的焦点。因此，事实上只有例（6）中的是对比焦点，其余是自然焦点。

徐杰、李英哲（1993）认为，否定是非线性的语法范畴，它的作用范围是

---

① 参考 Crystal（1997），中译本第 250 页。

② 形式语义学认为，如果一个表达式的语义解释取决于焦点的位置，那么它是焦点敏感的（focus-sensitive）；相应地，约束这种焦点的算子就是焦点敏感算子（focus-sensitive operator）。参见 Beaver and Clark（2003），pp. 323～325。

③ 关于焦点理论，可以参看袁毓林（2003b）及其所引的相关文献。

④ 详见袁毓林（2003b）§5：焦点的指派和焦点投射规则。

⑤ Duanmu（1990）提出辅重（non-head stress）原则：辅助成分（即非核心成分）应该在韵律上比核心成分重。

全句；因此，没有独立的否定辖域。并且，否定句没有一套独立的否定中心，否定的中心就是句子的焦点；而且，否定中心跟否定词没有直接的前后语序关系，否定中心的选择取决于独立于否定本身的焦点选择，否定词的语序安排取决于它们的词类性质和同时带有焦点标记的特点。否定作为一种句法范畴仅仅是对肯定的改变，并没有改变原句的焦点。（第 81、83～84 页）说否定的辖域是整个句子，这等于说没有独立的否定辖域。承认这一点，有助于解释否定句中除了否定词之外的各个项目都可以（即有可能）成为否定项这一事实［如上文例(4)～(7)及其说明所示］，特别是便于说明否定词前面的项目也可以成为否定项这一事实。例如：

(8)a. 我今天不看'电影(，我今天看球赛)。
b. 我今天不'看电影(，我今天去爬山)。
c. 我'今天不看电视(，我星期天才看电影)。
d.'我今天不看电影(，我孩子今天想去看电影)。

但是，这种否定无辖域的观点不便于解释例(1)～(3)中 a 和 b 在意义上的差别。对此，徐杰、李英哲(1993)的解释是：否定词除了有实现否定范畴的功用外，还有强化焦点的作用；它们带［＋Neg］和［＋Focus］两种标记，这种标记可在词汇库(lexicon)中规定。语法强制性地要求这种带［＋Focus］标记的成分尽可能地靠近焦点成分。他们举的例子是：

(9)a. 你别在办公室里睡觉。(回家去睡)
b.'你在办公室里别睡觉。(在那里应该工作)
(10)a. 他是在办公室里睡觉。
b.'他在办公室里是睡觉。

根据我们的语感，例(10a)的可接受性较差，例(10b)的合格性可疑。撇开这一点不论，否定词有强化焦点的功用、强制靠近焦点的说法，不仅跟他们的"否定中心跟否定词没有直接的前后语序关系"的观点不协调，而且跟例(8c～d)这类事实不协调；并且，这种观点不能解释下列这种现象：

(11)a. 我不爱吃红烧肉。(我爱吃清蒸鱼)
b.'红烧肉我可不爱吃。(清蒸鱼我爱吃)
c. 她对这种事实在一点儿也不感兴趣。

d. 对孩子升学的事他从来不放在心上。

显而易见，这些句子中的焦点成分都是远离否定词的。根据上文的焦点指派理论，在例(11a)中，宾语“红烧肉”获得重音，成为句子的常规焦点，自然地成为否定的焦点。在例(11b)中，宾语“红烧肉”移位到句首成为话题，并且被说话人指派了对比重音，成为句子的对比焦点，自然就成为否定的焦点；再加上原来的宾语位置是一个空语类(empty category)，这个空语类跟话题“红烧肉”同指(co-reference)，因而句首话题“红烧肉”作为否定的焦点的地位更加稳固了。在例(11c～d)中，“这种事、孩子升学的事”是动词性结构“感兴趣、放在心上”的客体性论元，它们在介词的引导下成为谓语核心的修饰语(状语)；根据“辅重原则”，它们能够获得正常重音，成为句子的常规焦点，自然可以成为否定的焦点。

第二节　语用预设、会话含义和否定的焦点

徐杰、李英哲(1993)认为否定句没有一套独立的否定中心，否定的中心就是句子的焦点。这种理论的好处是可以简化语法规则的类型和数量，便于解释一个儿童何以能在相当短的时间内、依据有限而零碎的语言经验就可以掌握一种或数种语言这一事实。但是，如果我们能证明否定句的焦点和否定词的否定中心是可以分离的，从而说明句子(包括否定句)的焦点跟否定词的否定焦点是可以相互独立的；那么，就可以证明否定无独立的焦点的观点是站不住的。在进行具体的证明之前，我们必须先讨论焦点和预设这一对概念。

一般认为，一个句子所传达的信息可以分为已知的(given)和新知的(new)两个部分；已知信息是由上下文或语境所提供的情况，它是一个句子的意义中的背景部分(background)；新信息是说话人所要表达的新内容，它是一个句子的意义中的前景部分(foreground)。可以通过问答测试来显示这种区别。我们可以把每一句话(被测试句)看作是对一个特殊疑问句的回答，而每一个特殊疑问句又都以一个陈述句作为自己的前提。一般地说，这个作为前提的陈述句便是我们的已知信息，它是被测试句的预设；对应于特殊问句中的疑问词的部分便是我们原本未知的新信息，它是被测试句中的焦点。[①]

① 详见陈平(1985)，第234～235页。

例如：

(12)小王去上海了。
　　a. 小王去哪儿了？　～a′. 小王去了某个地方。
　　b. 谁去上海了？　～b′. 有人去上海了。
　　c. 小王怎么了？　～c′. 小王发生了一件事。

(13)小王不去上海。
　　a. 小王不去哪儿？　～a′. 小王不去某个地方。
　　b. 谁不去上海？　～b′. 有人不去上海。
　　c. 小王怎么了？　～c′. 小王发生了一件事。

如果例(12)是针对(12a)的答句，那么(12)中的“上海”就是陈述句(12)的焦点，(12a′)就是陈述句(12)的预设。如果例(12)是针对(12b)的答句，那么(12)中的“小王”就是陈述句(12)的焦点，(12b′)就是陈述句(12)的预设。如果例(12)是针对(12c)的答句，那么(12)中的“去上海”就是陈述句(12)的焦点，(12c′)就是陈述句(12)的预设。从相应的疑问句上可以看出，例(12)(13)中的宾语、主语、述宾结构(即整个谓语部分)都可以成为焦点。① 当然，这些焦点在性质上是有一定的区别的。一般地说，宾语是句子的自然重音所在，因此是常规焦点(regular focus)；而主语只有加上强制性对比重音以后才能成为焦点，这种焦点是对比焦点(contrastive focus)。② 跟这些疑问句相应的陈述句就是对应于不同的焦点的预设。其中，c′“小王发生了一件事”是肯定句(12)和相应的否定句(13)的预设，这符合上文(§1)给出的预设的定义；而句子(12)和(13)各自的预设(12a′ vs. 13 a′)和(12b′ vs. 13b′)却都是相反的，不符合上文给出的预设的定义。原来，上文给出的是语义预设的严格定义，这种意义下的预设指的是一个句子获得真值(可以判断其真假)的前提条件，即真值条件(truth conditions)。而a′和b′则是句子(12)和(13)可以这样表达的适宜性条件(felicity conditions)，即在这种语境条件下采用(12)或(13)这种表达方式是合适的。由于这涉及了语用表达上的合适性条件，因而这是一种语用预设(pragmatic presupposition)。一

① 可见，焦点本质上是一种关系性概念，反映的是一个成分跟话语中(或认知上)相关成分之间的凸显关系；在语义上相对突出的成分是焦点(或前景信息)，其他相关成分就是预设(或背景信息)。详见袁毓林(2003b)。

② 参考方梅(1995)§1和§2，第279～283页。

般地说，一个肯定句跟它相应的否定句的语义预设是相同的；但是，一个肯定句跟它相应的否定句的语用预设往往是不同的。值得注意的是，从例(13a′～b′)可以看出，否定形式本身也可以是预设中的成分；或者说，预设也可以是个否定句式（即否定性语句）。在这种情况下，如果作为预设的否定形式中至少有一个项目实际上被否定；那么，我们就有理由相信，这个否定形式中仍有焦点。于是，我们就可以把否定句全句的焦点跟否定词的否定焦点分离开来。例如：

(14)是小王没有准时上班。

a. 谁没有准时上班？　～ a′. 有人没有准时上班。

b. 没有准时上班 ＝ 上班了，但不准时

(15)是小明不认真做早操。

a. 谁不认真做早操？　～ a′. 有人不认真做早操。

b. 不认真做早操 ＝ 做早操了，但不认真

如例(14)所示，整个否定句的焦点是由“是”标记的“小王”，但否定词“没有”的焦点是动词“上班”前的状语“准时”。可见，否定句的焦点跟否定的焦点是可以不一致的；整个否定句的焦点可能是对比焦点，但是否定的焦点通常是其辖域中的自然焦点。

徐杰、李英哲(1993)说：“‘是’字是汉语的焦点标记。当否定词否定一个带‘是’的句子时，不管这个否定词放在哪里，它的否定中心一定落在由‘是’指明的焦点成分上。”举的例子是：“是老王没来。”他们解释：否定词“没”虽然位于动词“来”的前面，但“来”并没有被否定；该句否定的中心是由“是”表明的焦点“老王”（很多人都来了，但老王没来）。我们觉得，他们的说明是自相矛盾的。因为，他们一方面说“来”并没有被否定（即“并非‘没来’”）；另一方面又说“是老王没来”的意思是“很多人都来了，但老王没来”（即“的确‘没来’”）。我们认为，在“是老王没来”中，否定词“没”的否定中心是“来”，至于“很多人都来了”是通过强调标记“是”加在基础句“老王没来”上而表达出来的会话含义。因为强调标记“是”有标志对比焦点的作用，它不仅使“老王”跟“很多人”或“其他人”相对比，而且使“没来”跟“来了”相对比。我们不能根据从表层形式“是老王没来”推导出来的会话含义“很多人都来了”，来证明表层形式“是老王没来”中的“来”没有被否定。事实上，正如徐杰、李英哲(1993)自己指出的：“是老王没来”的意思是“很多人都来了，但老王没来”，表层形式中的“来”确凿无疑地被否定了。至此，我们可以说，在有强调标记的句

子中，否定句的焦点不一定就是否定词的否定中心；否定句的焦点跟否定焦点是可以分离的。并且，这两种焦点的性质是不同的：一种是由强调标记所标志的属于全句的对比焦点，一种是否定词语的辖域中的自然焦点。

不过话说回来，根据篇章语用学（textual pragmatics）中的可处理原则（processibility principle），篇章的组织和表达应该采用便于听话人实时解码的方式；其中，把焦点放在句子末尾（end-focus）、把逻辑算子置于其辖域之前（end-scope），都是有效的便于听话人信息加工的表达方式。[①] 因此，在一般的无标记的否定句中，否定的焦点通常就是全句的焦点；这两种焦点不仅是重合的，而且都处在句子靠末尾的位置。只有在有标记的否定句中，特别是全句的焦点是非常规的、由强调标记强制性规定的情况下，否定的焦点才可以跟全句的焦点相分离。

第三节　否定范畴的线性表达及其语义效用

在上面两节讨论的基础上，现在可以比较直接地表明我们对于否定的一些看法：在某种比较深的分析层次上，否定可以看作一种非线性的语法范畴；是否定性词语作用于整个作为简单句的肯定句之上，从而造成作为复合句的否定句。一个经验性的例证是，儿童构成否定句的最初阶段，通常把否定词放在句首。例如：

(16) No Daddy come.（意为：爸爸没有回来。）
(17) Not Susie shoe.（意为：不是苏西的鞋。）
(18) Not Mummy play.（意为：妈妈不在玩。）[②]

我女儿（桐桐）在一岁半大小的时候，常常把中嵌在短语中的否定词前置，或者使用一些成人不说的分析性否定短语。例如：[③]

(19) 不拿得动（意为：拿不动）

---

① 详见 Leech(1983) § 3.3.3: The textual pragmatics, pp. 63～66。

② 详见 Smith & Wilson(1979)，中译本第23～24页。

③ 类似的表示可能的否定词“不”误置于动词前的情况，在儿童语言中还是比较普遍的。比如，李宇明(1995)记录到“我不跑快｜我不吃完”；张云秋等(2006)记录到“圆圆不看懂”。

(20)不抱得动(意为:抱不动)

(21)不有用(意为:没有用)

就此而言,否定的作用范围是整个简单句,因此不存在独立的否定辖域。

但是,在表层结构平面上,非线性的否定范畴总是要用线性形式来实现的;也就是说,否定词总是要插入到其操作对象简单句的某个位置上。于是,人们可以在否定词的插入序位上大做文章,赋予否定词的序位某种特定的语义功能。尽管从理论上说,否定词是可以插入到简单句的任何位置上的;但是,语言中普遍的倾向是把否定词置于简单句的谓语动词之前。原因不难理解,因为谓语动词是句子的句法、语义核心,通过否定它就能否定句子的各构成成分之间的意义关系,从而达到否定整个简单句的目的。例如:

(22)方明是大学生。→ 方明不是大学生。

(23)钱伟看过这本书。→ 钱伟没看过这本书。

通过否定系词"是",就可以对"方明是大学生"这个判断进行否定。通过否定动词性成分"看过",就可以否定"钱伟看过这本书"这个事件;也就是说,只要否定动作(或关系)就可以否定包含这个动作(或关系)的事件(或状态)。正因为主要动词对其各从属成分有控制作用,所以即使是位于否定词前的成分也能被否定词否定。例如:

(24)他拖延了一天。→ 他一天也没有拖延。

(25)她给了我一点工本费。→ 她连一点工本费也不给我。

(26)我就听进去这句话。→ 我就这句话听不进去。

(27)老刘对职工很关心。→ 老刘对职工不关心。

但是,这只是问题的一个方面;问题的另一方面是,一个句子中的各个成分在语义表达中的作用是不一样的:有的成分表达的是句子的预设意义,属于旧信息,事实上它们的意义在否定的情况下仍然得以保持;有的成分表达的是句子的焦点意义,属于新信息(或者是被强调的旧信息),它们是真正被否定的。于是,最自然的表达莫过于把否定词置于焦点成分之前,让焦点及相关成分直接处于否定词之后,形成一个相对集中的否定的辖域。这就是认知语法学上所谓的距离临摹动机(distance iconic motivation),大概的意思是,让语义上关系密切的成分尽可能紧挨着。当然,这是一种理想的、无标记的情况，如果要让焦点成分前置于否定词，那么通常是采用有标记形式；这标记大都是强调重音、“连、就、对、是”等强调性词语，这类强调标记提示人们否定词前面有标记的强调成分也可能是否定项目。简而言之，在无标记的情况下，否定的辖域一定是否定词之后的成分；在有标记的情况下，否定的辖域可以回溯到否定词之前的成分。有了这种条件性的否定的辖域概念，我们一方面可以对例(24)～(27)这类例句做出解释，另一方面可以解释下列例句：

(28)a. 情况不完全一样。～ b. 情况完全不一样。
(29)a. 我不同意小王去。～ b. 我同意小王不去。
(30)a. 他们不抓件重点。～ b. 他们抓不住重点。
(31)a. 明天不可能下雨。～ b. 明天可能不下雨。

细读这些例句，我们的语感强烈地告诉我们，否定的辖域和焦点跟否定词有直接的前后语序关系，否定词的语序安排有特定而明确的语义效用；一言以蔽之，否定范畴的线性表达有其特定的语序效应。可见，否定没有独立的辖域和焦点的观点是一种过于经济的语义学理论，它不能对例(28)～(31)一类句子配对在意义上的差别提供简明而自然的解释，也不能解释语言中何以要有双重否定这种表达形式；如果坚持否定没有独立的辖域和焦点的观点，那么我们必须回答下面两个关于双重否定句的问题：两个都是作用于全句的否定算子该如何来安排？一个句子中为什么要两个非线性的否定范畴？

综合上面三节的讨论，可以得出一个初步的结论：在现代汉语中，否定是一种依托在句子的句法结构和语义结构之上的语法操作过程(grammatical process)。依托于句法结构，表现为否定词一般附加在谓词性结构之上，最常见的是附加在充当谓语的核心谓词之前；如果要否定名词性的主语，则需要在主语之前加上“是”(即先造成谓词性结构，再受否定词修饰)。依托于语义结构，表现为否定的语义运作是在句子的焦点结构之上进行的。否定词作为焦点敏感算子，直接对句子的焦点进行否定，句子的预设则得以保持。正因为如此，如果句子的预设是由否定性结构表示的否定性命题，那么这种表达预设意义的否定的焦点就不是整个句子的焦点。因此，可以说否定有独立的辖域和焦点，只是在比较简单的句子中，否定的焦点就是句子的焦点。由于焦点是一种相对于预设而言的关系性概念，句子的焦点结构是一种非线性的语法范畴，而否定又依托于句子的焦点结构来运作；因而，否定就不可能是一种线性的语法范畴。但是，在汉语这种注重语序的语言中，否定范畴的线性表达有其特定的语序效应，否定词的语序安排有特定而明确的指明辖域大小的语义效用。

第四节　预设的可取消性和否定的辖域歧义

尽管预设远不是一个定义明确的概念，但是关于否定的语义学理论注定是要跟预设难分难解的。因为，如果一种关于否定的语义学理论要想符合或反映人们对于否定句的直觉，那么据此推导出来的否定句的语义表达必须表明：它跟相应的肯定句的哪些真值条件不相符合。① 也就是说，关于否定的语义学应该说明：在否定句中，作为基础句的肯定句的哪些意义被否定词语否定掉了，又有哪些意义没有被否定掉（即保留下来了）。为了便于说明这一问题，语义学理论一般假设：在否定句中被否定掉的成分及其意义是否定句及其相应的肯定句的焦点，没有被否定掉的成分及其意义是否定句及其相应的肯定句的预设。在这种理论需求之下，在某种解释层次上把否定句及相应的肯定句的意义分为预设和焦点两个部分，就显得十分必要和方便。例如：

（32）王小刚很聪明。
（33）王小刚不聪明。
（34）存在着王小刚这么一个人。

预设（34）是肯定句（32）及其相应的否定句（33）有意义的前提条件，它在否定句中没有被否定掉，被否定掉的是焦点部分——即“某人是聪明的”这种断言意义（assertion）。②

但是，有的研究者注意到：预设有一个特征，那就是在一定的语境中它会消失。③ 预设的可取消性（defeasibility）直接造成了否定句的歧义性——

---

① 参见 Kempson（1977），中译本第 23 页。

② 断言指一个表达式（命题或语句）直接陈述的意义，可以通过否定来颠倒其真值：如果它原来是真的，那么其否定式便是假的；反之亦然。因此，可以用否定操作来测试一个表达式的某种意义是不是其断言。

③ 详见 Levinson（1983）§ 4.3，pp. 183～195；中文介绍请看《国外语言学》1986 年第 1 期，第 33 页。

在预设保持的情况下是一种释义(reading),在预设取消的情况下是另一种释义。例如:

(35)a. The Gypsy regretted that the captain was in prison.

(那个吉卜赛人为上尉入狱而悔恨。)

b. The Gypsy didn't regret that the captain was in prison.

(那个吉卜赛人没有为上尉入狱而悔恨。)

c. The captain was in prison.

(上尉当时已经入狱。)

d. The Gypsy didn't regret that the captain was in prison because she knew that he had in fact escaped.

(那个吉卜赛人没有为上尉入狱而悔恨,因为她知道他其实已经越狱。)

(36)a. The bishop of Avebury visited Enid's gallery.

(艾夫伯里主教参观过伊尼德美术馆。)

b. The bishop of Avebury did not visit Enid's gallery.

(艾夫伯里主教没有参观过伊尼德美术馆。)

c. There is a bishop of Avebury.

(有一位艾夫伯里主教。)

d. The bishop of Avebury did not visit Enid's gallery—there is no bishop of Avebury.

(艾夫伯里主教没有参观过伊尼德美术馆——根本就没有什么艾夫伯里主教。)

(37)a. The detective in charge of the operation bribed the witnesses.

(负责这项行动的侦探贿赂过证人。)

b. The detective in charge of the operation did not bribe the witnesses.

(负责这项行动的侦探没有贿赂过证人。)

c. There was a detective in charge of the operation.

(有一位负责这项行动的侦探。)

d. The detective in charge of the operation did not bribe the witnesses as there was no one in charge of the operation.

(负责这项行动的侦探没有贿赂过证人,因为根本没有谁负责这项行动。)

(38) a. The secretary of the Fine Arts Committee ran the art exhibition in 1935.

(美术委员会的秘书操办了 1935 年的那次艺展。)

b. The secretary of the Fine Arts Committee did not run the art exhibition in 1935.

(美术委员会的秘书没有操办 1935 年的那次艺展。)

c. There was a secretary of the Fine Arts Committee in 1935.

(1935 年有一位美术委员会的秘书。)

d. The secretary of the Fine Arts Committee did not run the art exhibition in 1935 as the Fine Arts Committee had not been set up then.

(美术委员会的秘书没有操办 1935 年的那次艺展,因为当时美术委员会还没有成立。)

在否定句 b 中,预设 c 得以保留;这时,预设 c 在否定词的辖域之外,否定词只否定焦点部分,所以有人把这种否定叫作内部否定(internal negation)。在否定句 d 中,预设 c 被公开否认;这时,预设 c 就在否定词的辖域之内了,否定词把通常处于其辖域之外的预设也否定了,所以有人把这种否定叫作外部否定(external negation)。这种由否定词的辖域不同而造成的歧义就是所谓的辖域歧义(scope-ambiguities),它给建立一种简明、统一的关于否定句的语义学理论带来了困扰。

从方法论上看,这是一种把不同语境下否定句的不同释义归于否定词的辖域不同的路线。其中,否定句的内部否定的释义跟预设的语义理论相一致;[1]而否定句的外部否定的释义对预设的语义理论是一种挑战,它表明预设并不是句子的意义中稳定的、不受语境约束的部分。如果预设是句子的一种语义上的真值条件,那么它必须是一种不变的关系:如果 p 在语义上预设 q,那么 p 总是在语义上预设 q;不存在这种情况:当 p 处于某种语境中时,q 可以取消。正是从预设的成立与否取决于语境或背景知识这一点上,有的语言学家认识到:预设是一种语用上的合适性(appropriateness)条件,而不是语义上的真值条件;于是,预设属于语用学,而不属于语义学。[2] 可

① 参考 Kempson(1979),中译本第 35 页。

② 详见 Levinson(1983) § 4.4,pp. 199～225;中文介绍请看《国外语言学》1986 年第 1 期,第 35～36 页。

见，关于预设的理论层次的问题，不是在短时间内可以解决的。更何况语义学和语用学的界限尚且模糊不清呢。

第五节　内部否定和外部否定的消解理论

否定的辖域歧义这种分析方法，源于英国哲学家罗素（Bertrand Russell，1872～1970 年）的“摹状词理论”（Theory of Descriptions）。根据罗素的见解，包含“某某人”之类的有定摹状词（definite descriptions）的句子，不能用简单的逻辑公式来刻画，应该用一组命题的合取（conjunction，记作 $\wedge$）来刻画。比如，The King of France is wise.（法国国王很聪明）可以用逻辑公式刻画如下：

(39) $\exists x(King(x) \wedge \neg \exists y((y \neq x) \wedge King(y)) \wedge Wise(x))$

这个公式可以读作：“存在着一个法国国王，并且没有其他人是法国国王，他是聪明的。”这种用存在算子引进有定摹状词的句子叫存在句（existential sentence）。按照罗素的分析，否定式存在句是有歧义的。比如，The King of France is not wise.（法国国王不聪明。）有两种释义，可以分别用逻辑公式刻画如下：

(40) $\exists x(King(x) \wedge \neg \exists y((y \neq x) \wedge King(y)) \wedge \neg Wise(x))$

(41) $\neg(\exists x(King(x) \wedge \neg \exists y((y \neq x) \wedge King(y)) \wedge Wise(x)))$

公式(40)可以读作：“存在着一个法国国王，并且没有其他人是法国国王，他不聪明。”其中，否定算子占窄域（narrow scope），它位于存在量词的内部并将自己纳入这一存在量词的辖域之中，这就是内部否定的情况。公式(41)可以读作：“下列情况不是真的——存在着一个法国国王，并且没有其他人是法国国王，他是聪明的。”其中，否定算子占广域（wide scope），它位于存在量词的外部并将其纳入自己的辖域之中，这就是外部否定的情况。比如：

(42) The King of France is not wise — because there is no such person.

（法国国王并不聪明，因为压根儿没有这个人）

当否定句处于像例(42)这样的语境中的时候,就可以用(41)这种公式来刻画。①

对于这样一种分析传统,Kempson(1979)挥舞着奥卡姆剃刀(Occam's Razor),进行了彻底否定。② 她认为,由于否定句的两种释义不是相互独立的,而是具有逻辑依存关系的;因而不能视为歧义,而应该看作是语义的不确定性(indeterminacy of meaning)。Kempson(1979)用数理逻辑上的德摩根等值定律(De Morgen's Law)"$\neg(P \land Q) \equiv \neg P \lor \neg Q$"来证明否定句的两种释义是有逻辑上的推导关系的。我们用一种简化和直观的方式重述如下:如果把否定句的预设记作 Pre,把焦点记作 Foc,那么否定句的内部释义和外部释义可以表示如下:

(43)内部否定:$Pre \land \neg Foc$

(44)外部否定:$\neg(Pre \land Foc)$

公式(43)可以读作:"预设保持,但焦点被否定";公式(44)可以读作:"预设和焦点都被否定"。根据德摩根等值定律,(44)可以变换为如下的等值公式:

(45)$\neg Pre \lor \neg Foc$

公式(45)可以读作:"预设被否定,和/或焦点(也)被否定"。

从逻辑上看,"$P \land \neg Q$"蕴涵(entail)"$\neg P \lor \neg Q$";只要"$P \land \neg Q$"为真,那么"$\neg P \lor \neg Q$"一定为真。因为析取式(disjunction)要求各析取项或者同时为真,或者至少其一为真;当"$\neg P \lor \neg Q$"前项为假($\neg P$ 的假值为$\neg\neg P$,即 P)、后项为真时,正好是"$P \land \neg Q$";所以说外部否定比内部否定更为一般和笼统,也就是说,外部否定允许和符合多种情形,其中包括

---

① 参考 Kempson(1979),中译本第 34 页。Levinson(1983)§4.1,pp.169～172;中文介绍请看《国外语言学》1986 年第 1 期,第 29 页。也请参看下文§7 的讨论。

② 奥卡姆剃刀原理规定:除非必要,不增加任何理论实体。这是由 14 世纪哲学家(逻辑学家)、神学家(圣方济各会修士)奥卡姆的威廉(William of Occam,约 1285～1349 年)提出的。这个原理也称为"简单有效原理"。他在《箴言书注》2 卷 15 题说"切勿浪费较多东西去做用较少的东西同样可以做好的事情"。这种方法论的一个推论是:几种解释中最简单、最显而易见的解释就是最应该被采用的,除非它被证明是错误的。他这种吝啬地思考问题的主张,导致后来的一些作家创造了"奥卡姆剃刀"这一术语。注意:奥卡姆(Ockham,又写作 Occam)在英格兰的萨里郡(Surrey),那是 William 出生的地方。(说明:写作以上内容时,参考了多种网络资料;如有差错,责任在我。)

内部否定所符合的那种情形；①于是，只要内部否定（Pre ∧ ¬ Foc，预设为真但焦点为假）成立，那么外部否定[¬(Pre ∧ Foc)，并非预设和焦点都为真]一定成立。

Kempson(1979)很雄辩地指出，所谓的辖域歧义无一例外地不适用现有的歧义测试方法，因为它们实际上没有歧义。但是，我们注意到，Kempson(1977)曾经说过：用“前照应分析法”(anaphoric processes)可以证明，所谓的否定句的辖域歧义其实只是语义含糊(vagueness)。我们把她的观点择要简述如下：Zwicky & Sadock(1975)发展了上述“前照应分析法”，其工作要领是：当一个包含歧义动词短语的句子与另一个包含动词短语的替代形式（其释义必须跟前一个动词短语相同）的句子相连时，前一句如果有歧义并对应于两个不同的语法派生式，那么后面的动词短语的替代形式的唯一可能的释义是跟其先行短语相同的释义。换句话说，不可能有交叉的释义，即不可能前一句为一种释义，用动词短语替代形式的后一句为另一种释义。如果前后两句可以做出交叉释义，那么就是语义含糊而不是歧义。例如：

(46)John saw her duck and so did little billy.

[a. 约翰看见了她的鸭子，小比利也看见了（她的鸭子）。

b. 约翰看见她低身躲避，小比利也看见（她低身躲避）。]

(47)Mary went to the station and so did Margaret. ②

（玛丽到车站去了，玛格丽特也到车站去了。）

在例(46)中，动词短语的替代形式的释义只能跟先行动词短语保持一致，可以确定它是一个歧义句。在例(47)中，动词短语的替代形式的释义可以跟先行动词短语有一些差别；比如，玛丽是走着去的或骑自行车去的，而玛格丽特是乘公交车去的或开汽车去的。据此，可以确定这是一个语义含糊的句子。否定句到底是不是歧义句，也可以用这种方法来检验。例如：

(48)The chairman didn't sell any shares to the new firm and the secretary didn't do so either. I know the chairman didn't because he specifically told me that he had given them some as a free gift, and the

---

① 参见下面第二章§1的有关讨论。

② 这个例子是我们根据Kempson(1977)的有关说明自拟的。

secretary didn't because he didn't have any to sell.

(议长没有向新商行出售任何股票,秘书也没有。我知道议长没有出售股票,因为他明确地告诉过我,他已免费赠送给商行一些股票。秘书没有出售股票,是因为他根本没有任何股票可卖。)

在例(48)中,议长和秘书出售股票这一点由于原因不同而被否定。在第一种情况下,否定的范围限于出卖中的金钱交易(因为股票是免费赠送的);在第二种情况下,否定的范围包括了卖(sell)所描述的全部活动(这里没有进行任何交换,不论是实物还是金钱)。通过这种检验,Kempson(1977)认为,否定句只包含一种单一的语义表达(这种语义表达本身是一个多种条件的析取形式),因此都是非歧义句。其实,这种检验方法到底可靠性如何,还是需要证明的。

下一章,我们将从自然语言的缺省约定及其逻辑上的非单调性、摹状词理论和语言的层级(元语言 vs. 对象语言)三个方面,来讨论解释外部否定的三种理论方案。

第六节 关于预设投射的三种理论

因为讨论内部否定和外部否定都必须涉及预设,而预设又跟部分性语言成分向整体性语言成分投射有关。所以,这一节专门介绍预设及其投射的有关理论和不同的处理方案。

关于话语预设(utterance presupposition),Soames(1982:486)给出了一个比较符合人们直觉的定义:[1]

一个话语 U 在 t 时预设 P,当且仅当,我们能够从 U 合理地推出:说话人 S 接受 P 并且认为它是无可置疑的,或者因为:

a. S 认为它已经是在 t 时的会话语境的一个组成部分,或者因为:

b. S 认为听话人将会没有异议地把它加到那个针对 U 的会话语境。

这样,在 t 时的会话语境就等于一个由一组预设 P 组成的集合,它使得在 t 时,说话人和听话人都:

a. 相信或假定 P,并且

---

① 参见 Fauconnier(1994),p. 83。

b. 彼此都意识到这一点。

正如 Fauconnier(1994:83)所指出的,这种定义使得预设与无争议的断言没有真正的区别。例如:①

(49) A:Why is that fellow(C)looking so glum?
(A has never seen or heard of C before)
B:a. Oh, *his wife* just left him.
b. Oh, *he's married* and his wife just left him.
c. Oh, *his wife* just left him. *He's married* in last year.

Fauconnier(1994:84)认为,B 的 a 这种回答,用有定摹状词"他的妻子"预设了"他结婚了"这种信息。但是,B 的 b 这种回答,用断言形式而不是预设形式"他结婚了"表达了相同的信息;这种信息是新的并且是相关的,没有理由认为 A 也把它视为理所当然(无可置疑)。我们认为,Fauconnier 的挑战并不成功;因为"他的妻子"的预设信息"他结婚了"在前面的小句中出现,可以为下面有定摹状词"他的妻子"做铺垫,这并无不妥。甚至,还可以在后面做追补;比如例(49Bc)。

鉴于不容易给预设下一个周全稳妥的定义,也不容易刻画预设的语义特性;Fauconnier(1994:84)认为,[不同的]对于预设的[理论]处理,实际上将会造成[不同的]理论内(theory-internal)的关于预设的语义特性。不过,流行的把预设看作是旧的、无争议的信息的观点是错误的。

关于预设的投射问题,即复杂句的预设怎样由组成它的简单句的预设决定;目前主要有三种处理方案:②

第一种,组合性方案(combinatorial approach)。努力提供一种明确的算法,来计算出复杂构式的预设。具体地说,基于简单构式的预设和复杂构式的高层动词、连接词、副词等的投射特性,来做组合性运算。比如,Langendoen and Savin(1971)、Karttunen(1973)、Karttunen and Peter(1979)等,都是走的这条道路。

第二种,取消性方案(cancellation approach)。由语法限定一组可能的预设,如果它们不被不相容的会话蕴涵所取代,那么它们都可以实现为实际

① 例(Bc)是我们添加的。

② 主要根据 Fauconnier(1994:84～85)译述。如要引用,务请核对原文。

上的预设。这种方法是通过 Gazdar(1979)的著作而广为人知的。

第三种,程序性方案(procedural approach)。把话语看作创造贴附了一些预设的世界。在这里,预设的投射问题被解释为决定哪些预设被转化为实际上的预设。比如,Morgan(1973)、Schiebe(1975)、Dinsmore(1979)都是这样的。

Fauconnier(1994)的心智空间路子,在本质上也是一种程序性方案。他认为,组合性方案和取消性方案虽然有时具有描写上的充分性,但是充其量是对于预设现象的误解而产生的理论化产物。

我们认为,由于自然语言本身就是一种"编码-解码"和"示意-推理"两头管用的机会主义系统:一方面,语言可以是一种按部就班式的编码-解码系统(coding-decoding system),说话人可以用语言符号比较充分地对各种交际意义进行一一对应的编码,听话人可以根据语言符号及其组合规则来中规中矩地解码;这就是传统的语言信息理论的基础,也是弗雷格(Frege)的语义组合性原理成立的根本依据。另一方面,语言还可以是一种点到为止的默会式的示意-推理系统(ostensive-inferential system),说话人可以用语言符号比较简略地对各种交际意义进行大概的提示,听话人可以根据语言形式和交际环境、调用各种相关的知识和认知手段来心领神会地推导;这就是现代认知语法、格式语法、框架语义学理论和基于关联(relevance)的语用学理论的基础,①也是心理语言学关于语言是一个机会主义系统的理论成立的根本依据。因此,关于预设投射的组合性方案、取消性方案和程序性方案,各有其施展功夫的天地;它们之间并非是一种你死我活、有你没我的不相容关系。

第七节　结语

否定是自然语言中一种非常重要的、必不可少的表达手段。正是依靠否定表达形式,物理世界、社会生活和精神世界中的矛盾、对立现象才能得到正确而简明的表述。例如:

---

① Langacker、Talmy、Fillmore、Lakoff、Brugman、Goldberg 等学者认为:句法格式是一种导向普遍的认知框架的手段,通过词汇限定,这种普遍的认知框架映射到比较特定的认知框架;通过语境、局部性心智空间的连接和相关的文化与背景知识的作用,这种比较特定的认知框架再映射到更加特定的认知框架。详见 Fauconnier(1994) § 0.4.1.3,D60,关于基于关联的语用学理论,详见 Sperber & Wilson(1995)。

(50)a. 老大不小　半生不熟　不变价格　不男不女　不成比例

b. 不白之冤　不耻下问　不即不离　不成文法　不劳而获

c. 不动声色　不卑不亢　不共戴天　不寒而栗　不好意思

d. Luke believes that Hesperus is not Phosphorus. In fact Hesperus is Phosphorus.

(卢克相信昏星[长庚星/金星]不是晓星[启明星/金星]。事实上,昏星[长庚星/金星]就是晓星[启明星/金星]。)①

并且,否定对于语言系统本身也是一种重要的增强表达功能的手段,我们可以用否定来表示否认、纠正、对比等;从而造就一种元语言的否定,即语用否定。例如.

(51)a. 不是我不明白,这世界变化快。

b. 不是太阳绕着地球转,而是地球绕着太阳转。

c. 不是东风压倒西风,就是西风压倒东风。

d. 没有永远的朋友,也没有永远的敌人,只有永远的利益。

e. 我对生活中的一切都是在诀别时才喜爱,而不是与之相逢时;都是在分离时才喜爱,而不是与之相融时;都是偏爱死,而不是生。(茨维塔耶娃《自传》②)

特别有意思的是,否定本身也是可以被否定的;从而造就了双重否定这种强调性表达方式。例如:

(52)a. 不无遗憾　不无感慨　无不称快　无不赞叹

b. 莫不欢欣鼓舞　莫非听错了不成

c. 不得不承认　不应该不出席　不可能不认识

d. 没有不吃屎的狗　天下没有不散的筵席

e. 这里没有没有文凭的职员　车上没有没有买票的乘客

还有,一个否定表达之后跟着另一个相关的否定表达,用以表示并列、

---

① 例(1d)根据Fauconnier(1994:154～155)的例(44)和(47)改编而成。

② 茨维塔耶娃·玛琳娜·伊万诺夫娜(Цветаева Марина Ивановна,1892～1941年),俄罗斯著名诗人、小说家、剧作家。

承接，乃至于充分和/或必要条件。例如：

(53)a. 没头没脑　没心没肺　没日没夜　没大没小　没轻没重
b. 无是无非　无法无天　无尽无休　无怨无悔　无声无息
c. 无坚不摧　无奇不有　无往不胜　无往不利　无微不至
d. 无利不起早　无风不起浪　无功不受禄
e. 不到长城非好汉　不到黄河心不死　不见棺材不落泪
f. 不做亏心事，不怕鬼敲门　若要人不知，除非己莫为
g. 言之无文，行之不远　人而无仪，不死何为

其实，否定不只是一种语言表达方式，更加重要的是：否定还是一种思维方式。凭借否定，我们展开想象的翅膀，构建了一个个跟现实、常规、可及等相反的心智空间；①诗人、哲学家、数学家和科学技术人员在那里遨游畅想，构筑和编织了一个个反事实的假想世界。例如：

(54)a. 帘外雨潺潺，春意阑珊。罗衾不耐五更寒。梦里不知身是客，一晌贪欢。(李煜《浪淘沙》)

b. 是不是，如果你，如此的眼睛暗淡了，
那么生命不是生命，死亡也不是死亡。(茨维塔耶娃《新年问候》)

c. 一个人不能两次踏进同一条河流。(赫拉克利特)
d. 天不生仲尼，万古如长夜。(佚名对联)
e. 美言不信，信言不美。(《老子》第八十一章)
f. 道可道，非常道。名可名，非常名。(《老子》第一章)
(取道于寻常可取之道，其道非恒久之道；取名于寻常可取之名，其名非恒久之名。)
g. 据说，爱因斯坦曾经这样假设和推导：任何速度都赶不上光

---

① Fauconnier(1994:32、96)指出，反事实的心智空间(counterfactual spaces)可以用“otherwise”或通过出现在否定句后面的句子来直接建立。例如：

(1) Too bad you were *never* baptized. (Otherwise) *Your godfather* could take care of you.
(2) I did*n't* buy a car. There was no room for *it* in the garage.
(3) Alexander did*n't* read your book. *It* would have made him mad.

前面的否定句为后面的句子建立了一个反事实的心智空间，而这个反事实的心智空间本来是应该由跟这个否定句相对应的肯定句来建立的。

> 速。一列火车开得越快，那么其质量会越来越大，阻止它达到光速。为了达到接近光速，火车必须减轻其质量，增加其能量。果真如此，那么这些质量跑到哪里去了呢？是不是转化为能量了呢。看来，物质的质量与能量并不是互不相关的，而是可以互相转化物质的。能量等于其质量乘以光速的平方。这就是爱因斯坦的质能关系公式：E＝mc^2（E为能量，m为质量，c为光速）。此外，相对论还提出，质量与速度有关。[①]

否定对于科学发展和进步的作用是不言而喻的。比如，科学思维的过程在很大程度上就是一个“猜想与反驳”（conjectures and refutations）的过程，[②]一部科学史基本上就是一个不断地否定和推翻前人的科学论断和研究范式的过程。[③] 值得一提的是，哲学家和数学家通过否定形式，构造了“‘不包含自身的集合’的集合”，从而造成了“说谎者悖论”“理发师悖论”等的集合论悖论（详见第二章第四、五节），动摇了逻辑和数学的基础，乃至于造成震惊学术界的第三次数学危机。悖论问题吸引了古往今来许多思想家和数学爱好者的注意力，极大地激发了人们的求知欲望，推动人们以更加精密的方式来思考和推理。同时，也促使人们反思现有知识的限度及其脆弱性。当然，解决悖论难题需要创造性的思维，而悖论的解决又可以给人带来全新的观念和思维方式。

是的，否定让人类思维的触角伸得更长更远，也让人类思维的大门成为“众妙之门，玄之又玄”。正如一句广告词所说的：“如果人类失去了联想，世界将会怎样。”我们则完全有理由相信“如果没有否定，人类将无法想象”。

---

① 上面录自一个电视科普节目，说得不够准确。但是，反映了否定性思维在科学发现和推导过程中的作用。严格地说，在经典力学中，质量和能量之间是相互独立、没有关系的；但是，在相对论力学中，能量和质量只不过是物体力学性质的两个不同方面而已。爱因斯坦认为，把任何惯性质量理解为能量的一种储藏，看来要自然得多。这样，原来在经典力学中彼此独立的质量守恒和能量守恒定律结合了起来，成为统一的“质能守恒定律”，它充分反映了物质和运动的统一性。质能方程（mass-energy equation）说明，质量和能量是不可分割地联系着的。一方面，任何物质系统既可用质量m来标志它的数量，也可用能量E来标志它的数量；另一方面，一个系统的能量减少时，其质量也相应减少，另一个系统接受而增加了能量时，其质量也相应地增加。一个物体的实际质量为其静止质量与其通过运动多出来的质量之和。从质能方程可以推出质速关系，也就是时间会随速度增加而变慢，质量变大，长度减小。参考百度百科的“质能方程”条目，http://baike.baidu.com/view/104419.htm。

② 详见Popper（1968）、Lakatos（1976）。

③ 详见Kuhn（1962）、Lakatos（1978）。

第二章　外部否定的理论方案和悖论的认识功能[①]

本章首先从自然语言逻辑的非单调性的角度，证明一般的否定句的预设事实上是不可取消的，因而这种否定句的外部否定的释义是不存在的。于是，这种否定句并没有辖域歧义，也没有语义模糊。接着说明只有摹状词做主语、否定性存在动词做谓语的存在句可以有外部否定的释义，这种否定句没有真正的预设。还借用消解逻辑悖论的摹状词理论和类型理论，从语言层阶（对象语言 vs. 元语言）的角度，提出一种清除"断言否定预设"语句中语义矛盾的途径。还从否定表达、动词的叙实性等语言形式的角度，讨论了悖论的构造特点（多种语言类型的递归性嵌套和反身性自我指涉）；说明悖论可以启发我们"思考不可思考之事"，引导我们在不确定的世界中谦逊地前行。最后，通过相关实例说明：自然语言遵循的是一种非单调逻辑，前面句子（或分句）的意义不一定跟后面句子（或分句）的意义单调性一致，后面句子（或分句）的意义可以覆盖并取消前面句子（或分句）的意义。

第一节　否定的缺省约定和自然语言逻辑的非单调性

对于 Kempson（1979）否定句没有歧义的观点，Horn（1985）提出了质疑并进行了否定。他认为，外部否定这种取消预设的有标记的否定形式，不能用作用于命题上的真值条件或语义算子来处理；而应该看作一种反对（object）先前话语的一种手段，反对的理由可以是先前的话语在规约或会话含义、形态、风格或语域、语音实现形式上的不恰当性。据此，Horn（1985）把外部否定看作一种元语言的否定（metalinguistic negation），因为

① 感谢韩国前高丽大学哲学系教授金容沃先生。他跟我在 2010 年 11～12 月间多次讨论罗素的摹状词理论，这促使我撰写了本章的 § 2 和 § 3 两节。

它是对先前的话语的引述性否定；同时，外部否定是一种语用否定，它否定的是先前的话语在表达方式上的合适性，而不是否定句子的真值条件。在此基础上，Horn(1985)证明否定虽然没有语义上的歧义，但有语用上的歧义；进而批评 Kempson 挥舞奥卡姆剃刀取消否定句的歧义是伦敦学派的吝啬(london school of parsimony)。[①]

我们想从另外一个角度对 Kempson(1979)的观点进行批评。首先，Kempson(1979)关于句子的内部否定的释义蕴涵外部否定的释义、外部否定的情形包含内部否定的情形的论断是有问题的。从逻辑上看，德摩根等值定律(De Morgen's Law)“$\neg(P \wedge Q) \equiv \neg P \vee \neg Q$”是永真式(tautology)，“$P \wedge \neg Q$”蕴涵“$\neg P \vee \neg Q$”。但是，我们没有什么根据说自然语言中内部否定的释义“$Pre \wedge \neg Foc$”蕴涵外部否定的释义“$\neg(Pre \wedge Foc)$”；也就是说，我们不能保证用内部否定合适的情形用外部否定一定合适。事实上，“$\neg(P \wedge Q)$”(即“$\neg P \vee \neg Q$”)要取得真值可以有三种情况：(1)“$P \wedge \neg Q$”，这就是内部否定“$Pre \wedge \neg Foc$”表示的情形；(2)“$\neg P \wedge \neg Q$”，这就是外部否定“$\neg Pre \wedge \neg Foc$”表示的情形；(3)“$\neg P \wedge Q$”，自然语言中大概没有相应的情形，即没有“$\neg Pre \wedge Foc$”这种否定预设但肯定焦点的表达形式。我们觉得自然语言有其自身的逻辑，不一定能援引数理逻辑来推断其语义表达。

这还不是重要的，更为严重的是 Kempson(1979)指出的：假如我们放弃否定句有歧义的观点，接着的问题是否定句按歧义分析出的两种释义中应该取哪一种作为否定句的逻辑形式；很明显，应该取否定的宽域即外部否定作为否定句的逻辑形式，因为只有这种释义才能预言句子符合其中名词短语指称的事物的存在被否认的情形(如第一章§5 中的例 4 所示)。

事实上，否定句的外部否定的释义(即否认预设)是很特别的，它一定要有后续的句子明说先行的否定句中的预设是虚假的[如第一章§4 例(4)～(7)中的 d 所示]。而内部否定则没有这种限制，它光凭一个独立的否定句就明确地表示肯定预设并否定焦点。上述情况可以看作否定表达的缺省约定(default convention)，即否定表达有一种基本的规约：否定句的预设一般总是真的，除非有后续小句公开否定或取消其真实性。因此，内部否定是否定句的无标记形式，外部否定是否定句的有标记形式。只有按照无标记形式的释义标定否定句的逻辑形式才能反映人们对于否定的语感，并正确地预言否定句跟相应的肯定句的矛盾关系(contradiction)。例如：

---

① 参见沈家煊(1993)和他为 Kempson(1979)的中文翻译所写的译者按。

(1)他妈妈赞成这事。～ 他妈妈不赞成这事。

(2)李振铎去天津了。～ 李振铎没有去天津。

(3)我们完全同意。～ 我们不完全同意。～ 我们完全不同意。

(4)学术随世运为转移,亦不尽随世运为转移。隋平陈而天下统一,南北之学亦归统一,此随世运为转移者也;天下统一,南并于北,而经学统一,北学反并于南,此不随世运为转移者也。(皮锡瑞《经学历史·经学统一时代》)

在例(1)中,作为肯定句"他妈妈赞成这事"的矛盾句的"他妈妈不赞成这事",只能做内部否定的释义;而外部否定"他妈妈不赞成这事,其实他妈妈早就去世了"没有相应的肯定句。在例(3)中,针对肯定句的不同的焦点有相应两种否定形式,这是用外部否定的释义做逻辑式所无法反映的。在例(4)中,一对由肯定式和否定式构成的矛盾句共用一个主语,或者说否定句承上面的肯定句而省去主语;这些都是用否定预设的外部释义所无法直接解释的。

最后,我们想说明的是:事实上,上面第一章 §4 例(4)～(7)中的 d 和 §5 中的例(4)这些否定句只有内部否定的释义,而根本没有外部否定的释义。为了讨论的方便,我们把这些例子的中文翻译重新编号,抄录如下:

(5)那个吉卜赛人没有为上尉入狱而悔恨,因为她知道他其实已经越狱。

(6)艾夫伯里主教没有参观过伊尼德美术馆——根本就没有什么艾夫伯里主教。

(7)负责这项行动的侦探没有贿赂过证人,因为根本没有谁负责这项行动。

(8)美术委员会的秘书没有操办 1935 年的那次艺展,因为当时美术委员会还没有成立。

(9)法国国王并不聪明,因为压根儿没有这个人。

在例(5)的"那个吉卜赛人没有为上尉入狱而悔恨"这个否定句中,预设"上尉当时已经入狱"并没有被否定,后续小句中的"他其实已经越狱"证明了上尉曾经入过狱。在例(6)的"艾夫伯里主教没有参观过伊尼德美术馆"这个否定句中,否定的是"参观过伊尼德美术馆"这个焦点;至于预设"有一位艾夫伯里主教"并没有被否定,它是在后续的否定句"根本就没有什么艾夫伯里主教”中以焦点的身份被否定的。例(7)～(9)跟例(6)相似。从上述例子及其分析可以看出，否定句本身只否定焦点成分，不能否定预设成分；哪怕这个预设是虚假的，也只能从容放过。只有通过后续小句，把这个虚假的预设置于焦点的地位以后才能否定。可见，所谓的外部否定的释义，差不多都是通过两个连续的否定小句才得以表达出来的。我们实在没有什么理由把前后两个否定句所表达的意义归结到前一个否定句上，或者说我们不能假定前后两个否定句在语义表达(包括其各自的预设意义)上必然是一致的。

事实是如此明显，但是为什么人们还是要认定例(5)～(9)中前一个否定句中的预设也被否定，从而得出预设可以取消和否定句有两种释义呢？关键的一点在于人们有一种语义单调性(monotonicity)的错误观念。人们想当然地认为，前一个否定句中的预设不能跟后一小句中的意义相矛盾，如果前一个否定句中的预设所表达的内容在后一小句中被明确地否定，那么前一个否定句中的预设一定在前一否定句中也已经被否定了。这是用传统的单调逻辑(monotonic logic)的眼光来看待自然语言的语义表达。根据经典逻辑，以一个无矛盾的公理系统为基础，每当加入新的事实或条件，往往能推出新的结论，并且至少保持原有的结论不变。但是，人工智能研究者发现：人总是在知识不完全的状态下进行推理的，当新的事实被认识、新的条件被加入以后，原来的结论可以被推翻，从而呈现出推理的非单调性。这就是所谓的非单调逻辑的一个核心思想。[①] 用这种非单调逻辑的眼光来看待上述(5)～(9)这类否定句，那么我们可以坦然地承认：在前一个否定句中，预设并没有被否定；在后一个小句中，被前一个小句视为当然的预设以焦点的身份被否定了。正是由于前一个小句以一个虚假的命题作为前提，因而在语用上是不恰当的。而后一否定句的必要性正在于它纠正了前一个否定句中错误的预设。

第二节　用摹状词理论消解“断言否定预设”之矛盾

根据经典的谓词逻辑的描写范式，谓词的主目(arguments)是专有名词(names or proper nouns)还是普通名词(common nouns)是大不一样的：专有名词有外延而没有内涵，有唯一明确的所指，所以是个体常项(individual

① 详见袁毓林(1993)§4及所列的相关参考文献。

constants)，不需要用量词来约束(bind)；普通名词既有外延又有内涵，不一定有唯一明确的所指，所以是个体变项(individual variables)，需要用量词来约束——如果涉及论域(universe of discourse)或变程(range)中的所有个体，那么用全称量词(universal quantifier)来约束；如果涉及论域或变程中的部分个体，那么用存在量词(existential quantifier)来约束。例如：

(10)a. 布鲁斯是学生。

b. $S(b)$

(11)a. 每个事物都处于流动的状态。

b. $\forall x\ F(x)$

(12)a. 所有的麋是聪明的。

b. $\forall x\ (M(x) \rightarrow C(x))$

(13)a. 有的麋是不聪明的。

b. $\exists x\ (M(x) \wedge \neg C(x))$

(10b)述说的是关于一个个体，即布鲁斯(Bruce，记作 b)，和作为学生的某些属性(student，记作 S)，并且说布鲁斯具有作为学生的那种属性。(11b)述说的是对任一事物而言(记作$\forall x$)，这些事物具有流动、发展、变化的属性(fluent，记作 F)。(12b)述说的是对于每一个个体 x 来说，如果 x 是麋(moose，记作 M)，那么 x 是聪明的(clever，记作 C)。(13b)述说的是至少存在着一个个体 x，x 是麋，并且 x 是不聪明的(记作$\neg C$)。[①] 这种量词(包括全称量词和存在量词)对个体变项的约束关系就是量化(quantification)。正如 Quine(1960)所说的："量化是一般地讨论对象的手段"，"将一个语句义释(paraphrase)为量化的标准记法首先和主要的就是使其本体论内容明确"。通过这种记法，"我们要人们理解我们所要承认的那些对象恰恰是我们将其列入量化约束变元所涉及的值域的对象。这就是量词$(\forall x)$和$(\exists x)$所意指的含义：'每一个对象 x 使得'(every object x is such that)，'有一个对象 x 使得'(there is an object x is such that)"。(中译本第 277～278 页)

如果用(13b)那种方式去刻画某些存在句的意义，可能会引起逻辑矛盾。例如：[②]

---

① 详见 Allwood，Andersson & Dahl(1977)，pp. 61～70，中译本第 71～78 页。

② 参考 Russell(1959)，pp. 81～85；Russell(1996)，pp. 785～787；Russell(2010)，pp. 209～232。

(14) a. The golden mountain does not exist.

b. $\exists x((M(x) \wedge G(x)) \wedge \neg E(x))$

c. $\neg(\exists x(M(x) \wedge G(x)))$

(15) a. The round square does not exist.

b. $\exists x((R(x) \wedge S(x)) \wedge \neg E(x))$

c. $\neg(\exists x(R(x) \wedge S(x)))$

(16) a. The round square is self-contradictory.

b. $\exists x((R(x) \wedge S(x)) \wedge \neg E(x))$

c. $\neg(\exists x(R(x) \wedge S(x)))$

(14b)述说的是至少存在着一个个体 x，x 是山(记作 M)并且 x 是金的(记作 G)，这是语句(14)的预设；并且，这样的 x 是不存在的(记作 $\neg E$)，这是语句(14)的断言。(15b)述说的是至少存在着一个个体 x，x 是圆的(记作 R)并且 x 是方的(记作 S)，这是语句(15)的预设；并且，这样的 x 是不存在的(记作 $\neg E$)，这是语句(15)的断言。为了简单起见，我们把谓词 self-contradictory(自相矛盾)等同于 does not exist(不存在)。这样，对(16a)的逻辑刻画就可以借用对(15a)的逻辑刻画。显然，例(14)(15)(16)这种否定性存在句在句法、语义上都是合格的、可接受的，但是在对它们的意义进行逻辑刻画时，出现了预设和断言的矛盾，即自相矛盾。结果，既违反了逻辑上的[不]矛盾律，因为它们肯定了具有某种性质的某种个体具有"存在"和"不存在"两种相反的性质；又违反了逻辑上的排中律，没有在"存在"和"不存在"两种相反的性质中做出明确的抉择。①

原因在于"the golden mountain、the round square"之类的词语是有定摹状词(definite description)，它们描述了具有某些属性的某种可能的实体(entity)，所以，它们是有意义(meaning)的；但是，它们可以没有所指(denotation)，在现实世界或所有的可能世界中都不存在。因此，原来那种保持预设、否定断言的内部否定的描写范式就不敷使用，甚至会造成逻辑矛盾。怎么办呢？不得已，只能采用一锅端的既否定断言同时又否定预设的外部否定的刻画范式，如(14c)(15c)所示。其中，(14c)述说的是，不存在下

① 矛盾律(law of contradiction)，又称不矛盾律。它通常被表述为"A 不是非 A"，或"A 不能既是 B 又不是 B"。它要求在同一思维过程中，对同一对象不能同时做出两个矛盾的判断，即不能既肯定它又否定它；或者一个命题不能既是真的又是假的。排中律(law of excluded middle)通常被表述为"A 是 B 或不是 B"。它要求任一事物在同一时间里具有某种属性或不具有某种属性，而没有其他可能；或者一个命题要么是真的要么不是真的，此外没有其他可能。

面这种情况："存在一个个体 x，x 是山并且 x 是金的"；(15c)述说的是，不存在下面这种情况："存在一个个体 x，x 是圆的并且 x 是方的"。对于例(14a)，Russell(1996：785)用命题函数(proposition function)做出了更加严格的表述：[①]

(14)d. There is no entity c, such that "x is golden and mountainous" is true when x is c, but not otherwise.

以此类推，对于例(15a)，可以用命题函数严格地刻画如下：

(15)d. There is no entity c, such that "x is round and square" is true when x is c, but not otherwise.

这样，就比较圆满地消解了(14)～(16)b 这种违反矛盾律和排中律的语义刻画方式。这里面，罗素的摹状词理论功不可没。事实上，如果没有摹状词理论，还可能导致对某些语句的逻辑刻画或同义替换形式违反同一律。例如：

(17)a. Scott is the author of *Waverley*.

b. George IV wished to know whether Scott was the author of *Waverley*.

c. * George IV wished to know whether Scott was Scott.

d. * George IV wished to know whether the author of *Waverley* was the author of *Waverley*.

---

① 命题函数就是命题中谓词的某些个主目是自由变量，这个变量既不是个体常项，也没有受到量词约束。这种命题又叫开命题(open proposition)或开语句。一个开语句就是具有形式(1a)那样的一个表达式：

(1)a. $F(x)$(读作："x 是处于流动的状态")

b. F(*Yangzi-river*)

c. $\exists x(F(x))$

d. $\forall x(F(x))$

由于 x 是一个并不特别指称任何个体的变项，我们不能有意义地说 $F(x)$表示一个命题或做出一个陈述。不能说一个开语句是真的或假的。从一个开语句构成一个语句的方法是赋予变项以特定的值。可以通过用一个个体常项去代入公式中的这个变项来实现，如(1b)用"长江"代入变量 x；也可以通过把一个前缀式(即后面跟着一个变项的量词)放在开语句的前面来实现，如(1c)(1d)分别用存在量词和全称量词约束变量 x。

(18)a. The author of *Waverley* exists.
　　b. * Scott exists.

如果不区分专有名词 Scott 和有定摹状词 the author of *Waverley*，简单化地认为这两个表达的意义(＝所指)相同；那么，就会造成(17c)(17d)这种怪异的跟(17b)意义不同的语句，从而违反了逻辑上的同一律。[①] 因为，逻辑学家坚信：如果两个词语指谓相同的事物，那么用一个词语去替换另一个词语以后，命题的真值应该保持不变。但是，(17c)(17d)显示出当用专有名词 Scott 替换有定摹状词 the author of *Waverley*，或者用有定摹状词 the author of *Waverley* 替换 Scott 以后，命题本身不成立了。事实上，Scott 等专有名词只是给[已经存在的]有关事物命名，而并不给有关事物指定(assign)属性(property)。而 the author of *Waverley* 等有定摹状词不是给[已经存在的]有关事物命名，而是描述某种可能世界中的具有某种属性的事物。借用 Quine(1980)的术语来说，专有名词指谓的是一种本体论的存在(ontological being)，有定摹状词指谓的是一种本体论的许诺(ontological commitment)。[②] 因此，(18)中的两个语句的合语法性是不同的：(18a)说"《威弗莱》的作者存在"，这是合语法的；但是(18b)说"司各特存在"，这是不合语法的。[③] 因为，"司各特"这个人名本来就是对于业已存在的一个人的命名；所以，"司各特"预设存在着一个名叫"司各特"的人。句子(18b)说"司各特存在"，等于是把主语的预设用谓语显性地做出陈述；结果，没有给句子带来信息性(informative)，违反了语用常规这种广义的语法。

第三节　用语言层阶理论清除"断言否定预设"之悖论

综合上面§1 和§2 两节的讨论，我们尝试得出一个结论：从自然语言逻辑的非单调性的角度看，一般的否定句的预设事实上是不可取消的；哪怕在后续小句中否认这种预设(如"法国国王不聪明[，因为压根儿没有这个人]")，也不能取消先行小句中用摹状词所表示的预设之物。因此，这种否

① 同一律(The Law of Identity)，通常被表述为"A 是 A"或"A 等于 A"。它要求在同一思维过程中，必须在同一意义上使用概念和判断，不能混淆不相同的概念和判断。

② 关于本体论的存在和本体论的许诺的差别，详见 Quine(1980)中的《论何物存在》等文章。

③ Russell(1959:85)和 Russell(1996:785)说：to say "*Scott exists*" is bad grammar, or rather bad syntax.

定句的外部否定的释义是不存在的；也就是说，这种否定句并没有辖域歧义，也没有语义模糊。只有摹状词做主语、否定性存在动词做谓语的存在句（如"方形的圆是不存在/自相矛盾的"），才可以有外部否定的释义。因为，这种否定句通过谓语部分显性地否定了摹状词主语所许诺（commit）的预设（存在着某种不可能存在的事物）。正是从这一意义上说，这种否定句没有真正的预设（所许诺的某种事物并不存在）。也就是说，这种句子的真假，并不以存在具有摹状词主语所描述的性质的事物为前提条件。像(14)～(16)中被谓语否定了其存在的"金山、方形的圆"之类实体，也许只存在于阴暗朦胧的柏拉图式的存在世界之中（subsist in some shadowy Platonic world of being）。①

说起来，像(14)～(16)这种断言否定预设的句子，多少有点儿类似"说谎者悖论"（The Paradox of The Liar）。② 据传，来自克里特岛（Cretan）的埃匹门尼德斯（Epimenides）说：

(19)所有的克里特岛人都是说谎者。

这引发人们质问他：

(20)当你这么说的时候，你是不是在说谎？

事实上，无论他回答是或否，都会引起自相矛盾。这种悖论可以转变为如下最简单的形式：

(21)一个人说："我正在说谎。"

显然，如果他正在说谎，那么他所说的他正在说谎就是一个谎言；因为，他正在说这个真实的事件（即他正在说谎）。但是，如果他正在说这个真实的事件（即他正在说谎），那么他正在说谎；因为，他所说的正是他正在做的。

把说谎者悖论映射到数学上，就变成如下这种问题：

(22)是否有最大的基数或最大的序数？

---

① 参考 Russell(1959)，p. 84。

② 详见 Russell(1959)，p. 77。

不管回答是或不是，都会把数学家陷于自相矛盾的境地。罗素在《数学原理》的附录中提出了“类型学说”(The Doctrine of Types)，试图解决这种悖论。

Russell(1959：81～83)比较具体地介绍了怎样用他的类型理论(The Theory of Types)来解决相关的逻辑悖论：给定任何命题函数，即 *fx*，有一定的 *x* 的取值范围(即值域，range of values)，使得这个函数成为“有意义的”(significant)——或者是真的，或者是假的。如果 *a* 在这个范围之中，那么 *fa* 就是一个命题；这个命题或者是真的，或者是假的。……当我陈述函数 *fx* 的所有的值时，如果我正在陈述的对象是有定的(definite)，那么 *x* 可以取的值必须是有定的。也就是说，必须有某种 *x* 的可能的值的总数(totality)。如果现在我进而用这个总数来构造新的值，这个总数就会被扩大；于是，归属于它(即总数)的新的值就将归属于那个扩大的总数(即新的总数)。但是，因为它们(即用总数来构造的新的值)必须被包含在总数之中，所以它(即新的总数)总是赶不上它们(即用新的总数来构造的新的值)。[①] 这种过程就像你企图跃过你头的影子。我们可以用下面的说谎者悖论非常简单地演示这种过程：

(23)我所说的一切都是假的。

事实上，这是他做出的一个陈述。但是，它涉及他的陈述的总数；并且，只有把它(这个陈述)包括进那个总数，才会造成悖论。我们将被迫区分两种陈述：一种涉及命题的总数，一种不涉及命题的总数。涉及命题总数的命题不能是那个总数的成员。我们可以把“一阶命题”(first-order)定义为“不涉及命题总数的命题”；把“二阶命题”(second-order)定义为“涉及一阶命题的总数的命题”；以此类推，以至无穷。这样，我们的说谎者现在将只能说：

(24)我正在说一个假的一阶命题，那个命题是假的。

但是，这个命题本身则是二阶的。这样，他就不说任何一阶命题了。他所说的只不过是[那个一阶命题是]假的。认为它(这个命题)同时也是真的那种论点也就站不住了。同样的论点也完全适用于任何高阶的命题。

罗素还指出，所有的逻辑悖论都有一种反身性自我指涉(reflexive self-reference)，这又缘于它包括了某种东西，这种东西作为一个总数的成员而

---

① 上面四处括号中对于代词所指的说明，是我添加的。如果要引用，务请核对原文。

归属于那个总数;但是,这种总数只有在下列条件下才有确定的意义:如果那个总数是早已固定好的[;否则,如果那个总数是可以不断扩大的,那么那个总数就不可能有确定的意义]。[①] 罗素坦承他的这种学说并没有得到广泛的接受,但是也没有遭到强有力的反对。

我们可以借用罗素的类型级阶理论,来清除§2中例(14)～(16)这种断言否定预设的悖论式语句。我们可以认定这种句子是二阶的,其中的预设是一阶的;于是,整个二阶语句的意义可以区分阶层地说明如下:

(25)一阶命题预设了一个虚假的存在物,那个存在物是不存在的。

显然,这里的一阶语句是对象语言(object-language),二阶语句是元语言(meta-language)。[②] 对于元语言来说,对象语言具有引用语(quotation)性质;作为引用语,它本身是可以超越或违反一般语法和逻辑规律的。例如:

(26)"动词"不是动词,而是名词。

(27)"桌"是不成词语素,不能单独做主语。

(26)说的是"动词"这个词的词类性质是名词,不能归入动词这一词类范畴之中。(27)中的"桌"事实上通过引用语的身份而充当了句子的主语。

可见,本章§2中例(14)～(16)的"金山、方形的圆"类似于一种引用语,是二阶语句引用一阶语句中所预设或许诺的实体;在高阶语句中,是可以对低阶语句所预设或许诺的实体的存在做出否定的。因为,这中间有语言层级的差异和间隔,所以不会自相矛盾。

从上面§2和§3两节的讨论可以看出,悖论问题恰好毫不留情地映照出人类智慧思想的局限性和已有的知识体系的脆弱性。甚至可以说,悖论触及了人类智慧的软肋:我们的智慧运作离不开递归性的构造机制,却又无法驾驭某些由多重递归所生成的复杂结构。通过对悖论及相关语句的逻辑和语义分析,可以锻炼人类的心智,提升人类的智慧水平,增强人类对语言意义的处理能力。

---

① 方括号中的话,是我添加的。

② 关于对象语言和元语言,Allwood,Andersson & Dahl(1977:45)说:The language itself—the object we are investigating—is called the **object language**,and the language we are using to investigating the object language in is called the **metalanguage**.(那种本身成为我们的研究对象的语言叫对象语言,那种用来研究对象语言的语言叫元语言。)中译本第52页,我们对译文做了调整。

第四节　悖论启发我们"思考不可思考之事"

从技术上看，许多悖论或比较吊诡的论断，大都跟否定表达、多种语言类型的递归性嵌套和反身性自我指涉有关。在我国的古代思想中，不少经典的悖论都来自战国时期的名家。名家的学说在于循名责实，但结果也往往被认为是流于诡辩。比如，公孙龙（公元前320～前250年）的辩论执名为实，"专决于名"而不落实到经验的事物。我们只要看看他的雄辩，就会发现"白马非马"之类奇怪的命题是如何割断了个别和一般的关系，刻意夸大和绝对化个别和一般的差别。结果，居然能够"困百家之知，穷众口之辩"①。悖论式命题或命题群组，刻意帮助我们揭示有关论断的情理乖违或自相矛盾。比如下面这个脍炙人口的关于言论自相矛盾的寓言故事：

(28)楚人有鬻盾与矛者，誉之曰："吾盾之坚，物莫能陷也。"又誉其矛曰："吾矛之利，于物无不陷也。"或曰："以子之矛，陷子之盾，何如？"其人弗能应也。夫不可陷之盾与无不陷之矛，不可同世而立。（《韩非子·难一》第三十六）

这是一个因为前提不相容而推不出结论的经典例子。作为一个一阶命题，"吾盾之坚，物莫能陷也"与"吾矛之利，于物无不陷也"都是可能成立的。但是，在同一个人在同一个时间和同一个地点说这两句话，就可能带来矛盾，因为这两句话相互抵触。这是一个既不可以同时为真，也不可以同时为假的命题群组。两个前提出现矛盾，也就无法推出统一和自洽的结论。也就是韩非子所说的"夫不可陷之盾与无不陷之矛，不可同世而立"。其中，如果"吾盾之坚，物莫能陷也"是真的，那么"吾矛之利，于物无不陷也"就必然是假的；反之亦然。

这就像"先有鸡，还是先有蛋？"悖论，里面也隐含着一个不相容的前提假设："鸡是由蛋孵化出来的，蛋又是由鸡生出来的"。单独来看，两者都符合我们的日常观察和生活经验；但是，合在一起却是一对不自洽的假设。这个互为因果的循环推理本身是无法自我解脱的，就像人无法揪住自己的头发把自己拎起来一样。只有通过实际的考证，采用考古学和生物学的研究成果等资料，才能打破这一循环。

---

① 《庄子·秋水篇》提到，公孙龙曾经这么自夸。

由于这里既不涉及语言类型的递归性嵌套，也不涉及反身性自我指涉；因而比较简单明快，其中的矛盾也昭然若揭。一旦涉及这两点，势必会带来悖论效应。比如，我们在平常的立论或反驳中，经常喜欢引用的下面这个惊世名言：

(29)世界上没有任何事情是绝对的。

这个格言非常精辟，颇有辩证法的意味。我们乐此不疲地引用，把它看作是一个不容置疑的绝对真理。但是，如果我们稍微过脑子想一想，再斗胆地问一句：

(30)“世界上没有任何事情是绝对的”这句话本身是不是绝对的？

那么，就不可避免地要陷于“理发师悖论”(Barber Paradox)同样的困境。因为，如果“世界上没有任何事情是绝对的”这句话是真的或绝对(正确)的，那么这句话本身(作为“世界上的任何事情之一”)就注定不可能是真的或绝对(正确)的；因为，这句话本身显然也是“世界上的任何事情之一”，也落在“没有”的否定辖域之中。这样，“世界上没有任何事情是绝对的”这句话就不能作为一个格言警句或绝对真理来作为立论或反驳的依据。反过来说，如果这句话是假的或不是绝对(正确)的，那么意味着“世界上一定有某种事情是真的或绝对(正确)的”；于是，作为“世界上的任何事情之一”的这句话，倒是有可能是真的或绝对(正确)的。事情和道理是如此地纠结和自相缠绕，令人欲罢不休，又无力深究。其中，问题的关键是这句话中的“任何事情”包括还是不包括(29)这句话自身。这就把我们引向一条“思考不能思考之事”的不归路。

其实，在自我指涉方面，下面的理发师悖论故事更加精彩：①

(31)在某个城市中有一位理发师，他的广告词是这样写的：“本人的理发技艺十分高超，誉满全城。我将为本城所有不给自己刮脸的人刮脸，我也只给这些人刮脸。我对各位表示热诚欢迎！”来找他刮脸的人络绎不绝，自然都是那些不给自己刮脸的人。可是，有一天，这位理

① 关于“先有鸡，还是先有蛋？”悖论、理发师悖论和罗素悖论等，参考百度百科“悖论”条目(网址：http://baike.baidu.com/view/34072.htm?)。

发师从镜子里看见自己的胡子长了，他本能地抓起了剃刀，你们看他能不能给他自己刮脸呢？如果他不给自己刮脸，他就属于“不给自己刮脸的人”，他就要给自己刮脸，而如果他给自己刮脸呢？他又属于“给自己刮脸的人”，他就不该给自己刮脸。

这个认真执着、锱铢必较的理发师实在太有哲学家范儿了，他遇到的困惑可以用集合论刻画如下：

(32)如果把每一个人看成一个集合，这个集合的元素被定义成这个人替他(们)刮脸的对象。那么，理发师宣称，他的元素(他的服务对象)，都是城里不属于自身的那些集合(即不给自己刮脸的人)，并且城里所有不属于自身的集合都属于他(这个集合)。那么他本人是否属于他自己(这个集合)?

这样，就涉及“‘不包含自身的集合’的集合”之类集合论的基础性概念，可以从这个理发师悖论得到下面的罗素悖论(Russell's Paradox)；当然，反过来的变换也是成立的：

(33)把所有集合分为2类，第一类中的集合以其自身为元素，第二类中的集合不以自身为其元素，假设令第一类集合所组成的集合为P，第二类所组成的集合为Q，则有：$P=\{A \mid A\in A\}$，$Q=\{A \mid A\notin A\}$。

问题：$Q\in P$ 还是 $Q\notin P$? 若 $Q\in P$，则根据第一类集合的定义，必有 $Q\in Q$，而Q中的任何集合都有 $A\notin A$ 的性质，因为 $Q\in Q$，所以 $Q\notin Q$，引出矛盾。若 $Q\notin P$，根据第二类集合的定义，$A\notin A$，而P中的任何集合都有 $A\in A$ 的性质，所以 $Q\in P$，还是矛盾。

显然，理发师悖论跟罗素悖论是等价的，前者可以看作后者的一种通俗的解释。

我们当然不能要求古人也提出这种表达明确的数学或逻辑悖论。但是，在言语论辩方面，我们的先贤却提出堪与数学或逻辑悖论媲美的精彩段子。比如，庄子与惠子的“濠梁之辩”。原文是这样的：

(34)庄子与惠子游于濠梁之上。庄子曰：“儵鱼出游从容，是鱼之

> 乐也。”惠子曰：“子非鱼，安知鱼之乐？”庄子曰：“子非我，安知我不知鱼之乐？”惠子曰：“我非子，固不知子矣；子固非鱼也，子之不知鱼之乐，全矣。”庄子曰：“请循其本。子曰‘汝安知鱼乐’云者，既已知吾知之而问我。我知之濠上也。”（《庄子·秋水》）

庄子与惠子的这段对话好像是一个意义深邃的无底洞，一旦坠入其中便无法探出头来；又像一个机关无穷的连环套，把论辩双方裹挟进去，送上了一条超越寻常的理智与逻辑的不归路。正是这种意味深长的语义迷宫，千百年来迷倒了中外无数哲人学者。简单说来，庄子说的：“鯈鱼出游从容，是鱼之乐也”是一个一阶命题，说明的是庄子对于鱼的心理状态的一种主观判断，还给出了这种判断的理由。但是，惠子并没有对庄子的这个判断及其理由本身进行讨论；而是推宕开来说：“子非鱼，安知鱼之乐？”这是从更为根本的认识论上怀疑庄子有认识“鱼之乐”的可能性：不是情感主体的“他者”（在这里是庄子）怎么能够了解情感主体（在这里是鱼）的情感体验和情绪状态（在这里是乐）。智慧老到的庄子来一个四两拨千斤，顺势借力打力说：“子非我，安知我不知鱼之乐？”不料却落入惠子的套中，被惠子反戈一击，势如破竹地引向结论：“我非子，固不知子矣；子固非鱼也，子之不知鱼之乐，全矣。”一下子把庄子逼到了论辩逻辑的墙角，毫无退路。好在庄子并非等闲之辈，情急之下居然穿越式地用起 20 世纪分析哲学和语言哲学的方法，对辩方的辩论语言进行意义分析，力挽狂澜地说：“请循其本。子曰‘汝安知鱼乐’云者，既已知吾知之而问我。我知之濠上也。”用现代语言学的术语来说就是：“知（道）”可以带一个宾语小句，并且这个宾语小句表达的命题是个真命题。例如：

(35) a. 小明<u>知道</u>[世锦赛在美国举行]。⇒世锦赛在美国举行。
　　b. 小明<u>不知道</u>[世锦赛在美国举行]。⇒世锦赛在美国举行。
　　b. 小明<u>怎么知道</u>[世锦赛在美国举行]? ⇒世锦赛在美国举行。

因为“知道”类叙述动词以宾语小句所表示的命题为预设，所以在相应的否定式或疑问句中，预设保持不变。庄子恰好是独具慧眼地利用了这一点，来巧妙地大做文章：“既然你说‘你怎么<u>知道</u>[鱼儿快乐]’之类的话，那么你是已经<u>知道</u>[我<u>知道</u>[鱼儿快乐]]，却故意来问我”。这样，庄子成功地把“知”的宾语“鱼乐”和“吾知之（=鱼乐）”打扮成一个双方共享的预设信息。至此，惠子想扳倒庄子，已经是回天无力，毫无可能了。从语言学的角度看，事情坏就坏在惠子当初用了打死也不该用的动词“知”。因为，不管在肯定句，还是否定句，甚至疑问句中，叙实动词“知”的宾语小句所表示的命题都是预设信息，是说话人进行言谈交流的前提条件，具有说话人假定它必然为真和一定成立的语义和语用特性。这就给了庄子可乘之机。当然，如果惠子改用言说动词“谓”，局面就有可能大为不同。比如，说成：“子非鱼，何以谓鱼之乐？”（您老又不是鱼，凭什么说小鱼儿很快乐呢？）。也许，这本身就是“不能思考之事”。在这里，我们也只能点到为止，不做细论。

第五节　悖论引导我们在不确定的世界里谦逊地前行

从上面一节的例证分析和讨论，可以发现：悖论给了我们思想的紧张和情绪的不安，我们的智慧和知识居然会遇到如此空前的挑战。比如，罗素悖论中的有关命题，在它们还没有进行相互联系时是有效的。但是，当它们进行相互联系时，即它们已经成为一个类或一个整体；那么，一个类或一个整体中是不允许或无法执行两种衡量标准或规定的（集合以其自身为元素 vs. 集合不以其自身为元素）。另外，自我否定（比如：这句话是不对的）是和没说一个样，或等于没有规定一样。当然，悖论也给了我们重新审视自己的智慧和知识的可靠性的机会，并且从中得到教训和助益。正如丹麦哲学家、现代存在主义哲学创始人索伦·克尔凯郭尔（Soren Aabye Kierkegaard，1813～1855 年）所说的：“悖论是思想家的激情之源，没有悖论的思想家就像一个没有情感的恋人：微不足道的平庸……一切思想的最高悖论是尽力发现思想不能思考的事情。”我们则发现，在语言形式上，悖论往往跟否定表达有关；正是否定使得涉及反身性自我指涉的递归性嵌套话语陷于语义上的自相矛盾和自我缠绕。这可以指引我们努力“思考不能思考之事”，启发我们在这个不确定的世界里要学会更加谦逊；帮助我们认识到：我们人类的智慧极其有限，我们人类业已获得的知识还极其肤浅，而且这些知识体系的根基还极其脆弱，世界的复杂性和不确定性远远超出我们的智慧和知识的范围。于是，我们就应该像德国思想家、发展经济学家阿尔伯特·赫希曼（Albert Otto Hirschman，1915～）用毕生的经验所感悟到的：不要相信存在唯一正确的道路，不要期待一种确定的秩序，不要尝试去拥有一个明确的世界观，不要轻易拥抱一个自称是唯一的真理；同时，有必要加一个注脚：不要把所有这些关于“不相信”的理念当作完全值得遵循的信条；它们所提供的是一种态度，仅在于提醒你，要重视保持心灵的开放，保持对可能发生的事情的激情。① 这种悖论式的思想，无疑是给身处于这个不确定的世界中的人们的一个忠告、一副清凉剂。

是的，在这个不确定的世界里，我们需要怀疑，也需要坚信；需要激情，也需要理性；需要相信知识，也需要怀疑知识；需要寻找一条最佳的至少是代价最小的道路，也需要知道世界上也许并没有这样一条道路；我们更加需要谦逊，也更加需要悖论式的思辨带领我们在蹒跚中前行。

第六节　结语

在上文中，我们反复强调：自然语言有其自身的逻辑，不能援引数理逻辑来推断其语义表达；自然语言在很大程度上遵循的是非单调逻辑，因此不能期望同一话语中的不同句子在意义上是单调一致的。例如：

(36)老王有三个儿子。

根据 Grice(1967)的会话准则(Maxims of Conversation)中的数量准则(The Maxims of Quantity)——提供的信息要适中、不多也不少，我们可以断定这句话的意思是：

(37)老王有儿子，数目正好是三，不多也不少。

也就是说，在自然语言中只有在(37)所述的情况下，说出句子(36)才是合适的。但是，从形式逻辑的角度看，情况就大为不同了：如果老王有五个儿子，那么按理也可以说“老王有三个儿子”。因为有五必有三，如果老王有五个儿子是真的，那么老王有三个儿子一定也是真的。也就是说，在逻辑上(36)的真值条件(truth condition)是：

(38)老王有儿子，数目是三，或大于三。

但是，在自然语言中，不一定能用这种逻辑上的真值条件作为句子的语义表

① 详见朱桂英《阿尔伯特·赫希曼：在不确定的世界里，我们要学会更谦逊》，《新京报》书评 WEEKLY 主题 B08，2014 年 4 月 12 日(http://blog.sina.com.cn/s/blog_646661150101gnrw.html)。

达。比如，例(36)的语义表达可以用洋泾浜英语(pidgin English)作为元语言标定如下：

(39) The number of Mr. Wang's son is three. 简写为：Num $=$ 3

现在，我们考虑这么一个稍微复杂一点的句子：

(40)老王有三个儿子，如果没有更多的话。

这个复句的语义表达可以标定如下：

(41) The number of Mr. Wang's son is three or more than three. 简写为：Num $\geqslant$ 3

显然，例(40)的语义表达(41)正好是例(36)的真值条件(38)。我们再来看这么两个句子：

(42)老王有三个儿子，事实上不止三个。

(43)老王有三个儿子，事实上只有两个，另一个是外甥。

在这两个复句中，都有后面的分句覆盖并取消(supersede)前面的分句的意义的现象。所以，这两个复句的语义表达可以分别标定如下：

(44) The number of Mr. Wang's son is more than three. 简写为：Num $>$ 3

(45) The number of Mr. Wang's son is less than three. 简写为：Num $<$ 3

现在，我们关心的问题是：例(40)(42)(43)中前一分句"老王有三个儿子"的意义是不是必须随着后续分句的意义而改变，或者标定一种宽泛的意义以便预先为后续分句的意义留下回旋的余地？显然，这是不必要的，也是不可能的。因为，我们无法在 Num $\geqslant$ 3、Num $>$ 3 和 Num $<$ 3 三个互相矛盾的命题之中(或之上)，找到一个包含这三个命题的意义同时又不违反矛盾律和排中律的命题。

说到底，自然语言遵循的是一种非单调逻辑，前面句子（或分句）的意义不一定跟后面句子（或分句）的意义单调性一致，后面句子（或分句）的意义可以覆盖并取消前面句子（或分句）的意义。因此，在“法国国王不聪明，事实上并没有这么一个人”中，前一分句“法国国王不聪明”的意义不必跟后一分句“事实上并没有这么一个人”的意义一致。我们不必为了照顾后一分句的意义而给前一分句标定一种虚构的所谓外部否定的释义。事实上，正如上文§2所显示的，外部否定的释义适合于有定摹状词做主语、否定式存在动词做谓语的存在句；但是，我们不必要（也不一定能够）把外部否定的释义方式推广到相关的其他谓词做谓语的句子上去。

贰　显性否定格式的语义分析

第三章　否定式偏正结构的跨维度考察

第一节　引言

否定句在句法、语义、语用上有一系列复杂而且容易引起争议的特点，诸如：否定有没有独立的焦点与辖域、否定句的预设能不能取消、有没有内部否定和外部否定这种辖域歧义……①为了切实地理解这些问题，我们先后考察了汉语中偏正结构、并列结构、连谓结构、类比结构、流水句以及包含疑问代词的非疑问用法的句子等的否定表达，得到了一些新的认识。本章不打算对上述理论问题展开讨论，而是想把在考察偏正结构的否定表达中发现的一些现象提出来，着重分析否定词"不、没有"跟做状语的有关副词、形容词、成语等成分的同现限制条件；揭示出一个偏正结构的否定表达是否合格不仅跟充当状语的形式类相关，而且跟这个否定式是表示直陈式否定还是假设式否定、是表示语义否定还是表示语用否定相关。最后，从对偏正结构的否定表达这个具体个例的分析，我们演示一种贯通句法、语义、语用的跨维度的语法研究的路子。

第二节　副词性状语的否定表达

否定副词"不、没有"只能修饰谓词性偏正结构，不能修饰体词性偏正结构。大概地说，谓词性偏正结构的修饰语（即状语）主要由副词、形容词和状态词，以及成语和一些固定结构充当，由此造成的三种偏正结构在否定表达

① 详见 Kempson（1979）、Levinson（1983）、Horn（1985）、徐杰、李英哲（1993）和袁毓林（2000c）。

方面有很大的差别,下面分别讨论。

由形容词重叠造成的副词表示状态,简称状态副词(记作 Fz)。状态副词只能用在动词性成分(记作 VP)前面做状语,加上副词后缀“地”仍然只能做状语。① 由状态副词构成的偏正结构可以受副词“不、没有”的否定。例如:

(1)好好(地)说 → 不/没有好好(地)说

(2)慢慢(地)吃 → 不/没有慢慢(地)吃

(3)远远(地)看 → 不/没有远远(地)看

(4)早早(地)起床 → 不/没有早早(地)起床

(5)大大(地)操办 → 不/没有大大(地)操办

(6)紧紧(地)抓住 → 不/没有紧紧(地)抓住

“不+Fz+VP”既可以表示直陈,如“你昨天不好好(地)说,否则这笔买卖有可能谈成”“她从来不早早(地)起床”;又可以表示假设,如“你不好好(地)说,别人就听不明白”“不早早(地)起床就赶不上头班车”。

范围副词分为两类,一类标举它前面的词语的范围,这种副词可以叫作前指副词(记作 Fq);一类标举它后面的词语的范围,这种副词可以叫作后指副词(记作 Fh)。② 由前指副词构成的偏正结构一般不受“不/没有”的否定,除非有强调标记词语说明这是否认句(denying sentence)。例如:

(7)全班同学都会游泳。→ *全班同学不/没有都会游泳。

→ 不是全班同学都会游泳。→ 全班同学并不都会游泳。

(8)这几点我都同意。→ *这几点我不/没有都同意。

→ 不是这几点我都同意。→ 这几点我并不都同意。

(9)小张和小李都是上海人。→ *小张和小李不/没有都是上海人。

→ 不是小张和小李都是上海人。→ 小张和小李并不都是上海人。

---

① 副词后缀就是朱德熙(1961)所谓的“的$_1$”,同时参考朱德熙(1982)§14.3,第194~195页。请注意,我们的看法跟朱先生并不完全一致。朱先生认为这种重叠式加上“的”后就是状态形容词(因为它们可以做谓语和定语),这种“的”是状态形容词后缀“的$_2$”。根据我们的观察,由状态形容词做状语构成的偏正结构通常是不受“不、没有”否定的(详见本章§2末尾的讨论)。而这里的形容词重叠式加上“的”后可以受“不、没有”否定,表示直陈的语义否定。因此,我们宁愿把这里的“的”看成是副词后缀(即“的$_1$”),整个“AA的$_1$”仍是副词性的。

② 详见朱德熙(1982)§14.4,第195~196页。

(10)这几道题都很难。→ *这几道题不/没有都很难。

→ 不是这几道题都很难。→ 这几道题并不都很难。

这就是说,"不+Fq+VP"结构的合格性取决于它是表示直陈还是否认(objection)。在现代汉语中,表示否认既可以在主谓结构(记作S-P)前加"不是",构成"不是+S-P"形式;又可以在主谓结构中间加"并不",构成"S+并不+P"形式。在这里,"并"是语气副词,起到加强否定语气的作用,含有否定某种看法、说明真实情况的意味。①

如果说直陈式否定是否定相应的肯定句的真值条件(truth condition),因而是语义否定(semantic negation)的话;那么,否认式否定是否定相应肯定句的适宜性条件(felicity condition),因而是语用否定(pragmatic negation)②。例如:

(9′)a. 小张和小李是上海人。→ a′. 小张和小李不是上海人。

b. 小张和小李都是上海人。→ b′. 小张和小李并不都是上海人。

作为语义否定,(9a′)表示其相应的肯定句(9a)所说的跟事实不符;作为语用否定,(9b′)表示其相应的肯定句(9b)这种表达方式不恰当(比如,不该把小张跟小李相提并论)。

由后指副词构成的偏正结构一般可以受"不"的否定,但通常不能受"没有"的否定。例如:

(11)小王只懂英语。→ 小王不只懂英语。→ *小王没有只懂英语。

(12)她光去过天津。→ 她不光去过天津。→ *她没有光去过天津。

(13)他单捡便宜的。→ 他不单捡便宜的。→ ?他没有单捡便宜的。

(14)她就爱蓝色的。→ *她不就爱蓝色的。→ *她没有就爱蓝色的。

显然,"不+只/光/单+VP"是合格的,而相应的"不+就+VP"是不合格的。与此相关的一个现象是,"就+不+VP"是合格的,而相应的"只/光/单+不+VP"是不合格的。例如:

(11′)小王不只懂英语。→ *小王只不懂英语。

---

① 参考吕叔湘(1980),第70页,对"并"的第2种用法的讨论。

② 关于语用否定,详见Horn(1985)和沈家煊(1993)。

(12′)她不光吃大米饭。→ *她光不吃大米饭。

(13′)他不单捡便宜的。→ *他单不捡便宜的。

(14′)*她不就爱蓝色的。→ 她就不爱蓝色的。

这可能跟这些后指副词的极性(polarity)有关,“只/光/单”是正极的,[①]在它们标举的范围内只能出现肯定式;“就”是中性的,在它标举的范围内既可以出现肯定式,也可以出现否定式。而整个偏正结构“只/光/单+VP”是中性的,所以前面可以出现否定词;整个偏正结构“就+VP”是正极的,所以前面不可以出现否定词。当然,这些假设还需要进一步的证据。应该指出的是,“她就不爱蓝色的”是有歧义的;一种意义是:她只是不爱蓝色的,“就”表示范围;另一种意义是:她就是不爱蓝色的,“就”表示强调。

由时间副词构成的偏正结构能不能被“不、没有”否定,在很大程度上取决于时间副词本身所包含的时态特征。比如,像“马上、立刻、连忙、急忙”等副词,既不包含[+已然]的时态特征,也不包含[+未然]的时态特征;于是,由它们构成的偏正结构可以受“不、没有”否定。例如:

(15)马上集合 → 不/没有马上集合

(16)立刻出发 → 不/没有立刻出发

(17)连忙掉头 → 不/没有连忙掉头

(18)急忙订票 → 不/没有急忙订票

这种副词跟上文讨论的状态副词一样,由它们构成的“不/没有+F+VP”既可以表示直陈,如“他们接到了上级指令也不马上集合”“接到了上级的指令后,他们没有马上集合”;也可以表示假设,如“不马上集合就来不及了”“没有马上集合就不可能及时出发”。

像“刚、刚刚、已经、曾经、从来、一向、仍然、仍旧、偶尔、忽然”等时间副词,它们包含[+已然]的时态特征,由它们构成的偏正结构不能受“不、没有”否定。例如:

(19)刚去上海 → *不/没有刚去上海

① 从集合论和量化理论的角度看,“只/光/单”的语义重点是:肯定有关论域(universe of discourse)中少数元素(elements)具有后面谓词所指谓的属性,这等于是同时否定该论域中大多数元素具有后面谓词所指谓的属性。因此,它们包含了隐性的否定意义,可以把这种隐性否定意义表示为“no more than”。

(20)刚刚散会 → *不/没有刚刚散会
(21)已经破产 → *不/没有已经破产
(22)曾经赢过 → *不/没有曾经赢过
(23)从来不喝 → *不/没有从来不喝
(24)一向顺手 → *不/没有一向顺手
(25)仍然年轻 → *不/没有仍然年轻
(26)仍旧去赌 → *不/没有仍旧去赌
(27)偶尔回来 → *不/没有偶尔回来
(28)忽然出走 → *不/没有忽然出走

为什么含有[＋已然]的时间副词跟否定词“不、没有”不相容呢？解释起来是很费周折的。比如，假设这类副词是正极性的高阶时态谓词(high-grade predicate with aspect)，①它们不能受否定词直接否定；其否定表达是在前面加上“不是”，也就是说，它们可以受更高阶的谓词的否定式的管辖。例如：

(19′)刚去上海 → 不是刚去上海，而是去了好几天了。
(20′)刚刚散会 → 不是刚刚散会，而是散会半小时了。
(21′)已经破产 → 不是已经破产，而是从来资不抵债。
(22′)曾经赢过 → 不是曾经赢过，而是从来没有败过。
(23′)从来不喝 → 不是从来不喝，而是根本就喝不起。
(24′)一向顺手 → 不是一向顺手，而是从来就不顺手。
(25′)仍然年轻 → 不是仍然年轻，而是本来年龄不大。
(26′)仍旧去赌 → 不是仍旧去赌，而是不得不去陪绑。
(27′)偶尔回来 → 不是偶尔回来，而是三天两头回家。
(28′)忽然出走 → 不是忽然出走，而是很早就有苗头。

显然，这种“不是＋F＋VP”是否认句，而不是单纯的否定式。作为语用否定，否认句通常用后续小句来进行自我更正(self-correction)。在现代汉语中，“不是……，而是……”已经成为表达否认和自我更正的固定程式。

像“老、总、时时、时常、始终、一直、永远”等时间副词，它们包含[＋已

① 不过，其中的“从来”是否定极项(negative polarity item)，需要否定成分或否定语境来允准(license)。

然]的时态特征，由它们构成的偏正结构不能受"不、没有"否定。例如：

(29)他老跟人开玩笑。→ *他不/没有老跟人开玩笑。
(30)她总偷着干私活。→ *她不/没有总偷着干私活。
(31)他时时惦记家里。→ *他不/没有时时惦记家里。
(32)她时常唱错调门。→ *她不/没有时常唱错调门。
(33)他始终支持我们。→ *他不/没有始终支持我们。
(34)她一直怀疑这人。→ *她不/没有一直怀疑这人。
(35)他永远这样乐观。→ *他不/没有永远这样乐观。

只有当句子中有"并、也"等强调标记说明这是否认句时，才能在这种副词前出现否定词。例如：

(29′)他并不老跟人开玩笑。→ 他也没有老跟人开玩笑。
(30′)她并不总偷着干私活。→ 她也没有总偷着干私活。
(31′)他并不时时惦记家里。→ 他也没有时时惦记家里。
(32′)她并不时常唱错调门。→ 她也没有时常唱错调门。
(33′)他并不始终支持我们。→ 他也没有始终支持我们。
(34′)她并不一直怀疑这人。→ 她也没有一直怀疑这人。
(35′)他并不永远这样乐观。→ 他也没有永远这样乐观。

仔细体会这些否定句，我们会感觉到它们含有引述别人的话并加以否定（否定其表达方式上的适宜性）的意味。也就是说，这种否定句否定的是一个引述性成分（相当于对象语言），而否定性成分就成了一种元语言。因此，Horn（1985：135）称这类语用否定为"元语言否定"（metalinguistic negation）。

像"再、常（常常）"等时间副词，它们包含[＋未然]的时态特征，由它们构成的偏正结构可以受"不、没有"否定。与此相反，跟它们意思相似的"又、往往"包含[＋已然]的时态特征，由它们构成的偏正结构不能受"不、没有"否定。例如：

(36)再吃一碗 → 不再吃了
(37)又吃了一碗 → *不又吃了
(38)请常来玩儿 → 不常来玩儿

(39)往往走小路 → *不往往走小路

“再”和“又”在表示动作的重复或继续时，前者指未实现的，后者指已实现的。正因为这样，“再”引申出一种用法：表示一个动作将要在某一情况下出现（如：下午再讨论、签约以后再交定金）。“常（常常）”和“往往”都可以表示动作、行为多次发生或某种情况经常出现，但前者可用于主观愿望等未然的场合，后者只能用于已然的场合。①

值得注意的是，在“……不……再……”这种格式中，“不”是不可删除的，“再”是可以删除的。也就是说，在分布上“再”对“不”有一定的依赖性。例如：

(40)老何不再同老朱争吵了。（艾芜《南行记》）

→ 老何不同老朱争吵了。→ *老何再同老朱争吵了。

(41)伯夷咳了起来，叔齐也不再开口。（鲁迅《故事新编》）

→ 叔齐也不开口。→ *叔齐也再开口。

(42)讨论因此将不再有一个客观的标准……（《中华读书报》1998年4月15日）

→ 讨论因此将不有（没有）一个客观的标准。

→ *讨论因此将再有一个客观的标准。

(43)九十年代乔姆斯基不打算再用管辖这个概念来说明语言现象。（徐烈炯《语义学》第246页）

→ 不打算用管辖这个概念来说明语言现象。

→ *打算再用管辖这个概念来说明语言现象。

由于否定句表示其中动词所表示的动作、行为没有实现，因而跟“再”表示的未然的意义相容；如果删除了否定词“不”，那么整个句子在时态上的已然性必将跟“再”的意义发生冲突。

第三节　形容词状语的否定表达

由形容词（记作A）做状语构成的偏正结构，可以受“不”和“没有”的否

① 参考吕叔湘(1980)第569～571页、第480～481页，对“再”和“又”、“常（常常）”和“往往”的辨析。

定。例如：

(44)及时地解决矛盾 → 不/没有及时地解决矛盾
(45)严格地要求学生 → 不/没有严格地要求学生
(46)细心地察看地形 → 不/没有细心地察看地形
(47)适当地施肥灌水 → 不/没有适当地施肥灌水
(48)认真地对待批评 → 不/没有认真地对待批评
(49)灵活地处理问题 → 不/没有灵活地处理问题

其中，“不＋A＋VP”可能有两种层次构造：(1)“不＋(A＋VP)”，这种形式既可以用于直陈(如：他们不及时地解决矛盾，造成了这种严重的后果)，也可以用于假设(如：不及时地解决矛盾，就会造成严重的后果)；(2)“(不＋A)＋VP”，这种形式通常只用于直陈，不用于假设。必须指出的是，“(不＋A)＋VP”这种形式中的形容词后一定带有后缀“地”。于是，我们必须确定“不＋A＋地”的层次构造是“不＋(A＋地)”还是“(不＋A)＋地”。由于“A＋地”和“不＋A”都是合格的组合，因而必须考察：(1)“不”能不能修饰“A＋地”，(2)“不＋A”能不能带“地”，(3)“地”的语法性质。如果层次构造是“不＋(A＋地)”，那么其中的“地”就是形容词后缀；[①]但是，我们面临着必须证明“不”可以修饰“A＋地”这一难题。我们一时还找不到可靠的证据和简捷的办法，来证明形容词带了形容词后缀之后可以受“不”的修饰；但是，我们倒可以通过直接的观察得知：“不＋A＋地”只能做状语，在功能上相当于一个副词。所以，我们可以断定这里的“地”是副词后缀，“不＋A”加上“地”后就变成了一个副词性的形式类。事实上，副词后缀“地”是一个转类功能很强的虚词，部分名词、动词、述宾结构、主谓结构加上它之后只能做状语，即变成副词性的形式类。例如：[②]

(50)a. 他本能地闭上了眼睛。
b. 她同情地看了我一眼。
c. 没有目的地在街上闲逛。
d. 你跟她面对面地说清楚。

因此，我们认为“不＋A＋地”的层次构造是“(不＋A)＋地”，其中的“地”是

① 见朱德熙(1961)。
② 详见朱德熙(1982)§10.11，第152～153页。

副词后缀。我们发现的一个佐证是：不及物动词“间断”不能带后缀“地”，但其否定式可以并且一定要带“地”才能做状语，例如：“她不间断地去夜校听课。”

现在，我们来考察“不＋A＋地”这个语法格式对形容词 A 的选择限制。先请看一些例子：

(51)a. 认真地整理卡片 → 不认真地整理卡片
　　b. 马虎地整理卡片 → * 不马虎地整理卡片
(52)a. 细心地看了一遍 → 不细心地看了一遍
　　b. 粗心地看了一遍 → * 不粗心地看了一遍
(53)a. 积极地参加比赛 → 不积极地参加比赛
　　b. 消极地参加比赛 → * 不消极地参加比赛
(54)a. 灵活地处理问题 → 不灵活地处理问题
　　b. 僵硬地处理问题 → * 不僵硬地处理问题

显然，“不＋A＋地”中的 A 只能是褒义形容词，而不能是贬义形容词（记作～A）。从意思上看，“不＋A”约等于“～A”、“不＋A＋地”约等于“～A地”，“不＋～A ”约等于 A，“不＋～A＋地”也应该约等于“A＋地”。可是，为什么偏偏“不＋～A＋地”这种格式是不合语法的呢？这种句法现象可以通过跨维度的（cross-dimensional）语用原则来解释。根据 Grice 会话的合作原则（cooperative principle）中的方式准则（maxim of manner），表达必须直接明了，不能拐弯抹角。于是，该说人“认真”时就不必说成“不马虎”，该说人“马虎”时就不必说成“不认真”。如果违背这些准则，一定是为了表示某种会话含义（implicature）。① 同时，根据 Leech 交际的礼貌原则（Politeness Principle）中的表扬准则（Approbation Maxim），在会话时要尽可能减少对他人的贬抑，尽可能增加对他人的褒扬。② 由于使用褒义词是最直接的表扬手段，因而表扬人可以径直用褒义词，不必用“不＋～A”这种形式。批评人可以用贬义词这种直接的形式，但为了遵守表扬准则，也可以用“不＋A”这种委婉形式。也就是说，“不＋～A＋地”这种语法形式缺乏强烈的语用动机（pragmatic motivation），使用起来受到较多的限制。因此，褒义词和相应的贬义词在分布上具有不对称性，表现为褒义词比贬义词拥有更多

---

① 详见 Levinson(1983)chap. 3，pp. 126～132。

② 详见 Leech(1983)，§ 6. 1，pp. 131～139。

的分布位置。这就帮助我们解释下列篇章关联词语在肯定和否定表达方面的不对称性，例如：

准确地说 → 不准确地说 ～ 粗略地说 → *不粗略地说
严格地说 → 不严格地说 ～ 大概地说 → *不大概地说

当然，也可以用普遍存在于人类心理上的乐观原则来解释。Boucher & Osgood(1969)通过心理实验所证明的“乐观假设”(The Pollyanna Hypothesis)：人总是乐于看到和谈论生活中光明的一面(好的事情、好的品质)，摒弃坏的一面；因此，造成一种普遍的人类倾向：积极评价的词语比消极评价的词语用得更加频繁、多样和随意。这种语用法的语法化，使得“不＋～A＋地”这种格式最终不可接受和不合语法。

由状态形容词(记作 Az)做状语构成的偏正结构一般不受“不”和“没有”的否定，也就是说，“不/没有＋Az＋VP”通常是不合格的。例如：

(55)轻轻地拍了我一下 → *不/没有轻轻地拍我一下
(56)酽酽地沏了一壶茶 → *不/没有酽酽地沏一壶茶
(57)和和气气地过日子 → *不/没有和和气气地过日子
(58)规规矩矩地坐在那儿 → *不/没有规规矩矩地坐在那儿
(59)笑嘻嘻地跟人打招呼 → *不/没有笑嘻嘻地跟人打招呼
(60)热乎乎地喝了一杯茶 → *不/没有热乎乎地喝一杯茶
(61)眼泪一串串地往下掉 → *眼泪不/没有一串串地往下掉
(62)她一点一点地有了进步 → *她不/没有一点一点地有进步

为什么“不、没有”不能否定由状态形容词做状语的偏正结构，这大概可以从量的冲突上得到解释。因为状态形容词一般是由性质形容词通过重叠而造成的，重叠式状态形容词的语法意义中都包含着一种量的观念——加重或轻微；①而否定词所包含的量是零，这两种量明显是不相容的。上面的结论是就直陈式否定这种用法而言的，事实上在假设否定或反问用法的情况下，“不＋Az＋VP”是合格的结构。例如：

(63)(如果)不笑嘻嘻地跟人打招呼就拉不到生意。

① 详见朱德熙(1982)§2.2.5，第26～28页。

(64)(如果)不规规矩矩地坐在那儿就不是好孩子。

(65)(如果)不和和气气地过日子干什么？

可见，一个否定形式是不是合格有时取决于它表示的是直陈意义还是假设意义。

第四节　其他几种状语的否定表达

现在，我们来讨论由成语和其他一些固定结构做状语构成的偏正结构的否定表达。

由成语做状语构成的偏正结构不受“不”的否定，但可以受“没有”的否定。例如：

(66)他们千方百计地来攀亲。→ *他们不千方百计地来攀亲。
→ 他们没有千方百计地来攀亲。

(67)他们异口同声地说赞成。→ *他们不异口同声地说赞成。
→ 他们没有异口同声地说赞成。

(68)全心全意地为人民服务。→ ?不全心全意地为人民服务。
→ 没有全心全意地为人民服务。

由成语做状语构成的偏正结构，在没有时态标志的情况下往往表示过去时和完成体；因此，它们可以受“没有”修饰，但不能受“不”修饰。至于“全心全意地为人民服务”，差不多已经成为一个熟语，所以可以有一些特殊的分布表现。

处所、时间性词语可以通过重叠等方法，构成表示周遍意义的短语；由这种短语做状语构成的偏正结构，不能受“不”和“没有”的否定。例如：

(69)母亲一个人里里外外地忙。→ *不/没有里里外外地忙。

(70)酒店的伙计楼上楼下地跑。→ *不/没有楼上楼下地跑。

(71)他一天到晚地看书写文章。→ *不/没有一天到晚地看书写文章。

(72)他一年到头地在外边开会。→ *不/没有一年到头地在外边开会。

以上是就语义否定的情况说的。在语用否定的情况下，“没有＋周遍性状语＋VP”是可以说的。例如：

(69′)我也没有里里外外地忙，只是在前台忙着招呼客人。

(70′)我并没有楼上楼下地跑，只是在楼下忙得团团转。

(71′)我也没有一天到晚地看书写文章，只是时间抓得比较紧而已。

(72′)我并没有一年到头地在外边开会，不过待在家里的日子确实不多。

这些都是引述性否定，用以表示引述性成分（对象语言）在语用表达上不合适，即违背了语用上的适宜性条件。

另外，在表示假设否定的情况下，“不＋周遍性状语＋VP”是可以说的。例如：

(69″)我不里里外外地忙，这个家会成个什么样子？

(70″)你不楼上楼下地跑，谁还会这么卖劲？

(71″)他不一天到晚地看书写文章就不会出这么多成果。

(72″)他不一年到头地在外边开会就不会了解这么多情况。

由处所性成分做状语构成的偏正结构，一般不受“不”和“没”的否定。例如：

(73)这里来 → * 不/没有这里来

(74)里头坐 → * 不/没有里头坐

(75)炕上坐 → * 不/没有炕上坐

(76)火车站见 → * 不/没有火车站见

(77)电话里谈 → * 不/没有电话里谈

值得注意的是，由含有周遍性意义的处所状语构成的偏正结构，一般不受“不”和“没”的否定。例如：

(78)一路扔东西 → * 不/没有一路扔东西

(79)到处找饭店 → * 不/没有到处找饭店

(80)满世界疯跑 → * 不/没有满世界疯跑

以上是就语义否定的情况说的。在语用否定的情况下,“没有+周遍性处所状语+VP”也是可以说的。例如:

(78′)我也没有一路扔东西,只是扔了一些破瓶漏盆。

(79′)我并没有到处找饭店,只是闻到有饭香味的地方就探头。

(80′)我也没有满世界疯跑,不过确实也没有老老实实地待在家里。

另外,在表示假设否定的情况下,“不+周遍性处所状语+VP”也是可以说的。例如:

(78″)(如果)我不一路扔东西,这马还拉得动这一车人吗?

(79″)(如果)我不到处找饭店,你能吃上这顿饭吗?

(80″)(如果)我不满世界疯跑,就不会在这儿撞见你了。

可见,人们在判断一个否定形式的合格性方面之所以会犹豫,在很大程度上是因为所参照的话语背景不同:一个否定形式在无标记的语义否定的情景下可能是不合格的,但在有标记的语用否定或假设否定的情景下却有可能是合格的。这直接造成人们在研究否定句时,在语料鉴定方面的困惑。

第五节　结语

总结上面的讨论,有三点值得一提:(1)一个偏正结构的否定表达是否合格,不仅跟由什么形式类的词语充当状语有关,而且跟这个否定式是表示直陈式否定还是表示假设式否定、表示语义否定还是表示语用否定有关。一般地说,直陈式否定比假设式否定更加严格、语义否定比语用否定更加严格。也就是说,作为直陈式否定不合格的否定表达有可能是一个合格的假设式否定,作为语义否定不合格的否定形式有可能是一个合格的语用否定。其中,语义否定包括直陈式和假设式两种;直陈式的语义否定通常是无标记的,语用否定和假设式的语义否定通常是有标记的。(2)偏正结构能否被“不”和“没有”否定,还跟充当状语的词语的时态特征、量的特征相关。一般地说,含有[+未然]特征的副词做状语构成的偏正结构可以受“不”和“没有”的否定,含有[+已然]特征的副词做状语构成的偏正结构不能受“不”和

"没有"的否定。含有量的特征的成分做状语构成的偏正结构一般不受"不/没有"的否定，这种量主要是大量、小量和全量（周遍意义），它们通常通过重叠形式来表示。（3）由否定词"不、没有"修饰偏正结构组成的"Neg ＋ Ad ＋ VP"中，否定词 Neg 的否定辖域是整个偏正结构" Ad ＋ VP"，但否定的焦点是状语 Ad。例如：

不/没有紧紧（地）抓住	抓住了，但抓得不紧
小王不只懂英语	懂英语，还懂其他外语
不/没有马上集合	集合了，但不是立刻执行的
不常来玩儿	虽然也来玩儿，但不经常
不/没有及时地解决矛盾	也试图解决矛盾，但不及时
不/没有认真地整理卡片	虽然整理了卡片，但并不认真
没有全心全意地为人民服务	也为人民服务了，但不尽心
没有到处找饭店	虽然也找了，但并不是满世界地找

上面每个例句后面的内容，是对这些"Neg ＋ Ad ＋ VP"的语义的大致刻画。

明确了偏正结构的否定表达中否定的焦点是状语，就可以解释为什么否定词跟状态词状语虽然不是句法上的直接成分，但是却存在着严格的选择限制——否定这种零量跟状态词这种大量是不相容的，除非在假设式否定或语用否定这种有标记的否定形式中。这进一步说明，句法现象有时无法在句法内部做出单维度的解释；只有采用贯通句法-语义-语用的跨维度的语法分析，才能对有关句法现象做出充分的解释。事实上，语法现象本来就是句法、语义、语用相互作用的产物；任何单维度的分析都是一种对复杂现象的简约和逼近，因而都是可能的和有效的，但难于真正达到解释的完全和充分。

本书采用的是一种比较朴素的描写主义的路子，作为对偏正结构的否定表达的描写的第一步，首先要确定哪些否定形式是合格的、哪些是不合格的。这时，我们马上陷于许多否定形式的合格性是似是而非、难于厘定的困境。只有从理论上假定否定形式有直陈与假设、语义与语用之别，才能对各否定形式的合格性做出断定和描写。也就是说，在描写的一开始就需要解释，只有深刻的解释才能导向细致的描写。反过来说，只有细致的描写才会呼唤深刻的解释。

第四章 并列结构的否定表达

第一节 引言

否定句的构成和理解是对外汉语教学的一个难点。相对而言，造出否定句比理解否定句要困难一点。比如，谓词性偏正结构“认真学习”的否定表达是“不/没有认真学习”，而谓词性并列结构“讨论和通过”的否定表达却不是“不/没有讨论和通过”。有鉴于此，本章打算研究现代汉语中谓词性并列结构的否定表达形式，分析为什么谓词性并列结构不能通过在前面加上“不、没有”等否定词来构成否定形式，希望为对外汉语教学提供一点实用的语法知识。

第二节 汉语并列结构的否定表达

在现代汉语中，由动词、形容词等谓词性成分组成的并列结构，在整体功能上仍然是谓词性的。这种谓词性并列结构的否定表达形式是比较复杂的，其复杂性表现在：通常不能通过直接在这种谓词性并列结构的前面加上“不、没有”等否定词来构成否定式，而是要在这种并列结构的各个直接成分之前分别加上“不、没有”等否定词。例如：

(1)吃饭喝水 → *不/没有吃饭喝水 → 不/没有吃饭也不/没有喝水

(2)愁吃愁穿 → *不愁吃愁穿 → 不愁吃(也)不愁穿

(3)分析研究 → ?不/没有分析研究 → 不/没有进行分析研究

(4)征服自然和改造自然 → ?没有征服自然和改造自然

→没有征服和改造自然→没有征服自然也没有改造自然

(5)又哭又闹→*又不哭又不闹→(既)不哭(也)不闹

(6)美丽健康→*不美丽健康→不美丽(也)不健康

(7)机智而勇敢→*不机智而勇敢→不机智(也)不勇敢

(8)又痛又痒→*不又痛又痒→又不痛又不痒→既不痛又不痒

从上例可以看出,谓词性并列结构的各组成成分在功能上保持着相当的独立性,否定词无法对这种并列结构的整体实施否定。说得专门一点,"不、没有"等否定算子(negative operator)不能把谓词性并列结构作为其操作域(operative scope)。当然,例外的情况是存在的,并且为数不少。例如:

(9)他们不调查研究就匆忙地下结论。

(9′)? 他们不调查和研究就匆忙地下结论。

(9″)他们不做调查和研究就匆忙地下结论。

(10)教练的意图她们没有贯彻执行。

(10′)? 教练的意图她们没有贯彻和执行。

(10″)教练的意图没有得到贯彻和执行。

这种例外是可以得到合理解释的,因为这里的"调查研究、贯彻执行"已经成为固定习用的成语,在功能上就跟单个的动词差不多了。说它们是成语,一个重要的证据是:其中的构成成分不能随便交换次序(如:*研究调查、*执行贯彻)。当在这种固定的习语中间插入连词"和"以后,它们就变成了一般的并列结构了;于是,它们也不能加上否定词做一次性的整体否定。只有在这种并列结构的前面加上"做、进行"等形式动词以后,否定词才能加在这种动宾结构之前。这也就是说,形式动词加名动词这种动宾构造为并列结构接受一次性的整体否定提供了一种句法机制。

既然如此,人们自然要问:为什么并列结构不能像述宾结构、述补结构等谓词性结构那样施行一次性的整体否定呢?比如,跟"骑马、卖了汽车、拧紧、搬进去"相应的否定式是"不骑马、没卖汽车、没拧紧、不搬进去"。一个初步的回答是:为了避免歧义。因为谓词性并列结构的前项既可以是肯定式,也可以是否定式(当然,把否定式置于后项是最保险的)。例如:

(11)不去和去都不合适。~去和不去都不合适。

(12)不起床和哭哭闹闹都不顶事。~哭哭闹闹和不起床都不顶事。

(13)不睡懒觉和多吃蔬菜能减肥。～ 多吃蔬菜和不睡懒觉能减肥。

如果允许对并列结构施行一次性整体否定，那么这种偏正结构就跟前项是否定式的并列结构分不清了。

事实上，这种不能做一次性整体否定的限制对并列复句也是适用的。表现为，只能对并列的各分句分别实施否定，而不能进行一次性的整体否定。例如：

(14)梦见春的到来，梦见秋的到来。(鲁迅《春夜》)
→ *没有梦见春的到来，梦见秋的到来。
→ 没有梦见春的到来，(也)没有梦见秋的到来。
(15)粉碎了敌人的阴谋，扩大了革命根据地。
→ *没有粉碎敌人的阴谋，扩大革命根据地。
→ 没有粉碎敌人的阴谋，(也)没有扩大革命根据地。

这种限制对古代汉语也是适用的。但是，我们似乎可以在近代汉语中找到了一些例外：

(16)休做贼说慌，休奸猾懒惰。(《老乞大》)

如果认为“休”是否定副词，那么这种例外(exception)将是上述规律的反例(counter example)。事实上，“休”跟现代汉语中的“别、甭”一样是助动词，它们跟后面的动词性成分构成述宾结构。所以，“休＋并列结构”不受上述规则的约束。

第三节　直陈式否定和假设式否定

上文说，否定词“不、没有”不能对谓词性的并列结构实施一次性的整体否定。这种论断是很片面的，因为在表示假设的语言形式中，否定词可以出现在并列结构之前。例如：

(17)(如果)人不吃饭喝水就活不下去。
(18)(如果)不读书看报就不知道国际形势。

(19)(如果)不美丽健康能当服装模特吗？

(20)(如果)不分析研究就不能找到答案。

(21)(如果)没有分析研究就无法认识事物的本质。①

从上例可以看出，这种表示假设的语言形式或者是反问句或者是前后否定词相互呼应的格式。据此，更为严格的说法是：在直陈式中，并列结构不能实施整体否定；在假设式中，不受此限。

现在的问题是：用在直陈式中的"不"和用在假设式中的"不"是同一个语素，还是不同的语素？为了回答这个问题，我们来讨论下面两种不同的语素处理方案：(1)认为"不"代表两个不同的语素，"$不_1$"是个单纯的否定副词，含有[＋否定]的语义特征；"$不_2$"是个否定性假设连词，含有[＋否定][＋假设]的语义特征。从分布上看，"$不_1$"不能出现在谓词性的并列结构之前，"$不_2$"可以出现在谓词性的并列结构之前。这种方案能够很方便地解释下列歧义现象：②

(22)不做笔记不看书。

(22′)(既)不做笔记(也)不看书。

(22″)(如果)不做笔记(就)不看书。

如果其中的"不"是"$不_1$"，那么其语义解释就是(22′)；如果其中的"不"是"$不_2$"，那么其语义解释就是(22″)。例(22)是报纸上一篇谈治学经验的短文的标题，笔者初一看吃了一惊，心想既不做笔记又不看书还怎么做学问；往下看才明白说的是如果不做笔记就不看书，也就是凡看书必做笔记。(2)认为"不"只是一个语素，是个单纯的否定副词。所谓的"$不_1$"和"$不_2$"在分布上是互补的，"$不_2$"本身并没有假设意义，假设意义是由整个"不……不/就……"一类结构表示的。在评价这两种方案的时候，应该考虑到这样一个语言事实：在汉语中，假设关系既可以用"如果……那么……"一类连词来表示，也可以不用连词、通过所谓的意合法(parataxis)来表示。③ 例如：

---

① "没有分析研究"是个歧义形式，一种意思是"无分析研究"，一种意思是"未分析研究"。参考朱德熙(1982)§5.5.2，第61页，对"没有调查"的分析。

② 近年来网络上流行的"no zuo no die"，大概也是这种构式。

③ 参考王了一(1982)，第144～145页。

(23)(如果)不按市场规律来解决文化体制中存在的问题,(那么)文化体制的改革是没有出路的。(《北京青年报》1996 年 12 月 3 日)①

(24)(如果)我们历来早晨不吃稀粥咸菜而吃黄油面包,1840 年的鸦片战争,英国能得胜吗?(《当代短篇小说选》)

上例括号中表示假设的关联词语都是可以省去的,即也可以用意合法来表示假设关系。既然如此,我们就不必把一种语法格式拥有的语法意义归结到否定词身上。如果把上例中的"不"处理为否定性假设连词,那么下列例句中的"没有"就很难处理了。例如:

(25)(如果)没有跨出这一步又一步,就不会有胶带股份今天的发展。(《文汇报》1997 年 6 月 5 日)

(26)(如果)没有你的决定,我们绝对不会那么快掌握滑雪技术。(《北京青年报》1996 年 12 月 28 日)

例(25)中副词性的"没有"勉强可以比照"$不_2$"说成是否定性连词,但是例(26)中动词性的"没有"则很难处理成否定性连词,因为它充当述宾结构的述语。并且,按照这种方案,"没有"就得分成四个,即副词"没有"和动词"没有"都得分成直陈的和假设的两套。

第四节 汉语和英语的比较

跟汉语不同,英语的谓词性并列结构可以用否定词做一次性的整体否定。② 例如:

(27) I could not have loved you and not meant well. (London)③

a. 我不能爱你同时又对你不怀好意。

b. 我不能爱你,也不能对你不怀好意。

英语用 and 连接的并列结构被否定时,所否定的既可以是用 and 连接起来

---

① 例(7)~(10)转引自丁裕暻(1998)。

② 详见陈平(1985),第 225 页。

③ 例(1)和(3)转引自陈平(1985),第 225 页。

的成分的加合关系，如(27a)所示；也可以是用 and 连接起来的成分分别受到否定，即连续否定两个表述，如(27b)所示。这两种情况可以分别表示如下：

(28)a. Neg(A and B) = ¬(P + Q)
　　b. Neg(A and B) = ¬P，¬Q

在上述公式中，等号前的是语言表达式，后面是语义表达式。其中，Neg 代表否定性词语，A and B 代表谓词性的联合结构，P、Q 分别代表由 and 连接的谓词性成分 A、B 所表示的命题，～代表否定，+代表加合关系，逗号代表顺序关系。当 Neg(A and B)中的连词换成 or 时，只能有 b 一种解释。例如：

(29) I am never going to salute again, or wear a uniform, or get wet—really wet, I mean.—or examine men's feet, or stand to attention when I'm spoken to, or—oh, lots more things. (Milne)

我从此可以不再敬礼，不再穿制服，不再淋雨——淋得湿到骨头，不再检查士兵的脚，不再立正着听人训话，不再……嗯，多着呢。

对比汉语译文可以看出，英语可以用否定词否定后面的一串用连词 or 连接的选言枝(disjuncts)，而汉语则需要在各选言枝的前面分头加上否定词。英语和汉语的这两种情况，可以分别用公式表示如下：

(30)a. Neg(A or B) = ¬P，¬Q
　　b. Neg A，Neg B = ¬P，¬Q

英语中(30a)这种情况，很容易使人想到命题逻辑中下面这个重言等值式(tautological equivalence)：

(31) $\neg(P \vee Q) = \neg P \wedge \neg Q$

这个变换等式表示，析取式(disjunction)的否定正好等于否定式的合取(conjunction)。这就是著名的德摩根定律(De Morgen's Law)。其中，¬是否定算子，∨是析取联结符，∧是合取联结符。

当然，在这里我们并不暗示这样的意思：英语的(30a)这种表达式启发西方逻辑学家发明了(31)这样的变换等式，操汉语的逻辑学家不可能发明这种逻辑变换律。① 不过，还是有许多人相信：数学和逻辑是自然语言的抽象形式；因此，逻辑性家的逻辑公式和表示方式，难免会受到他所使用的母语的影响。

前文§1说，为了避免跟 Neg A + B 发生混淆，因而汉语不允许 Neg(A + B)这种表达形式。现在，我们要问：为什么英语允许 Neg(A + B)这种表达形式呢？换一种问法，英语是怎样保证 Neg(A + B)不被理解成 Neg A + B 的？经过初步的考察，我们发现是形态标记清楚地显示了否定词 Neg 的辖域仅限于 A，还是遍及 A+B。比如，例(29)中用 or 连接的动词不定式都在 be going to 的管辖之下。例(27)中 not meant well 跟前面 could not have 的管辖关系不清楚，所以要确切地理解它的意思很费劲。事实上，为了让人们信息加工时不至于负担太重，英语中也并不常用 Neg(A and B)这种表达形式。例如：

(32) He didn't come and didn't give any reason, either.
他没来，也没说什么理由。

(33)? He didn't come and give any reason, either.
他没来，也没说什么理由。

(34)? He didn't come and gave some reason.
他没来，还说了一些理由。

尽管有 didn't 管辖下的 give 这种不定形式，加上 any、either 等照应形式，例(33)的可接受性仍然很差。同样的道理，例(34)的可接受性也不佳。在英语中，表示连续否定的更明白无误的表达形式是用 neither... nor... 一类关联词语。例如：

(35) The enemy couldn't make any advance, neither could they retreat.
敌人进也不得，退也不得。

(36) The first one was not bad, neither was the second.
第一个不坏，第二个也不赖。

① 我们确实经常听到这样一种非正式的论断：如果爱因斯坦说的是汉语，那么相对论将是另外一副模样。

(37) In a position like this one can neither stand up nor lies down.

处在这样的位置，一个人既不能站直，又无法躺倒。

这种情况可以用公式表示如下：

(38) Neither A ，Nor B $= \neg P, \neg Q$

并且，当用 and 连接的两项中有一项是否定式时，倾向于把否定式置于后项。例如：

(39) This new product is of high quality and is not expensive either.

这种新产品不仅质量非常好，而且价格也不贵。

这一点跟汉语中的情况又是相同的。看来，在认知便利的制约下，不同的语言一定会有许多普遍现象。最后，请看一个用汉语翻译英语的例子：

(40) …… 他（指邓小平——引按）是一个不推诿、搪塞的人。(Richard Evans《邓小平传》，武市红等译，上海人民出版社，1996 年，第 252 页)

这种用法明显违反汉语的语法规则，不知道英语原文是不是采用了 Neg(A and B) 或 Neg(A or B) 这类表达方式。

第五章　连谓结构的否定表达

第一节　引言

连谓结构是谓词或谓词性成分连用的句法格式。① 为了方便，我们称连谓结构的前一个直接成分为前段，后一个直接成分为后段。一般根据前段动词的宾语跟后段动词有没有施受关系，把连谓结构分为连动式和递系式两种；递系式指前段动词的宾语兼做后段动词的施事、受事、工具等的连谓结构，②连动式指递系式之外的连谓结构。因为介词结构也是谓词性的，所以由介词结构和谓词性成分结合成的格式也可以算作连谓结构。③ 本文打算讨论连谓结构的否定表达形式，即考察哪些连谓结构、在表示什么样的语法意义的情况下，可以受"不""没有"等否定词的修饰，哪些连谓结构不能。并在一定程度上从句法、语义、语用、认知等角度做出解释。我们希望通过对连谓结构的否定表达形式的考察，从一个新的角度对连谓结构的某些比较隐蔽的句法、语义特征进行发掘，并希望这种研究结果对于对外汉语教学有一定的实用意义。

---

① 参考朱德熙(1982)§12.2.1，第160页；北大本(1993)《现代汉语》称这种结构为复谓结构，见§5.10，第342页。

② 因为前段动词的宾语兼做后段动词的施事或受事等，所以递系式又叫兼语式。不过，一般语法书上所谓的兼语式只包括前段动词的宾语兼做后段动词的施事主语的格式(如：请老彭吃晚饭)，而不包括前段动词的宾语兼做后段动词的受事、工具等的格式(如：买张报纸看、买把刀切菜)，详见朱德熙(1982)§12.2，第162～163页。北大本(1993)《现代汉语》的递系式包括前段动词的宾语兼做后段动词的施事、受事以及当事(如：称赞他勇敢、嫌他年纪大)的格式，没有谈及前段动词的宾语兼做后段动词的工具、处所的格式，详见§5.10，第345～346页。

③ 详见朱德熙(1982)§12.1.2，第160～161页；北大本(1993)《现代汉语》把介词结构跟谓词性成分结合成的格式看作偏正结构，详见§5.9，第335页。

第二节 连动结构的否定形式

连动结构内部两个直接成分之间的意义关系是很复杂的。下面我们以连动结构内部的语义关系为纲，讨论其相应的否定表达形式。

有的连动结构的两个直接成分都表示动作，其中前一个动作是伴随后一个主要动作的方式。这种连动结构一般可以受“不”和“没有”的否定。例如：

(1)低着头走路 → 不低着头走路
→ ?没有低着头走路 → 走路没(有)低头
(2)开着窗户睡觉 → 不开着窗户睡觉
→ ?没有开着窗户睡觉 → 睡觉没(有)开窗户
(3)笑着跟人说话 → 不笑着跟人说话
→ ?没有笑着跟人说话 → 跟人说话没(有)笑
(4)坐汽车进城 → 不坐汽车进城
→ ?没有坐汽车进城 → 进城没(有)坐汽车
(5)乘火车回家 → 不乘火车回家
→ ?没有乘火车回家 → 回家没(有)乘火车
(6)骑自行车上班 → 不骑自行车上班
→ ?没有骑自行车上班 → 上班没(有)骑自行车
(7)站在门外聊天 → 不站在门外聊天
→ ?没有站在门外聊天 → *聊天没(有)站在门外
(8)坐在院子里吹箫 → 不坐在院子里吹箫
→ ?没有坐在院子里吹箫 → *吹箫没(有)坐在院子里

这种连动结构的否定式“不＋VP_1＋VP_2”既可以表示直陈，如“他从不低着头走路”，又可以表示假设，如“不低着头走路就找不到饭票”。这种连动结构的否定式“没有＋VP_1＋VP_2”一般不用于语义否定，即否定某种事实；但可以用于语用否定，即表示否认某种说法在语用方面的合适性。①例如：

① 关于语义否定和语用否定的区别，请看 Horn(1985)和沈家煊(1993)；关于同一个否定表达的合格性的判断有时取决于它表示语义否定还是语用否定，请参袁毓林(1998)。

A. 二哥骑自行车上班了吗？

B. 没有，他没有骑自行车上班。

如果要表示事实否定，通常采用"VP_2＋没有＋VP_1"的形式。有意思的是，表示直陈的"不＋VP_1＋VP_2"可以变换为"VP_2＋不＋VP_1"。例如"不骑自行车上班 → 上班不骑自行车"。这说明，在这种"Neg ＋ VP_1＋ VP_2"结构中（其中 Neg 代表否定词），否定的焦点是连谓结构的前段 VP_1。

有的连动结构的两个直接成分都表示动作，两个动作在时间上有先后关系：前一个动作发生在前，后一个动作发生在后；并且，后一个动作表示前一个动作的目的。这种连动结构一般可以受"不"和"没有"的否定。例如：

(9) 出门买东西 → 不/没有出门买东西

出一趟门买东西 → *不/没有出一趟门买东西

出门买一点东西 → *不/没有出门买一点东西

*不/没有出一趟门　*不/没有买一点东西

(10) 去上海联系业务 → 不/没有去上海联系业务

去一趟上海联系业务 → *不/没有去一趟上海联系业务

去上海联系一些业务 → *不/没有去上海联系一些业务

*不/没有去一趟上海　*不/没有联系一些业务

(11) 找旅馆住宿 → 不/没有找旅馆住宿

找一个旅馆住宿 → *不/没有找一个旅馆住宿

找旅馆住一宿 → *不/没有找旅馆住一宿

*不/没有找一个旅馆住宿　*不/没有找旅馆住一宿

(12) 划火柴点香烟 → 不/没有划火柴点香烟

划一根火柴点香烟 → *不/没有划一根火柴点香烟

划火柴点一根香烟 → *不/没有划火柴点一根香烟

*不/没有划一根火柴　*不/没有点一根香烟

(13) 买刀切西瓜 → 不/没有买刀切西瓜

买一把刀切西瓜 → *不/没有买一把刀切西瓜

买刀切一个西瓜 → *不/没有买刀切一个西瓜

*不/没有买一把刀　*不/没有切一个西瓜

(14) 倒开水吃药 → 不/没有倒开水吃药

倒一杯开水吃药 → *不/没有倒一杯开水吃药

倒开水吃一片药→ *不/没有倒开水吃一片药

*不/没有倒一杯开水　*不/没有吃一片药

从上面的举例可以看出，当这种连动结构的前段或后段中含有数量词时，一般不能受“不”和“没有”的否定。追究起原因来，则应该归咎于述宾结构（不管它充当前段还是后段）中含有数量词时，它一般不能受“不”和“没有”的否定。一般地说，包含数量词的结构在意义上表示有界（bounded），有排斥否定词的倾向。① 只有在有标记的强调句中，这种包含数量词的连谓结构才能受否定词修饰。例如：

(15)这么多天了，他愣是不/没有出一趟门买东西。

(16)这么多天了，他愣是不/没有出门买一点东西。

(17)大半天过去了，你怎么不/没有划一根火柴点香烟。

(18)大半天过去了，你怎么不/没有划火柴点一根香烟。

从上面的讨论可以看出，否定表达的合格性跟句子的口气（平铺直叙还是特殊强调）是密切相关的；正因为这样，给我们判断一个否定表达式是否合格、是否可接受带来了极大的困扰。

有的连动结构的两个直接成分都表示动作，其中后一个动作是前一个动作的施事和受事共同参与的。这种连谓结构一般可以受“不”和“没有”的否定。例如：

(19)陪客人喝酒 → 不/没有陪客人喝酒

陪着客人喝酒 → ?不/没有陪着客人喝酒

(20)领孩子去动物园 → 不/没有领孩子去动物园

领着孩子去动物园 → ?不/没有领着孩子去动物园

(21)带领穷人闹革命 → 不/没有带领穷人闹革命

带领着穷人闹革命 → ?不/没有带领着穷人闹革命

(22)搀扶爷爷上汽车 → 不/没有搀扶爷爷上汽车

---

① 参考沈家煊（1995）§1.4.6，不过沈先生强调“没”否定有界成分、“不”否定无界成分（第377页）。但是，至少在否定“动词＋数量名”方面，我们还看不出这种差别。例如：

今天不谈问题 → *今天不谈两个问题

昨天没谈问题 → *昨天没谈两个问题

如果按照沈家煊（1995）§2“凡有数量修饰语的名词性成分都是有界名词”（第369页），那么上列例子说明“不”和“没”都不能修饰“动词＋数量名”结构。

搀扶着爷爷上汽车 → ?不/没有搀扶着爷爷上汽车

从上例可以看出，当这种连动结构的前段加上体标记“着”以后，其否定形式只有在有标记的强调式中才是可接受的。比如“你不陪着客人喝酒到这儿来干什么?”“大星期天的，她也没有领着孩子去动物园，而是一头扎进了图书馆。”这种句子大都含有不该如此的意味。

从上面讨论的几种连动结构的否定式来看，否定的焦点是连动结构的前段。可以粗略地表示如下：(其中大括号中内容表示相应例子的语义解释)

不低着头走路	{走路时，不低着头}
没有去上海联系业务	{可能出去联系业务了，但不是去上海}
不/没有陪客人喝酒	{可能喝酒了，也可能没喝，但没陪着客人}

也就是说，在这种“Neg + VP_1 + VP_2”结构中，前段 VP_1 一定是被否定的，后段 VP_2 则不一定。

最后，我们讨论连动结构中表示否定辖域的警示标志。

(23)吃了饭回家 → *不吃饭回家

→ *没有吃饭回家

(24)脱了鞋上床 → *不脱鞋上床

→ *没有脱鞋上床

从上面的例子可以看出，这些表示动作先后的连动结构的否定式是不可接受的。如果在这种连动结构的后段之前加上副词“就”，那么这种连动结构就可以用“不”和“没有”进行否定了。例如：

(23′)吃了饭就回家 → 不吃饭就回家

→ 没有吃饭就回家

(24′)脱了鞋就上床 → 不脱鞋就上床

→ 没有脱鞋就上床

我们猜想，加上“就”以后堵住了否定词的辖域向后延伸的可能性；也就是说，副词“就”成为否定词的辖域的警示标志。因为副词“就”表示在很短的时间内即将发生，由它构成的偏正结构是不能受“不”和“没有”否定的。

例如：

(25)我就回来。→ *我不/没有就回来。
　　这就开始。→ *这不/没有就开始。

由于“Neg + 就 VP_2”是不合格的，因而“Neg + VP_1 + 就 VP_2”的层次构造一定是“(Neg + VP_1) + 就 VP_2”，从而排除了引起歧义的可能性。

第三节　递系结构的否定形式

在递系结构中，最常见的是前段动词的宾语（所谓的兼语）既是前段动词的受事（patient），同时又是后段动词的施事（agent）。这种递系结构一般可以受“不”和“没有”的否定。例如：

(26)请小王吃晚饭 → 不/没有请小王吃晚饭
(27)求李厂长开假条 → 不/没有求李厂长开假条
(28)命令部队马上出发 → 不/没有命令部队马上出发
(29)号召工人节约用电 → 不/没有号召工人节约用电

这种否定式的否定焦点一般是兼语成分，这可以从跟这种否定式相应的正面肯定形式（或纠正形式）上看出来。例如：

(26′)我不请小王吃晚饭，我请老刘吃晚饭。
　　?我不请小王吃晚饭，我请小王吃中饭。
(27′)我没有求李厂长开假条，我求孙厂长开假条。
　　?我没有求李厂长开假条，我求李厂长开证明。

如果要使其他成分成为否定的焦点，那么需要特别的表达形式。例如：

(26″)我不请小王吃晚饭，我还是请小王吃中饭吧。
(27″)我没有求李厂长开假条，我求李厂长开证明来着。

在递系结构中，同样常见的是前段动词的宾语（所谓的兼语）既是前段

动词的受事,同时又是后段动词的受事。这种递系结构一般可以受“不”和“没有”的否定。例如:

(30)倒开水喝 → 不/没有倒开水喝
倒一杯开水喝 → *不/没有倒一杯开水喝
(31)包饺子吃 → 不/没有包饺子吃
包一顿饺子吃 → *不/没有包一顿饺子吃
(32)搬凳子坐 → 不/没有搬凳子坐
搬一把椅子坐 → *不/没有搬一把椅子坐
(33)买报纸看 → 不/没有买报纸看
买一张报纸看 → *不/没有买一张报纸看

从上面的举例可以看出,当这种连谓结构的前段中含有数量词时,一般不能受“不”和“没有”的否定。原因是述宾结构(不管它充当前段还是后段)中含有数量词时,一般不能受“不”和“没有”的否定。除非句子中有强调性的词语。例如:

(34)这么热的天,你怎么也不/没有倒一杯凉水喝。
(35)他们连过年也不/没有包一顿饺子吃。
(36)他为什么不/没有搬一把椅子坐。
(37)这些天我愣是不/没有买一张报纸看。

另外,这种否定式的否定焦点一般是兼语成分,这可以从跟这种否定式相应的正面肯定形式(或纠正形式)上看出来。例如:

(30′)我没有倒开水喝,我倒了一杯橘子汁。
?我没有倒开水喝,我倒开水凉着。
(31′)我们不包饺子吃,我们包馄饨吃。
?我们不包饺子吃,我们包饺子卖钱。

如果要使其他成分成为否定的焦点,那么需要特别的表达形式。例如:

(30″)我倒了开水没喝,我让开水凉着。
(31″)我们包饺子不是为了吃,而是要卖钱。

在递系结构中，比较常见的是前段动词的宾语（所谓的兼语）既是前段动词的受事，同时又是后段动词的工具。这种递系结构一般不能受“不”和“没有”的否定。例如：

(38)a. 买小刀削水果 → * 不/没有买小刀削水果
b. 买一把小刀削水果 → * 不/没有买一把小刀削水果
(39)a. 倒开水吃丸药 → * 不/没有倒开水吃药片
b. 倒一杯开水吃丸药 → * 不/没有倒一杯开水吃药片
(40)a. 划火柴点香烟 → * 不/没有划火柴点香烟
b. 划一根火柴点香烟 → * 不/没有划一根火柴点香烟
(41)a. 找毛笔写标语 → * 不/没有找毛笔写标语
b. 找一支毛笔写标语 → * 不/没有找一支毛笔写标语

一般地说，这种递系式的兼语中往往包含数量词；因此，自然不能受“不、没有”的否定。其实即使这种兼语中不包含数量词，通常也不能受“不、没有”的否定。

在递系结构中，同样常见的是前段动词的宾语（所谓的兼语）既是前段动词的受事，同时又是后段动词的处所。这种递系结构一般可以受“不”和“没有”的否定。例如：

(42)上北京开会 → 不/没有上北京开会
(43)去邮局寄信 → 不/没有去邮局寄信
(44)躺床上看书 → 不/没有躺床上看书
(45)趴桌上睡觉 → 不/没有趴桌上睡觉

在这种递系结构的否定表达中，否定的焦点是前段而不是后段。这可以从跟这种否定式相应的正面肯定形式（或纠正形式）上看出来。例如：

(42′)我不上北京开会，我上天津开会。
(42″)* 我不上北京开会，我上北京买东西。
(44′)我没躺床上看书，我坐在沙发上看书。
(44″)* 我没躺床上看书，我躺床上听音乐。

在递系结构中，有一种是前段动词的宾语（所谓的兼语）既是前段动词的受事，同时又是后段形容词的当事(experiencer)[①]。这种递系结构一般可以受“不”和“没有”的否定。例如：

(46)嫌他年纪大 → 不/没有嫌他年纪大
(47)称赞她勇敢 → 不/没有称赞她勇敢

这种否定式的否定焦点一般不是兼语成分，而是后段形容词；这可以从跟这种否定式相应的正面肯定形式(或纠正形式)上看出来。例如：

(46′)我不嫌他年纪大，我嫌他太啰唆。
　　?我不嫌老张年纪大，我嫌老王年纪大。
(47′)我没有称赞她勇敢，我称赞她聪明。
　　?我没有称赞她勇敢，我称赞她弟弟勇敢。

这种递系式的后段形容词跟前段动词有原因和结果的关系，其中的原因部分一般是整个递系式的语义重心之所在；于是，在否定式中它也自然地成为否定的焦点。从上面的讨论可以看出，不同类型的递系结构的否定式有不同的否定焦点。

第四节　前段是介词结构的连谓结构的否定形式

介词结构做前段的连谓结构，其否定形式十分复杂。下面，我们以介词及其宾语的语义角色类型为纲，来考察这种连谓结构的否定表达形式。

由介词“在、到、从”引导处所性成分做前段的连谓结构，一般可以受“不”和“没有”的否定。例如：

(48)在教室里看书 → 不/没有在教室里看书
(49)在稻田里养鱼 → 不/没有在稻田里养鱼
(50)到哈尔滨开会 → 不/没有到哈尔滨开会
(51)到文具店买笔 → 不/没有到文具店买笔

---

① 北大本(1993)《现代汉语》第346页说，这类连谓结构后一个谓词性词语说明前边述宾词组的宾语的性质。

(52)从北戴河回来 → ?不从北戴河回来
　　　　　　　　→ 没有从北戴河回来
(53)从山海关出发 → ?不从山海关出发
　　　　　　　　→ 没有从山海关出发

这种否定式的否定焦点一般是介词的宾语,这可以从相应的肯定形式上看出来。例如:

(48′)兵兵不在教室里看书,他在草坪上看书。
　　?兵兵不在教室里看书,他在教室里写字。
(49′)他们没有在稻田里养鱼,他们在池子里养鱼。
　　?他们没有在稻田里养鱼,他们在稻田里养牛蛙。
(50′)我不到哈尔滨开会,我到齐齐哈尔开会。
　　?我不到哈尔滨开会,我到哈尔滨推销电脑。
(51′)她没有到文具店买笔,她到小卖部买了一支笔。
　　?她没有到文具店买笔,她到文具店买本儿。

从上例可以看出,"从 + NP + VP"一般不受"不"的否定,但可以受"没有"的否定。但是,"不+从 + NP + VP"可以出现在疑问句等有标记的句子中。例如:

(52′)他们为什么不从北戴河回来?
(53′)他们为什么不从山海关出发?

由介词"在"引导时间性成分做前段的连谓结构,一般不受"不"和"没有"的否定。例如:

(54)在下午开会 → *不/没有在下午开会
(55)在晚上加班 → *不/没有在晚上加班

原因可能是:这种时间性成分通常是已知信息,不能成为否定的焦点。一个佐证是它们经常可以挣脱"在"的控制,从而成为后面的谓词性成分的主语;在这种主谓结构中,主语是已知信息,不能成为否定的焦点。可资比较的是,上面例(48)～(53)中,引导处所性成分的"在、到、从"等介词通常是不能

省去的。必须指出的是,"不+在 + NP + VP"可以出现在疑问句等有标记的句子中。例如:

(54′)他们为什么不在下午开会?
(55′)他们为什么不在晚上加班?

由介词"用、凭"引导工具性成分做前段的连谓结构,一般可以受"不"和"没有"的否定。例如:

(56) 用毛笔写标语 → 不/没有用毛笔写标语
(57)用老眼光看人 → 不/没有用老眼光看人
(58)凭印象打分数 → 不/没有凭印象打分数
(59)根据年龄排名 → 不/没有根据年龄排名

这种否定式的否定焦点一般是介词的宾语,这可以从相应的肯定形式上看出来。例如:

(56′)我不用毛笔写标语,用排笔写标语。
?我不用毛笔写标语,我用毛笔写招牌。
(59′)学校没有根据年龄排名,而是根据提职时间排名。
?学校没有根据年龄排名,而是根据年龄发放补贴。

用介词"向、跟、比、给、对"引导与事性成分做前段的连谓结构,有的可以受"不"和"没有"的否定,有的不能。例如:

(60)向叔叔借钱 → 不/没有向叔叔借钱
(61)向困难低头 → 不/没有向困难低头
(62)跟小王开玩笑 → 不/没有跟小王开玩笑
(63)跟程刚谈工作 → 不/没有跟程刚谈工作
(64)给病人打针 → 不/没有给病人打针
(65)给孩子织毛衣 → 不/没有给孩子织毛衣
(66)小陈比小郭高 → 小陈不比小郭高。
→ *小陈没有比小郭高。
(67)牛肉比猪肉贵 → 牛肉不比猪肉贵。

→ *牛肉没有比猪肉贵。

(68)他对我好。→ ?他不对我好(，我也不对他好)。

→ *他没有对我好(，我也没有对他好)。

(69)他对我笑。→ ?他不对我笑(，我也不对他笑)。

→ ?他没有对我笑(，我也没有对他笑)。

(70)对部下很关心 → *不/没有对部下(很)关心

(71)对顾客很热心 → *不/没有对顾客(很)热心

(72)对音乐发生兴趣 → *不/没有对音乐发生兴趣

从上例可以看出，由“向、跟、给”引进与事做前段的连谓结构可以受“不、没有”的否定；由“比”引进与事做前段的连谓结构可以受“不”的否定但不能受“没有”的否定，原因可能是“没有＋高/贵”一类组合是不合格的；由“对”引进与事做前段的连谓结构基本上不能受“不、没有”的否定，我们还不知道该怎样来解释这一现象。那些能受“不、没有”否定的形式，其否定焦点是介词宾语，这可以从相应的肯定形式上看出来。例如：

(60′)不向叔叔借钱，向舅舅借钱。

?不向叔叔借钱，向叔叔借手表。

不是向叔叔借钱，而是向叔叔借手表。

(62′)他没有跟小王开玩笑，他跟老张开过玩笑。

?他没有跟小王开玩笑，他跟小王说正事来着。

(63′)他没有跟程刚谈工作，他跟老马谈了一会儿工作。

?他没有跟程刚谈工作，他跟程刚聊了一会儿家常。

(66′)小陈不比小郭高，但比小刘高。

?小陈不比小郭高，但比小郭能干。

(67′)在语言学中，太多的范畴并不比一个范畴具有更多用处。(《语言学中的逻辑》中译本，第157页)

由介词“把”引导受事性成分做前段的连谓结构，一般可以受“不”和“没有”的否定。例如：

(73)把孩子抱回家 → 不/没有把孩子抱回家

(74)把衣服洗干净 → 不/没有把衣服洗干净

(75)把房间拾掇拾掇 → ?不/没有把房间拾掇拾掇

(76)把床单抖一抖 → ?不/没有把床单抖一抖

(77)把眼睛一瞪 → *不/没有把眼睛一瞪

如果"把"字结构后面的动词性成分是重叠式或含有数词时,那么相应的否定式的可接受性就降低,甚至不合格;原因可能是这种动词性成分中包含量的观念,这跟否定词中包含的量相冲突。这种否定式的否定焦点可以是介词的宾语,也可以是后段中动词的附加成分,这可以从相应的肯定形式上看出来。例如:

(73′)她不把孩子抱回家,倒是把孩子的被子抱回家了。

她不把孩子抱回家,而是让孩子留在姥姥家了。

(74′)她没有把衣服洗干净,倒是把衣服领子洗坏了。

她没有把衣服洗干净,倒是把衣服洗坏了。

由介词"被、叫、让、给"引导施事性成分做前段的连谓结构,一般可以受"没有"的否定,但不受"不"的否定。例如:

(78)杯子被孩子打破了。→ 杯子没有被孩子打破。

→ *杯子不被孩子打破。

(79)广告叫妹妹撕坏了。→ 广告没有叫妹妹撕坏。

→ *广告不叫妹妹撕坏。

(80)馒头让爷爷吃光了。→ 馒头没有让爷爷吃光。

→ *馒头不让爷爷吃光。

(81)衣服叫雨水淋湿了。→ 衣服没有叫雨水淋湿。

→ *衣服不叫雨水淋湿。

有意思的是,无标记的受事主语句同样可以受"没有"的否定,但不受"不"的否定。例如:

(78′)杯子打破了。→ 杯子没有打破。

→ *杯子不打破。

(79′)广告撕坏了。→ 广告没有撕坏。

→ *广告不撕坏。

(80′)馒头吃光了。→ 馒头没有吃光。

→ *馒头不吃光。

(81′)衣服淋湿了。→ 衣服没有淋湿。

→ *衣服不淋湿。

那么能不能说，受事主语句(不管是有标记的还是无标记的)都不能受“不”的否定呢？还不能这样遽下断语，因为上例中的动词短语都是动结式述补结构，而这种短语通常只能受“没有”否定，但不受“不”否定。① 为此，我们还得考察其他结构做谓语核心的受事主语句。例如：

(82)杯子(被妈妈)收起来了。 → 杯子没有(被妈妈)收起来。

→ *杯子不(被妈妈)收起来。

(83)广告(叫妹妹)撕成碎片了。→ 广告没有(叫妹妹)撕成碎片。

→ *广告不(叫妹妹)撕成碎片。

(84)馒头(让爷爷)切得太薄了。→ ?馒头没有(让爷爷)切得太薄。

→ *馒头不(让爷爷)切得太薄。

(85)衣服(叫雨水)淋得发黄了。→ ?衣服没有(叫雨水)淋得发黄。

→ *衣服不(叫雨水)淋得发黄。

从上例可以看出，受事主语句的确是不大能用“不”来否定的。原因可能是，受事主语句在时态上属于完成体；其中的谓语核心是述补结构，在情状类型(situation type)上表示达成(achievement)。而完成体只能用“没有”来否定，不能用“不”来否定。因为从功能上看，“没有”相当于“不＋了”；②也就是说，跟“V＋了”相对应的否定形式是“没有＋V”而不是“不＋V”。③

---

① 详见朱德熙(1982)§9.3，第128页。

② Wang(1965)用转换生成语法的办法，对“没有”与“不-了”的关系做了很精致的研究，值得参看。

③ 参考朱德熙(1982)§5.15.4，第70页。

第六章　流水句中否定的辖域及其警示标志

第一节　引言

汉语缺少形态变化，因而句子中的动词没有定式（finite）和不定式（nonfinite）之分；于是在意义上相关的一连串小句（clauses）可以自然地连接在一起，构成一个由句法地位平等的诸小句连缀成的超句（hyper-sentence）。因为这些小句是一句接着一句、按照某种自然的顺序出现的，所以被人们称为流水句①。一般地说，构成这种超句的各小句在语义联系上比较松散，在句法上不用关联词语来显示其结构和意义关系；因此，给学习汉语的外国人掌握这种句子的结构和意义特点，带来了一定的困难。特别是当流水句中前面的小句中有否定词时，这否定的辖域到底是否延伸到后续小句便成了一个很难判断的问题。

本章打算考察类比结构等流水句中否定词的否定辖域，从语言类型的角度分析造成流水句中否定词的辖域歧义的原因，描写标明否定辖域的各种警示标志，并给出消除流水句中否定的辖域歧义的一些基本的方法，从而为对外汉语教学中的流水句教学提供一些实用的语言学指导：既指出造成歧义的原因，又提示消除歧义的方法。

第二节　类比结构及其否定形式

在现代汉语中，有一种用"像/是""像……一样""跟……一样"连接的类

① 关于流水句的定义和特点，请看吕叔湘（1979）第27页、胡明扬（1991）第50页、范继淹（1986）第266页。

比结构，可以记作“A＋像/是＋B＋C”“A＋像＋B＋一样＋C”“A＋跟＋B＋一样＋C”。例如：

(1)她像她母亲，认为做家务的男人都是没有出息的。

(2)李小明像他爸爸一样，成天愁眉苦脸的。

(3)厦门跟上海一样，各种消息比较灵通。

(4)我是公论家，有上帝一般决算功过的能力。

一般地说，这种类比表达形式是不会引起歧解的。但是，当它们加上“不”构成相应的否定表达形式时，就有可能产生歧义。例如：

(1′)我不像我母亲，认为做家务的男人都是没有出息的。

(2′)李小明不像他爸爸，成天愁眉苦脸的。

(3′)厦门这地方不同于内地，消息闭塞。(单田芳评书《百年风云》)

(4′)我不是公论家，有上帝一般决算功过的能力。(鲁迅《我观北大》)

在例(1′)中，“认为做家务的男人都是没有出息的”既可能是“我”，也可能是“我母亲”，但只能是两者之一。在例(2′)中，“成天愁眉苦脸的”既可能是“李小明”，又可能是“他爸爸”，但只能是两者之一。在例(3′)中，“消息闭塞”的既可能是“厦门”，又可能是“内地”，但只能是两者之一；根据上下文内容，我们知道原文指的是“内地”。在例(4′)中，“有上帝一般决算功过的能力”的既可能是“我”，也可能是“公论家”；根据上下文内容，我们知道原文指的是“公论家”。这也就是说，实例(1′)～(4′)的类型“A＋Neg＋像/是＋B＋C”是一种歧义结构，其中Neg代表“不”等否定词；这种结构的歧义性表现为：否定词“不”的辖域既可以只限于小句B中，又可以延伸到小句C中。

在日常的口语会话中，我们经常能听到这种含有歧义的类比式流水句。例如：

(5)我跟你不一样，儿子出国了，女儿出嫁了，[我/你]还有什么可愁的？

(6)我和你不同，抗日战争受过伤，解放战争渡过江，[我/你]有资本享享清福了。

在特定的语境中，听话人能够凭借各种语境线索来断定“儿子出国了，女儿出嫁了，还有什么可愁的”和“抗日战争受过伤，解放战争渡过江，有资本享享清福了”说的到底是“你”还是“我”。

那么，为什么类比结构的否定表达会产生歧义呢？因为类比结构一般是由两个或两个以上的小句构成的流水句，而汉语流水句中的后续小句的主语不但可以省略，而且可以或者跟先行小句相同，或者跟先行小句中的宾语等主语以外的其他成分相同，或者跟先行小句中的任何成分都不相同。例如：

(7)你$_i$背完书，[e_i]就回屋睡觉去。(曹禺《北京人》)

(8)将军的部下都知道将军$_i$的厉害，[e_i]对于触犯军纪的人都是毫不留情的。

(9)我买了一辆自行车$_i$，[e_i]非常轻快。

(10)您看，恶霸都逮去了，咱们挣钱也容易啦，您难道不知道？(老舍《龙须沟》)

正因为这样，当类比结构(以流水句形式出现)中的后续小句的主语是空范畴时，就可能造成歧义：空主语既可能跟先行小句的主语(A)同指照应，又可能跟先行小句的宾语(B)等其他成分同指照应。据此，例(1′)～(4′)的歧义性可以通过下面的标记方法来显示：

(1′)我$_i$不像我母亲$_j$，[e_i/$_j$]认为做家务的男人都是没有出息的。

(2′)李小明$_i$不像他爸爸$_j$，[e_i/$_j$]成天愁眉苦脸的。

(3′)厦门$_i$这地方不同于内地$_j$，[e_i/$_j$]消息闭塞。

(4′)我$_i$不是公论家$_j$，[e_i/$_j$]有上帝一般决算功过的能力。

如果例(1′)(4′)中的空主语跟“我”同指，那么可以有如下的另一种表达：

(1′)a 我不像我母亲，不认为做家务的男人都是没有出息的。

(4′)a 我不是公论家，没有上帝一般决算功过的能力。

但是，由于否定式类比句在结构上是一种歧义形式；因而例(1′a)(4′a)仍然是一种歧义结构，可以通过下面的标记方法来显示：

(1′)b 我$_i$不像我母亲$_j$，[e_i/$_j$]不认为做家务的男人都是没有出息的。

(4′)b 我$_i$不是公论家$_j$，[e_i/$_j$]没有上帝一般决算功过的能力。

事实上，对于绝大多数人来说，一般不会把空主语理解为 e_j。原因至少有两个：第一，由于话题主语对后续小句的主语的删除有一定的控制作用，因而跟先行主语同指的 e_i 比跟其他成分同指的 e_j 在语义理解上具有优先性；第二，听话人相信说话人遵循 Grice 会话公设中“说话要直截了当”这一方式准则。

按照上文的这种分析方法及其标记形式，那么例(1)～(4)至少在结构上也是有歧义的，可以通过下面的标记方法来显示：

(1)她$_i$像她母亲$_j$，[e_i/$_j$]认为做家务的男人都是没有出息的。

(2)李小明$_i$像他爸爸$_j$一样，[e_i/$_j$]成天愁眉苦脸的。

(3)厦门$_i$跟上海$_j$一样，[e_i/$_j$]各种消息比较灵通。

(4)我$_i$是公论家$_j$，[e_i/$_j$]有上帝一般决算功过的能力。

这也就是说，实例(1)～(4)的类型“A ＋ 像/是 ＋ B ＋ C”也是一种歧义结构；C 中的空主语既可以跟 A 同指，又可以跟 B 同指。不过，由于话题主语对后续小句的主语的删除有一定的控制作用，因而跟先行主语同指的 e_i 比跟其他成分同指的 e_j 在语义理解上具有优先性。正因为这样，我们一般不会感到肯定式类比句中含有歧义。但是，如果我们把相关的肯定式类比句排比在一起，仔细地对比和揣摩；那么，还是能够发现肯定式类比句也是一种歧义结构。例如：

(11) 共产党$_i$像太阳$_j$，[e_i]给我们穷人带来了温暖和希望。

(12) 共产党$_i$像太阳$_j$，[e_j]照到哪里哪里亮。

虽然作为比喻句，后续的描述性成分“给我们穷人带来了温暖和希望”和“照到哪里哪里亮”既可以指向本体“共产党”，又可以指向喻体“太阳”；但是，从语义的选择限制的角度看，“给我们穷人带来了温暖和希望”主要是描述本体“共产党”的，“照到哪里哪里亮”主要是描述喻体“太阳”的。

如果上面的分析成立，那么可以说我们发现了一种不影响语义理解的纯粹的结构歧义类型“A ＋ 像/是 ＋ B ＋ C”。这个结论也许并不重要，有意思的是发现的过程——我们是从包含歧义的否定式类比句上，发现相应的肯定式类比句也是一种歧义结构的；因为这种歧义结构对语义理解影响不大，所以不易被人们发现。

第三节　表示否定类比的界域的警示标志

按照上文的分析，否定式类比结构都是有歧义的；并且，这种句子在话语理解的过程中都是容易引起误解的。例如：

(13)结构语法不像传统语法那样把研究一系列高度复杂的句法结构作为自己的任务。(《国外语言学》1979 年第 4 期，第 33 页)

(14)蒙塔古语法的树形图与生成语法不同，把句子写在顶上，一步步分析下来。(徐烈炯《语义学》，第 78～79 页)

(15)主语不像宾语那样在传统上被认为是受动词支配的。(《诺姆·乔姆斯基》，中译本第 191 页)

(16)乔姆斯基并不像他在《句法结构》中表现的那样，是一个完全的“布卢姆菲尔德派”。(同 3，第 403 页)

(17)这种类型的视感觉不像三色说所讲的，是由于不同颜色混合的结果。(《感觉世界》，中译本第 69 页)

(18)自然语言的量化结构在很多方面不同于一阶谓词逻辑的量化式。区别之一在于前者不如后者严谨机械，经常出现歧义。(蒋严、潘海华《形式语义学导论》，第 182 页)

(19)它(GPSG)并不像传统的短语结构语法那样，规则直接派生树形结构，或树形结构是直接由规则的“重写”来形成和予以解释的。(《国外语言学》1986 年第 4 期，第 186 页)

像上面这类例子，如果不借助上下文以及其他背景知识，那么读者将很难断定作者所要表达的真实意思是什么。比如，例(13)中“把研究一系列高度复杂的句法结构作为自己的任务”的到底是“结构语法”还是“传统语法”，例(14)中“把句子写在顶上，一步步分析下来”的到底是“蒙塔古语法”还是“生成语法”，例(15)中“在传统上被认为是受动词支配的”的到底是“主语”还是“宾语”，例(18)中“经常出现歧义”的到底是“前者”还是“后者”，单纯从结构上是无法做出判断的。像上面这类例子，说汉语的本地读者(native addressee)根据句子的语气或表达习惯，大概能排除歧义、猜出作者所要表达的真实意思的。但是，一个学习汉语的外国人单凭句法上的线索，有可能是无法排除歧义、体会出作者的真实意思的。

然而，这只是问题的一个方面，问题的另个一方面是：虽然否定式类比结构是有歧义的,但是在实际的话语理解中造成歧解或误解的情况并不太多。一个重要的原因是,在相邻的小句中有一些标志性词语,用以标明否定的管界到此为止。例如:

(20)对于大多数多义的情况来说,并不都像我所说的那样,*而是*有少数几个词项具有这个特点,这就是必须分出的第四种类型。(《国外语言学》1983 年第 3 期,第 2 页)

(21)科学的发展不是像往水桶里注水那样一个累加过程,*而是*通过不断的修正和澄清,从而达到更透彻、更深刻的认识过程。(利奇《语义学》,中译本第 4 页)

(22)但是,大部分原来的 VOC 并没有像“唤醒”那样,不是直接变成 VCO,*而是*在宋代首先变成“V 得 OC”,后来又向各个方向发展。(《国外语言学》1997 年第 3 期,第 34 页)

(23)层次分析法认为,句子的内部结构不是像一串珠子那样,由语素或词一个挨一个地串起来的,也不是由“中心成分”直接组成,然后再添上各自的附加成分,*而是*由其中的语素或词分别逐层组合而成。(《范继淹语言学论文集》,第 133 页)

(24)对处理及物动词的区别在于与谓词逻辑看待及物动词即二元谓词不同,*我们在这里*是把它们看作函子,这种函子与一个名称一起就形成一个一元谓词。(《语言学中的逻辑》,中译本第 171 页)

在例(20)~(23)中,连词“而是”标志着它后面的小句不受否定式类比结构的控制,即不是“A ＋ Neg ＋像＋ B ＋ C”中的 C;因而否定词 Neg 的管界到此为止,不能延伸到后面的小句中。并且,通过“而是”后面的小句可以帮助断定前面的 C 是指向主语(A)还是其他成分(B)的。如果删去其中的“而是”,那么其后面的小句就有可能被误解为“A ＋ Neg ＋ 像 ＋ B ＋ C”中的 C;于是,就存在着一个它到底在不在否定词的辖域之中的问题。在例(24)中,用“我们在这里”这种词汇手段标明其后所述的处理办法不是谓词逻辑的办法。

还有一种很笨拙但是十分保险的消除歧义的方法,就是在上文或者下文做出说明,使听话人或读者只能选择歧义句中的一种语义解释。例如:

(25)(GPSG 的)规则系统是通过一系列的合格性条件的定义跟表层结构联系起来的。这就是说,它并不像传统的短语结构语法那样,规则直接派生树形结构，或树形结构是直接由规则的“重写”来形成和予以解释的。（《国外语言学》1986 年第 4 期，第 186 页）

(26)自然语言的量化结构在很多方面不同于一阶谓词逻辑的量化式。区别之一在于前者不如后者严谨机械，经常出现歧义。自然语言的线性结构不足于决定多个量词的相对辖域。（蒋严、潘海华《形式语义学导论》，第 182 页）

(27)当一条 CAT 弧通过时，输入串中相应的词被“消耗”，即导致输入指针移到下一个词。JUMP 弧不同于 CAT 弧，它不消耗输入串中的当前词，因此伴随着 JUMP 弧的转移可以在不对输入串进行任何处理的情况下发生。（石纯一等《人工智能原理》，第 386 页）

(28)a. 我们跟主席跳舞……不像跟总理跳舞那么随便，[不/但]可以说笑话……。

b. 跟总理不同，主席很威严，我们跟主席跳舞，不敢说不敢动的，不像跟总理跳舞那么随便，可以说笑话，哈哈乐，跟主席可不敢。（《中华读书报》1998 年 12 月 9 日，第 11 版）

在例(25)中，上文的“(GPSG 的)规则系统是通过一系列的合格性条件的定义跟表层结构联系起来的”，帮助读者确定“规则直接派生树形结构，或树形结构是直接由规则的重写来形成和予以解释的”陈述的是“传统的短语结构语法”；在例(26)中，下文的“自然语言的线性结构不足于决定多个量词的相对辖域”，帮助读者确定“经常出现歧义”陈述的是“前者”而不是“后者”；在例(27)中，通过上文对 CAT 弧和下文对 JUMP 弧的说明，来帮助读者确定“它不消耗输入串中的当前词”不受否定词“不”的管辖，其中的代词“它”指代 JUMP 弧。在例(28a)中，“可以说笑话”既可以处于前一小句的否定词“不”的辖域之中，这时在它的前面可以追加“不”来强调；也可以落在前一小句的否定词“不”的辖域之外，这时在它的前面可以加“但”作为警示标志。在例(28b)中，通过上文的铺垫和下文的补充交代，显示“可以说笑话”处于前一小句的否定词“不”的辖域之中，从而排除了歧解的可能性。上述分析，部分地解释了：为什么自然语言中虽然充满了歧义，但是并不总是会引起歧解。

第四节　英汉否定式类比句的比较

如上所述，汉语的否定式类比结构是有严重的歧义的。那么，英语中相应的句式有没有歧义呢？请看下列例句：

(29) Unlike some of the other proposed alternatives to the standard theory, relational grammar attaches considerable importance to the grammatical relations of being subject, object, or indirect object of the sentence. (Lyons 1977 *Noam Chomsky*, p. 198)

(关系语法不像某些已经提出的要取代标准理论的其他理论，相当重视句子中主语、宾语或间接宾语之间的语法关系。)

(30) But unlike a proper name like "John", a singular definite description like "the teacher" has meaningful parts, so the interpretation must be compositionally derived. (*Invitation to Cognitive Science* Vol. 1 *Language*, p. 317)

(但是，像"那个教师"等有定摹状表达跟"约翰"等专有名词不同，其中含有有意义的成分，所以它的解释必须被组合性地推导出来。)

(31) Such questions, unlike wh-questions, lack a wh-word, and anticipate an answer of yes or no. (同 2, p. 291)

(这种问句不像特指问句，缺少特指疑问词，并且期待一个是或否的回答。)

(32)... and the subject is not traditionally regarded as being governed by the verb in the way that the object is. (同 1, p. 191)

(主语不像宾语那样在传统上被认为是受动词支配的。)

(33)... that Chomsky was less of a "Bloomfieldian" than he appears to be as he presents himself in *Syntactic Structure*. (同 1, p. 402)

(乔姆斯基并不像他在《句法结构》中表现的那样，是一个完全的"布龙菲尔德派"。)

(34) As a result, whereas constituent order is potentially correlated with partitions of information at the referential level, it need not be a completely reliable guide to processing at that level, as functional syntax implies, nor can it be completely specified at a single structural syntactic level, as autonomous syntax implies. (*Psychological Review* Vol. 89. 1, p. 39)

(结果，虽然成分的次序在所指平面上可能跟部分信息相关，但是它不必像功能句法学所设想的那样，是在那个平面上进行(信息)加工的完全可靠的向导；也不必像自主句法学所设想的那样，它在一个单一的结构句法平面上被完全地指定。)

(35)... his theory of language and his political philosophy are by no means unconnected, as they might appear to be at first sight. (同 1, p. 28)

(他的语言理论和政治哲学决不像乍看上去那样毫不相干。)

(36) Mathematically minded readers will forgive me, I trust, if I have not gone into the formalism, even in this appendix, as fully as they might have liked. (同 1, p. 6)

(在这个附录中,如果我没有像具有数学头脑的读者所期望的那样,对形式体系进行充分的描述的话,我相信,他们是会原谅我的。)

从上面英汉对照的例子可以看出:在英语中,否定式类比句是没有歧义的;而在汉语中,相应的否定式类比句大都是有歧义的。上文已经说明,汉语的否定式类比句有歧义的根本原因是:后续句的主语是个空范畴,并且这个空位主语可以有两种语义解释。现在,我们要探讨为什么英语的否定式类比句不会造成歧义。从上面的例子可以发现,英语表示否定式类比有两种主要的方法:(1)用介词 unlike 引导表示类比参照的词语,主句中可以不用否定词,如例(29)~(31);(2)用连词 as 引导表示类比参照的词语,再在主句中用否定词,如例(32)~(36)。不管哪一种形式,都凭借着形态上的一致关系来指明定式动词所陈述的对象是主句的主语,而不是 unlike 或 as 引导的名词性成分。因此,英语的否定式类比句是不会造成歧义的。

这正好说明,类比表达在英语中是用一个句子来实现的,在汉语中通常是用两个句子来实现的;正因为是两个句子,所以才会有空主语的照应及歧义问题。

第五节　流水句中否定的辖域歧义

上文说过,在汉语中,一连串小句可以不借助关联词语、全凭意合法(paratactics)来构成一个复句,通常把这种复句叫流水句。在流水句中,前面小句中的否定词的管辖范围可以只局限在该小句之中,也可以延伸到后面的小句中,于是就造成了流水句中否定的辖域歧义(scope ambiguity)。例如:

(37)下面我们不打算一一介绍各种看法,仅仅列出一些量词歧义

问题中值得注意的现象。（徐烈炯《语义学》，第273页）

（37′）下面我们不打算一一介绍各种看法，而是仅仅列出一些量词歧义问题中值得注意的现象。

（38）英、汉语都不允许真正地缺去宾语，各自的宾语先主题化移到句首，然后再被删除……（《国外语言学》1994年第1期，第11页）

（39）这“选编”就是一种“宏观”的过程，……是他与几位年轻朋友读作品之后的结果，而不是天马行空、漫天飞舞的“一瞥”或“回顾”，甚至是推断与猜测。（《中华读书报》1998年4月8日，第3版）

（40）胡适与韦莲司之交际，并没有瞒着胡母，在暗中进行。（《中华读书报》1998年12月9日，第11版）

（41）近读《文友》总08期《余秋雨回答》文，余先生答作者（疑为记者，引按）问中，关于对钱锺书先生不愿抛头露面、吹捧自己的精神，余先生不以为然的态度，颇让我大吃一惊。（《中华读书报》1998年3月25日，第7版）

在例（37）中，“仅仅列出一些量词歧义问题中值得注意的现象”到底受不受“不打算”的管辖是两可的；如果要无歧义地表示它不受“不打算”的管辖，那么只需在它前面加上连词“而是”[如例37′所示]。在例（38）中，“各自的宾语先主题化移到句首，然后再被删除……”到底受不受“不允许”的管辖是两可的，并且不容易通过简单的方法来消除歧义。当然，有的读者凭借其语言学知识知道该句“不”的否定辖域只局限在前一小句中。在例（39）中，“甚至是推断与猜测”受不受“不”的管辖是两可的。当然，有的读者凭借上下文以及句子的语气可以断定“不”的否定辖域一直延伸到句尾。在例（40）中，“在暗中进行”既可以受“没有”的管辖，也可以不受“没有”的管辖。在例（41）中，“吹捧自己”到底受不受“不愿”的管辖是两可的。

现在，我们来讨论一下这种前一分句中的否定词对后一分句实施管辖的语法性质。拿例（37）～（38）和（40）～（41）来说，勉强可以认为“不打算/允许/愿”和“没有”后面的诸小句以并列结构的形式做动词的宾语。但例（39）就很难照此分析了，因为在“不是天马行空、漫天飞舞的‘一瞥’或‘回顾’，甚至是推断与猜测”中，我们无法说“不”修饰由“是……，甚至是……”构成的并列结构；因为这一方面跟并列结构不能被否定的语言事实相悖，①另一方面“不甚至是……”这种构造是不合格的，而“甚至不是……”又跟原

① 关于“不、没有”等否定词不能修饰谓词性并列结构，详见袁毓林（1999），或本书第四章。

文的语气不协调。问题在于,我们至今还在用严格的短语结构语法的观念和眼光来审视结构松散的流水句。事实上,在流水句中,前一小句中的实词和虚词可以对后一小句中相关成分有句法和语义上的管辖能力;并且,这种管辖能力通常不能还原为前一小句中的管辖成分在句法上控制一个由几个小句组成的并列结构。例如:

(42)把好的送给人家,坏的留给自己。(曹禺《北京人》)

(43)以清洁为光荣,不清洁为耻辱。(商店标语)①

(44)我相信那位"访问记"的作者并无恶意,存心要作弄臧老。(《中华读书报》1998年5月20日,第1版)

显然,我们无法说例(42)(43)中的介词"把""以"分别支配并列词组"好的送给人家,坏的留给自己"和"清洁为光荣,不清洁为耻辱"。不过,例(42)(43)还可以说是后一小句承前省略了介词;但是,例(39)则很难说是后一小句承前省略了否定词"不",因为这个被省去的"不"是无法复原的(unrecoverable)。同样,例(44)中的后续小句"存心要作弄臧老"是处于否定的辖域之中的;但是,从严格的短语结构句法的眼光来看,前面小句中的否定词"无"是管不住它的;因为"无"是体宾动词,不能带谓词性宾语。这种现象,用一种不太严格的说法就是:在流水句中,前面小句中的否定词即使在句法上不能管辖后续小句;但是,借着一种否定的语义惯性,在语义上仍有可能管辖后续小句,强行把相关的后续小句纳入否定的辖域之中。我们不知道,这是不是汉语语法独有的,其他语言中有没有类似的现象?

有些流水句中的后续小句,虽然可以解释为受前面小句中否定词的管辖;但是,凭借上下文内容,读者可以意会出它不在否定的辖域之内。例如:

(45)给"自己"下定义,即认为它不是严格意义中的照应语,兼有其他属性,因此不完全受第一约束原则的限制。(同2,第36页)

(45′)给"自己"下定义,即认为它不是严格意义中的照应语,*而是*兼有其他属性,因此不完全受第一约束原则的限制。

(46)他从不*拒绝*学生社团请他讲座的要求,在风雪漫天的夜晚从城里赶到燕园。(同2)

(46′)他从不*接受*学生社团请他讲座的要求,在风雪漫天的夜晚从

---

①　参考范继淹(1985)的有关讨论,见范继淹(1986),第258～259页。

城里赶到燕园。

(47)吕先生和许多严肃的学者一样，不喜欢随便上别人家去串门，把宝贵的时间*虚掷在无谓的清谈之中*。(《中国语文》1998 年第 3 期，第 167 页)

(47′)吕先生和许多严肃的学者一样，不喜欢随便上别人家去串门，把宝贵的时间*都用在读书和做学问上*。

例(45)的“兼有其他属性”前加上“而是”以后，就不会产生歧义了。从上下文意思上推断，例(46)中后一小句不受前一小句中的否定词的管辖；如果把前一小句中的主要动词“拒绝”改为“接受”，那么后一小句就处于前一小句中的否定词的辖域之中。相反，例(47)中的后一小句受前一小句中的否定词“不”的管辖；如果把后一小句的主要动词及其后附成分改动一下，那么后一小句就不受前一小句中的否定词的管辖了。

在汉语中，有部分动词含有否定的意思；比如“防止”“避免”有使不产生、不发生或不继续的意思。① 当这类动词充当流水句的前一小句的主要动词时，后面的小句到底受不受这种隐性的否定的管辖也是两可的，最终造成了隐性的否定的辖域歧义。例如：

(48)因此，对于一个维生系统来讲，调节作用就是防止它因为外部的干扰而引起系统的变化，产生能够继续维生以外的状态。谁都知道，出现这种状态就意味着死亡。(乐秀成《文科大学生的自然科学修养》，第 29 页)

(49)当初写初稿的时候，确实想避免讲书的形式，只是在一篇的起头略为说几句，然后多安排些个有意义的事实，再配合些个有启发性的问题，让读者自己来学习。虽然后来的实践并没有达到这个境地，可是心向往之，还是留下这个书名……(吕叔湘《语法学习·序》，第 IV 页)

在例(48)中，“产生能够继续维生以外的状态”到底受不受“防止”的管辖是两可的；根据下文“出现这种状态就意味着死亡”，可以推知它在“防止”的辖域之中。在例(49)中，“只是在一篇的起头略为说几句，然后多安排些个有意义的事实，再配合些个有启发性的问题，让读者自己来学习”到底受不受“避免”的管辖是两可的；根据下文交代《语法学习》这个书名的由来，可以推

① 详见袁毓林(2012)，或本书第八章。

知它们不在“避免”的辖域之中。

如果前一小句中有助动词“别”，那么后一小句也有可能处于“别”的否定辖域之中，最终造成歧义。例如：

(50)我曾劝一位与我很好的导演，别瞎耽误功夫，把精力放在节目上吧！(《中华读书报》1998 年 1 月 14 日，第 5 版)

笔者在读报时猛一看，以为“把精力放在节目上”也是受“别”管辖的；后来回过头看上文的“我希望各位轮流坐庄的导演不要把大量时间与精力放在改变旧模式与所谓出新上……”等语句，才确信不然。

第六节　流水句中否定辖域的警示标志

虽然流水句中的否定形式经常会引起辖域歧义，但是实际的话语中有一套提醒人们注意否定的辖域的界限的警示标记，从而从形式上明确地排除了这种广泛出现的辖域歧义。其中，最常用的是在不受否定词管辖的后续小句的头上用“而是、只是”等表示转折关系的连词。例如：

(51)他并不把语言表达式看成是命名了什么东西，*而是*把它看成既具有外延也具有内涵。(朱水林《形式化：现代逻辑的发展》，第 229 页)

(52)在蒙太古语法里，句法规则不是从句子层次开始对组成成分不断地分解，*而是*从词汇层次着手对组成成分逐次进行组合。(方立《美国现代语言学研究》，第 99 页)

(53)跟许多语言学家相反，蒙太古不是把语言看作一种社会现象，*而是*把它看作一种数学。(同 52，第 97 页)

(54)乔姆斯基并未说明上述重写规则何以要如此切分，以及切分的标准是什么，*只是*直接采用了前人的成果。(《国外语言学》1986 年第 3 期，第 130 页)

(55)在语言学家看来，一个好的语义理论并不只满足于笼统地讨论什么是语义问题，或者只提出某些研究的一般原则，*而是*要能够实实在在地解决具体的语义问题。(《国外语言学》1993 年第 1 期，第 6 页)

(56)对分枝式不能*先*解释命题函项，*然后*就各个量词的特性由里向外地逐层解释量化结构。分枝量化式要求对各分枝一齐同时做解

释。（蒋严、潘海华《形式语义学导论》，第 182 页）

例(51)～(53)通过“不(是)……而是……”的形式来显示否定的辖域，其中例(3)还在流水句的头上用“跟……相反”的形式，来预示下面将出现一对意义上相对立的小句，从而提醒人们注意随后小句中的否定词并不延伸到它后面的小句。例(54)(55)中转折连词前面的两个小句都受否定词管辖，其中后一小句的头上用连词“以及”“或者”来显示它们并列处于否定的辖域之中。例(56)通过“先……然后……”这种表示顺序的关联词语来显示由它们串联起来的两个小句都处于否定词语“不能”的辖域之中。

如果一个流水句中既有肯定句又有否定句，那么一种比较高明的办法是把否定句放在后面、肯定句放在前面，从而有效地避免可能产生的否定的辖域歧义。例如：

(57)他们中间有些人只针对语言材料作就事论事的具体分析，并不打算精确地找出规律性，对这些研究比较难以评价。（徐烈炯《语义学》，第 247 页）

(58)我建立自己最基本的史观，就是为小民写史，而不是为帝王将相写家谱、写嘉言懿行……（《中华读书报》1998 年 3 月 4 日，第 4 版）

(59)不过，除了为求体系完美无缺而产生的缺点以外，这个体系倒是仔细观察和分析语言现象的结果，而不是从先验的格式出发的。（《语言学论丛》第七辑，第 224 页）

如果把这几例中的否定小句放到前面，那么歧义是不可避免的。

如果要表示一个流水句中的若干小句都在否定的辖域之中，那么有一种很笨但是很保险的办法，那就是每一个小句都用否定形式。例如：

(60)有些语言学家不完全从结构方面研究照应关系，也不从逻辑方面去研究，而从功能方面去研究。（徐烈炯《语义学》，第 247 页）

(61)总之，成都话的这个“在”不是“到”的变体，不是“著”(倒)的变体，也不是口语里偶尔误用而积非成是的结果。（《中国语文》1997 年第 6 期，第 449 页）

这两例通过重复使用否定词这种办法，来避免可能产生的歧义。

另有一种比较简捷但避免歧义的效果同样出色的办法是，在流水句的开头用否定式作为总领下文的起始小句。例如：

(62)我们不能简单地说：指号就是这样一种替代的刺激，它对自身引起了某个其他的东西(假使它在当前的话)所会引起的那种同样的反应。(莫里斯《指号、语言和行为》，中译本第8页)

(63)现在我已经论述了在本章开始时提出的七种不同类型的意义，但我不希望给人这样的印象：这些就是全部的意义类型，能说明一段话所传递的一切意义。(利奇《语义学》，中译本第29页)

(64)罗素和怀特海的著作表明，我们有可能把许多曾经有过独立的起源和发展的形式指句系统，组成一个公理和定理的系统；它并不表明，所有的数学系统都是这样一个单一的系统的部分，而这个单一的系统包括了(例如)欧几里得的几何学和非欧几里得的几何学。(同62，第27页)

(65)现在，在统一的这个意义下，把数学和自然科学统一(系统化)起来，看来是可能的，而指号学本身就证明了这种可能性。因为指号学提供了一套术语，这些术语可以应用于所有的指号，因而可以应用于数学的和自然科学的指号。这并不表示，这两种科学范围中的指号就是同一类指号；本书所作出的那种关于形式指号与指谓语句之间的区别，使我们不陷于这种错误。这也不表示，数学是一门自然科学；在我们的说法中，数学的论域是不同于科学的论域的，正如同(例如)诗的论域不同于科学的论域一样。(同62，第270～271页)

在这里，冒号帮助说明以下的小句都在否定的辖域之中。同时，正如例(65)所显示的，受否定词管辖的后续小句后面的分号可以标志否定的辖域到此为止。

第七节 英语复句中否定的辖域歧义

英语的复句中，如果前面的小句中用了否定形式，有时也可能会产生辖域歧义。例如

(66)I don't steal from John because I like him.[①]

① 参考徐烈炯(1988)，第161页。

a. Because I like John, I don't steal from him.

（我不偷约翰的东西，因为我喜欢他。）

b. Not because I like John, do I steal from him.

（我不是因为喜欢约翰而偷他的东西的。）

(67) I didn't write to him on that account.①

a. On that account I didn't write to him.

（因为那个原因，我没有写信给他。）

b. Not on that account did I write to him.

（我没有因为那个原因而写信给他。）

(68) Nor do we mean, when we say that all the grammatically possible utterances of a language are presupposed as data for the IC-analysis, that only a complete characterization of them is presupposed—a characterization which may well be in terms of the constituents of those utterances. [Joos (ed.) *Readings in Linguistics*, p. 197]

（我们也没有这样的意思：当我们说一种语言的全部语法上可能的话语是层次分析的先决条件时，非得有这些话语的全部特征作为必需条件不可，因为只有对这些话语的成分加以说明才能很好地阐明话语的全部特征。）

在例(66)(67)中，后置的表示原因的小句或词组到底受不受前面小句中的否定词的管辖是两可的，所以有歧义。如果把表示原因的小句或词组移动到句首，那么就能避免歧义。在例(68)中，破折号后面的原因小句到底是不是处于否定的辖域之中是不明确的。

可见，由于英语的复句是几个小句的复合体，因而就有否定词的辖域到底是局限在主句之中还是延伸到从句之中的问题。这跟汉语流水句中否定的辖域歧义的情况是相似的。

---

① 参考陈平(1991)，第234页。

第七章　否定任指与任指否定的意义同异之辨[1]

第一节　引言

在现代汉语中，当疑问代词用在否定句中不表示真性疑问时，既可以放在否定词语之后，来表示否定全部（即全称性否定）；又可以放在否定词语之前，来表示全部否定（也是全称性否定）。例如：

(1)a. 昨天没有谁做完所有的试题。

b. 昨天谁也没有做完所有的试题。

(2)a. 在操场上我没有碰到谁。

b. 在操场上我谁都没有碰到。

(3)a. 饭桌上没有什么适合我的口味。

b. *饭桌上什么也没有适合我的口味。

b′. 饭桌上什么也不适合我的口味。

(4)a. 考古队员在大墓中没有发现什么。

b. 考古队员在大墓中什么都没有发现。

(5)a. 这地方没有哪儿是好玩儿的。

a′. ?这地方没有哪儿好玩儿。

b. *这地方哪儿也没有是好玩儿的。

b′. ?这地方哪儿也不是好玩儿的。

---

① 写作本章的缘起是：2003～2005年，我在日本御茶水女子大学任教时，大阪外国语大学（现在并入大阪大学）的杉村博文教授跟笔者在电子邮件中，对这一问题进行过讨论。谨此向杉村教授致以诚挚的谢意。

b″.这地方哪儿也不好玩儿。

(6)a.这几年我没有去过哪儿。

b.这几年我哪儿都没有去过。

显然，这些句子在结构形式和语义表达方面有一些相同的地方，也有一些不同的地方。那么，到底同在哪些方面？异在哪些方面？为什么会这样？这些正是下文所要讨论的。

第二节　句法构造和论元结构的不同

从句法构造上看，(1)～(6)这些句子分别属于四种不同的句法结构。其中，(1a、3a、5a)的谓语部分是由动词“没有”和疑问代词(记作Wh)先组成述宾结构“没有＋Wh”，①这个述宾结构再跟一个动词性成分(记作VP)组成连谓结构S1:“[没有＋Wh]＋VP”。(1b、3b、5b)的谓语部分是一个主谓结构:疑问代词Wh做主语，副词“没有”修饰动词性成分VP，组成偏正结构“没有＋VP”；②这个偏正结构做疑问代词Wh的谓语，组成主谓结构S2:“Wh＋[没有＋VP]”。③ (2a、4a、6a)的谓语部分是一个偏正结构:疑问代词Wh做及物动词的宾语，副词“没有”再去修饰这个述宾结构，组成偏正结构S3:“没有＋[VP＋Wh]”。(2b、4b、6b)则可以看作分别从(2a、4a、6a)上派生出来的:宾语Wh前移到整个偏正结构“没有＋VP”之前做小主语(次话题)，组成主谓式谓语S4:“Wh＋[没有＋VP]”。

从论元结构上看，S1:“[没有＋Wh]＋VP”中的Wh是由否定性存在动词“没有”引入的客体性论元；连谓结构的后段有一个空主语(null subject)，这个空主语是VP的主体性论元；并且，VP中的这个主体性论元，在语义上跟Wh指称相同(co-referential)。为了方便，我们可以径直说Wh和VP在语义关系上是“主体-陈述”关系；比如，例(1a、3a、5a)中的“谁-做完所有的试题、什么-适合我的口味、哪儿-是好玩儿的”。S2:“Wh＋[没有＋ VP]”

① 为了简单起见，在这里我们暂时不考虑句首的主语。

② 当然，也可以认为这里的“没有”是谓宾动词，“没有＋VP”是一个述宾结构。但是，从例(3b、5b)中“没有”和“不”的交替关系来看，把这里的“没有”处理为副词可能更加方便和合理。在(3b、5b)中，由于[状态动词性成分]“适合、是好玩儿的”跟动态性否定词“没有”(≈不……了)不适配，得换成静态性否定词“不”。

③ 为了方便和简单，这里先暂时不考虑其中的副词“也、都”，下文§4另有简单的讨论。

中的 Wh 是 VP 的主体性论元，Wh 和 VP 之间是直接的“主体-陈述”关系；例子同上。S3：“没有＋[VP＋Wh]”中的 Wh 是 VP 的客体性论元，VP 和 Wh 之间是直接的“陈述-客体”关系；比如，例(2b、4b、6b)中的“碰到-谁、发现-什么、去过-哪儿”。因为 S4“Wh＋[没有＋VP]”是从 S3 上派生出来的，所以其中 Wh 和 VP 的论元角色关系跟 S3 一样。因此，虽然 S2“Wh＋[没有＋VP]”和 S4“Wh＋[没有＋VP]”在表层上都是主谓结构(广义同构)，但是在深层上并不同构(S2 是主体性论元做主语，S4 是客体性论元做主语)。

如果忽略它们在词类序列、句法构造和论元结构上的上述差异，以否定词“没有、不”(记作 Neg)跟疑问代词 Wh 的相对位置为观察重点；那么，(1)～(6)所属的四种句法结构可以大别为两种结构类型：S5：“Neg＋Wh＋VP”，包括 S1“[没有＋Wh]＋VP”和 S3“没有＋[VP＋Wh]”，例如(1)～(6)的 a；S6：“Wh＋Neg＋VP”，包括 S2“Wh＋[没有＋VP]”和 S4“Wh＋[没有＋VP]”，例如(1)～(6)的 b。一旦确立了这两种句式构造，我们可以说它们之间具有双向的变换关系，可以记作：S5↔S6。并且，具有双向变换关系的 S5↔S6 对于其中的疑问代词 Wh 是有严格的选择限制的：只有体词性的疑问代词(如：“谁、什么、哪儿”等)可以进入 S5↔S6，谓词性的疑问代词(如：“怎么、怎么样”等)不能进入 S5↔S6。① 另外，为了拓宽讨论的范围，我们把疑问代词修饰名词造成的短语(如：“什么人[≈谁]、什么东西[≈什么]、什么地方[≈哪儿]、任何人[≈谁]、任何东西[≈什么]、任何地方[≈哪儿]”)也包括进来，②算作是 Wh 的一种推广的形式。

下面讨论这两种类型的句子在逻辑语义、焦点结构、语用意义和指称意义方面的特点。

---

① 体词性疑问代词可以做主语、宾语、定语，不能做谓语、状语、补语，不能受“不”等副词修饰；谓词性疑问代词也可以做主语、宾语、定语(如：“怎么一回事、怎样一个人”)，还可以做谓语、状语、补语，可以受“不”等副词修饰。详见朱德熙(1982)第六章“代词”，第 80～94 页。

② 从中可以发现，现代汉语至少有三种类型的疑问代词：(1)只能单独做 Wh，不能做定语的疑问代词，如“谁、哪儿”，这是严格意义上的代名词(pronoun)；(2)不能单独做 Wh，只能做定语的疑问代词，如“任何”，从严格的分布标准来看，这是区别词；(3)既能单独做 Wh，又能做定语的疑问代词，如“什么”，这是指代词(demonstrative pronoun)。需要说明的是，《现代汉语词典》(第 5 版)把“任何”标为指示代词，释义为“不论什么”。我们认为，指示代词都有指示(deictic)的功能，而“任何”没有这种向外指示情境的功能；因此，跟“这-、那-”类指示代词在语义上差别较大。其实，“任何”有任指的语义功能，跟能做定语、表示任指的疑问代词“什么”在分布和意义上都有平行性。因此，暂时把它归入疑问代词。

第三节　逻辑意义相同及其形成机制

从句法形式上看，S5"Neg＋Wh＋VP"和S6"Wh＋Neg＋VP"两种表达形式显然不同；主要是否定词Neg和疑问代词Wh的相对位置不同：在S5中，Neg位于Wh之前；在S6中，Neg位于Wh之后。这对相关句子的语义表达的影响是，可能造成否定的范围（scope）大小不同：在S5中，Wh处于Neg的否定辖域之中；在S6中，Wh处于Neg的否定辖域之外。据此推论，两个句子的逻辑语义应该大为不同。但是，令人费解的是，从比较抽象的逻辑层次上看，S5和S6两种格式的意义却是基本相同的。例如：

（7）a. 她们几个人，没有谁会游泳。
　　b. 她们几个人，谁也不会游泳。
（8）a. 刘刚没有什么嗜好。
　　b. 刘刚什么嗜好都没有。
（9）a. 赵薇不想去哪儿。
　　b. 赵薇哪儿也不想去。

以（7）为例，从内涵上看，（7a）说的是：在个体域"她们几个人"之中，没有任何一个人具有"会游泳"这种属性；（7b）说的是：在个体域"她们几个人"之中，任何一个人都不具有"会游泳"这种属性。从外延上看，（7a）说的是：在"她们几个人"构成的集合（set）之中，不存在一个这样的元素（element），这个元素可以归入由具有"会游泳"这种属性的元素构成的集合中（即成为这个集合的元素）。可以写成如下的逻辑公式：

（7a′）$\neg[\exists x, P(x)] \rightarrow x \in$"她们几个人"，P ＝"会游泳"

（7b）说的是：在"她们几个人"构成的集合之中，任何一个元素（即所有的元素），都不能归入由具有"会游泳"这种属性的元素构成的集合中（即成为这个集合的元素）。可以写成如下的逻辑公式：

（7b′）$\forall x, \neg P(x) \rightarrow x \in$"她们几个人"，P ＝"会游泳"

虽然在（7a′）中，否定算子取的是广域（wide scope）；在（7b′）中，否定算子取的是窄域（narrow scope）。但是，这两个公式在逻辑上是恒等的。即否定存在式等于全称否定式：

$$(7')\neg[\exists x, P(x)] \equiv \forall x, \neg P(x)$$

例(8)(9)的情况也大致如此。于是，就引出一个问题：在进行语义刻画的时候，为什么S5“Neg＋Wh＋VP”中的Wh要用存在量词来量化？为什么S6“Wh＋Neg＋VP”中的Wh则要用全称量词来量化？这就要从这两种格式中的疑问代词Wh的指称差别谈起。

原来，在这两种格式中，疑问代词的所指类型是极为不同的。例如：

(10)a. 小王成天不干什么(活儿)。
　　b. 小王成天什么(活儿)都不干。
(11)a. 老爷子没有真正相信过谁。
　　b. 老爷子谁也没有真正相信过。
(12)a. 整个假期我没有去过哪儿。
　　b. 整个假期我哪儿都没有去过。

以(10)为例，(10a)中的“什么”在语音上必须轻读，在意义上表示虚指[non-specific reference，也称为“不定指”(indeterminate reference)]，即指称语境中某个不能或不便明确地说出来的事物。① 因此，在量化刻画的时候，宜于用存在量词(existential quantifier)来描写和约束它所指谓的个体。特别是(1a、3a、5a、7a、8a)一类句子，是通过否定性存在动词“没有”来引入个体的，更为明显地表明这种个体具有受存在量词约束的属性。② (10b)中的“什么”在语音上必须重读，在意义上表示任指[arbitrary/free-choice reference，也可称为“周遍性”(distributivity)]，即表示在所涉及的范围(即论域，universe of discourse)之内没有例外，并且任选其中一个成员都足以代表全体成员。③

① 关于疑问代词的非疑问用法，详见朱德熙(1982)，第93～94页；吕叔湘(2001)，第483～485、507～508页。关于虚指等指称概念，参见陈平(1987)，第119～140页。

② 关于动词“有”的存在量化功能，详见袁毓林等(2009)。

③ 关于疑问代词的这种指称特点，详见袁毓林(2004)§5.1。汉语语法学上常用的“周遍性”概念，相当于逻辑学上“主项的周延性”，即一个性质判断对于主项的全部外延都有反映(做出了断定)；比如，性质判断“所有的商品都是有价值的”，对于“商品”的全部外延做出了“有价值”这种断定。可见，周遍性具有全称量化的特点。但是，全称量化既可以有分配性解读[distributive reading，如：“全班同学都(分别、各自)找到了工作”]，也可以有集体性解读[collective reading，如：“全班同学(一起)照了合影”]。显然，周遍性只是一种分配性的全称量化[distributive universal quantification]。例如：“全班同学个个(分别、各自)找到了工作 ～ *全班同学个个(一起)照了合影”。

因此，在量化刻画的时候，宜于用全称量词(universal quantifier)来描写和约束它所指谓的个体。例(11)(12)的情况也大致如此。

也就是说，S5"Neg+Wh+VP"中的 Wh 指称某个论域中的某种不确定的个体，取存在性解读(existential reading)；S6"Wh+Neg+VP"中的 Wh 指称某个论域中的全部个体，取全称性解读(universal reading)。这种语义指称上的差别在表层句法上的反应是，S5 的 Wh 前有时可以加上由不定量词组成的数量词"一点儿、一些"，但是不能加表示无条件的连词"无论、不管"；相反，S6 的 Wh 前不能加上数量词"一点儿、一些"，但是可以加连词"无论、不管"。① 例如：

(10′)a. 小王成天不干(一点儿/* 无论)什么。
　　b. 小王成天(* 一点儿/无论)什么也不干。

总而言之，在 S5"Neg+Wh+VP"和 S6"Wh+Neg+VP"中，由于 Wh 的指称差别(虚指 vs. 任指)，使得它们在量化性质方面有差别(存在 vs. 全称)；最终由于否定词跟量化短语的序位关系(否定+存在 vs. 全称+否定)，使得这两种格式在逻辑上同义[否定存在(没有一个个体 VP)=全称否定(全部个体没有 VP)]。

第四节　焦点结构和信息结构的不同

Bloomfield(1933：145)§9.5 说：In languages "there are no actual synonyms"(语言中"没有真正的同义词"，中译本第 173 页)。其实，语言中也没有真正的同义句式。拿上面讨论的 S5"Neg+Wh+VP"和 S6"Wh+Neg+VP"来说，虽然它们在逻辑意义方面是相同的；但是，这两种句式在语气表达方面明显不同。例如：

(13)a. 这孩子在家里不怕谁。～ a′.? 羁押期间，不准见谁！
　　b. 这孩子在家里谁都不怕。～ b′. 羁押期间，谁都不准见！
(14)a. 我们班没有谁玩过网络游戏。～ a′.? 不许谁玩网游！
　　b. 我们班谁也没有玩过网络游戏。～ b′. 谁也不许玩网游！

① 当然，这种观察和描写是比较表面和皮相的，下文§4 有进一步的讨论。

(15)a. 她一整天没有吃什么(东西)。～ a′. ? 地铁车厢内不准吃什么!

b. 她一整天什么(东西)也没有吃。～ b′. 地铁车厢内什么都不准吃!

(16)a. 他现在已经不是什么(领导)了。～ a′. ? 院士不许兼任什么(董事)!

b. 他现在已经什么(领导)都不是了。～ b′. 院士什么(董事)也不许兼任!

(17)a. 老太太一辈子没有去过哪儿。～ a′. ? 甲流患者不准去哪儿!

b. 老太太一辈子哪儿也没有去过。～ b′. 甲流患者哪儿都不准去!

上面的句子对(sentence pair)a 与 b,在语气上明显地 b 句比 a 句要强得多。因此,b 句可以构成表示禁止的祈使句,而 a 句则不太容易。那么,为什么 S5 会比 S6 语气强烈呢?我们猜想,这可能跟这两种句式的焦点结构的不同有关。比如,例(13a、13b)都是对其语用预设"这孩子在家里至少怕某一个人"的否定。在(13a)中,宾语"谁"处于常规焦点的位置,本来可以成为句子的焦点成分。但是,由于这里的"谁"是轻读形式,不能接受焦点重音;因而只能跟它所贴附的动词"怕"一起构成焦点成分,于是语义重心落在动词短语"怕谁"上了。结果,句子断言(assertion)的重心是对预设中"怕某一个人"的否定,即"不怕某一个人"。在(13b)中,小主语(次话题)"谁"处于对比焦点的位置。由于这里的"谁"是重读形式,自然可以接受焦点重音;因而,顺理成章地成了焦点成分。于是,语义重心落在"谁"上,突出了周遍性的全称意义。结果,句子断言的重心就不仅是对预设中"怕某一个人"进行否定(语义否定,即"不怕某一个人"),而且还要对这个预设中的预设"一个人"进行否定[语用否定,纠正预设在信息量或程度上的不够(under-informative)];即不是"不怕某一个人",而是"不怕所有的人"。对比焦点"谁"的对比功能(全称性 vs. 特称性,如:所有的人 vs. 某一个人)就这样体现出来了。结果,就在一般的语义否定的基础上,又叠加了一层语用否定。因此,我们一般都能意识到(13b)比(13a)语义更重、意蕴更深、语气更强。例(14)～(17)的情况也大致如此。

也就是说,S5"Neg + Wh + VP"中的 Wh 不能成为焦点成分,只能跟 VP 组合起来充当焦点成分,焦点成分"Wh + VP"再跟否定算子 Neg 相关联(associate),共同构成句子的前景信息(front information)。S6"Wh + Neg +

VP”中的Wh是对比焦点，可以体现出“全称性vs.特称性”的对比功能，这种对比性构成了句子的前景信息；而“Neg＋VP”被压抑或遮蔽为背景信息(background information)。这种信息结构的差别在话语结构上的反应是，S5的后面可以有用名词替代和实现Wh、表示列举和例示的后续小句，但是不能在S5的前面加上这种先行小句；相反，S6的前面或者后面都可以加上这种先行小句，并且加上先行小句比加上后续小句更为连贯和通畅。例如：

(13′)a1. 这孩子在家里不怕谁，不怕爸爸、妈妈，也不怕爷爷、奶奶。
a2. *这孩子在家里不怕爸爸、妈妈，也不怕爷爷、奶奶，不怕谁。
a3. *这孩子在家里，爸爸、妈妈、爷爷、奶奶，不怕谁。
b1. 这孩子在家里谁都不怕，不怕爸爸、妈妈，也不怕爷爷、奶奶。
b2. 这孩子在家里不怕爸爸、妈妈，也不怕爷爷、奶奶，谁都不怕。
b3. 这孩子在家里，爸爸、妈妈、爷爷、奶奶，谁都不怕。

(13′a1)中的“谁”是信息焦点“怕谁”中的成分，因为它指涉相关论域中的某一个个体，所以是在指称上具有不确定性的新信息；因而，后面可以有列举和例示等充实这一信息的后续小句。如果像(13′a2、13′a3)那样，让这种补充、例示性成分出现在前面，那么就跟“谁”的新信息的属性发生了冲突(clash)。(13′b1)中的“谁”独立充当对比焦点，因为它指涉相关论域中任意一个足以代表其他个体的个体，实际上具有周遍性指称意义，所以是在指称上具有相对确定性的已知信息；①因而，后面可以有更加具体的列举和例示等充实这一信息的后续小句。也可以像(13′b2、13′b3)那样，让这种补充、例示性成分出现在前面，后面再用周遍性的“谁”来总括和照应。

总而言之，在S5“Neg＋Wh＋VP”和S6“Wh＋Neg＋VP”中，由于Wh的焦点性质和地位的差别[常规焦点(的一部分)vs.对比焦点]，使得它们在否定的层次和结构方面有差别[语义否定vs.(语义否定＋)语用否定]；最终，使得这两种格式在意义蕴涵和语气方面有深浅和强弱的差别。并且，由于这两种格式，特别是其中的Wh在信息结构方面有差别(新信息vs.已知信息)，使得它们在话语结构中对于先行成分(或小句)和后续成分(或小句)有不同的选择限制。由此可见，我们对于句子意义差别的精细微妙的语感，

① 从认知上看，指称全体的成分比指称部分的成分在语义上更加明确，具有更高的可及性(accessibility)；也就是说，更容易从记忆中提取出来。因此，用指称全体的成分传递旧信息，用指称部分的成分传递新信息，是一种无标记的自然的组配方式。

在一定程度上，是可以通过对句子的焦点结构和信息结构的分析，来清晰地加以揭示和解释的。

第五节　疑问词语的周遍性意义从何而来？

从句式变换的角度看，上文的例(15)(16)跟下文的例(18)(19)十分平行。例如：

(15)a. 她一整天没有吃什么。
　　b. 她一整天什么也没有吃。
(16)a. 他现在已经不是什么领导了。
　　b. 他现在已经什么领导都不是了。
(18)a. 她今天没有吃早饭。
　　b. 她今天早饭也没有吃。
(19)a. 他现在不当部门领导了。
　　b. 他现在部门领导都不当了。

但是，这两种句式在语义表达方面相差甚远；主要是：(15)(16)一类句子有全称性的语义解释，而(18)(19)没有全称性的语义解释。其原因也许可以归结为：(15)(16)一类句子中的“什么”等不表示真性疑问的词语是否定极项(negative polarity item)，通常需要否定性形式(包括隐性的否定形式)来允准。[①] 否定极项在语义上相当于最小量(minimum quantity)，对最小量的否定，自然会造成全称性的语义解释。具体的逻辑机制是：通过否定某种由语境限定的语用尺度上的最小量，来蕴涵对其他比它大的量的否定，从而间接地达到对数量(所有的量)的完全否定。而(18)(19)一类句子中的“早饭”等不是否定极项，因此对它们的否定不会产生全称性的语义解释。这种差别的一个证据是：(15)中的“什么”可以用“一点儿/丝毫东西”等来代替，[②]

---

① 关于隐性的否定形式也可以允准否定极项，详见袁毓林(2007)§5的有关讨论。

② “一点儿”在实指时表示数量少而不确定，不是否定极项，可以用在肯定句中。例如：“买了一点儿蔬菜。｜他的发言长了一点儿。”虚指时表示最小量，是否定极项，只能用在否定句中表示完全否定。例如：“家里没有一点儿蔬菜。｜他批评别人时不留一点儿情面。｜老师的话一点儿不错。｜零用钱一点儿没有花。”“丝毫”则完全是真正的否定极项，表示极小量，只能用在否定句中表示完全否定。例如：“不出丝毫差错。｜没有丝毫防备。”解释和举例参考吕叔湘(2001)，第602～603、512页。

但是(18)中的"早饭"不能。例如:

(15′)a. 她一整天没有吃什么。→ 她一整天没有吃一点儿/丝毫东西。

b. 她一整天什么也没有吃。→ 她一整天一点儿/丝毫东西也没有吃。

(18′)a. 她今天没有吃早饭。→ *她今天没有吃一点儿/丝毫东西。

b. 她今天早饭也没有吃。→ *她今天一点儿/丝毫东西也没有吃。

当然,如果注意到(15)(16)等 S6"Wh+Neg+VP"中的 Wh 具有周遍性的量化意义;那么,我们就可以提出这样一个问题:同样是客体宾语,为什么(15)(16)一类句子的客体宾语前移到了动词短语之前以后,在语义指称的量化方面会发生明显的变化(从存在量化变为全称量化);而(18)(19)一类句子的客体宾语前移到了动词短语之前以后,在语义指称的量化方面没有明显的变化?答案也许可以是:前者的客体宾语是否定极项,而后者的客体宾语是普通词语。但是,这必然会引出第二个问题:同样是否定极项充当客体宾语,为什么(15′b)中的"一点儿/丝毫东西"前移到了动词短语之前以后,不会发生全称量化?也就是说,我们必须回答这样一个问题:S6 一类句子中 Wh 的周遍性意义从何而来。正是上面这些问题,再加上周遍性意义的 Wh 后面必须有副词"都、也"共现的事实,使我们再次从根本上怀疑 S6 一类句子中的 Wh 本身具有周遍性意义的说法。下面,我们先提出自己的假设,再进行一定的论证。

我们认为,S5"Neg+Wh+VP"和 S6"Wh+Neg+VP"中的 Wh 都表示任指,即指称一个由语境限定的集合(contextually constrained set)中的任意一个元素(any element)。并且,这个集合中的各个元素具有同质性的(homogeneous)特点;即对于动词短语 VP 所表示的属性来说,这个集合中的所有元素都是等价的、没有差别的,挑出任意一个都足以代表其余的元素。这就使得 Wh 所表示的任指意义具有隐性的(implicit)全称意义(即周遍性)。因为这种均质化的元素是等价的,所以它们都毫无例外地跟 VP 有相同的述谓关系,各自表示一个相同的最小事件。最后,通过加合算子(sum operator)"都、也"把这些最小事件加合起来,构成一个复数性的事件;于是,整个格式的全称意义便由隐性转变为显性(explicit)了。[1] 可见,这种 Wh 在语义指称上具有广泛的幅度(range,即值域或变程):从任选的一个元素到具有均质性的全体元素。Wh 的语义指称在 S5 和 S6 这两种格式中的差别在于:受到汉语句子的主语和宾语在语义指称上的"有定-无定"这种大格局上的不对称性的影响,Wh 的任指性意义会朝着其变程的不同方向发生偏移。在 S5 中,由于 Wh 位于宾语的位置,受到宾语位置在指称上的无定性(indefinitive)倾向的影响,在语义指称上会偏向于"不定指"(indeterminate reference)的任何一个元素,表现出存在性量化的特点。在 S6 中,由于 Wh 位于主语的位置,受到主语位置在指称上的有定性(definitive)倾向的影响,在语义指称上会偏向于"定指"(determinate reference)的全体元素,表现出全称性量化的特点。也就是说,S6"Wh+Neg+VP"中 Wh 的周遍性全称量化意义,是 Wh 的任指意义和 S6 这个格式(特别是 Wh 的主语位置和加合算子"都、也")互相作用的结果。久而久之,格式意义沉淀、凝聚到其中的关键性词语 Wh 上,使得它在这种格式中自然地涌现(emerge)出周遍性全称量化意义来。[2]

现在,我们可以解释 Paris(1979)和杨凯荣(2002)注意到的一个事实:虽然"谁也没来"跟"一个人也没来"语义相似,但是,后者的"一个人"可以用"连"来引导,前者的"什么"不能用"连"来引导。这先要从"连"的语义功能说起。根据袁毓林(2006)§2,"连"的作用是引出一个跟语境相关的语用尺度(pragmatic scale),并指示其引导的成分的所指处于这个量级标尺的最低点。于是,"连 NP+都/也 VP"格式表示最不可能的(可能性最低的)情况"NP+VP"居然反预期地出现了。"一个人"是最小量,可以跟相关论域中比它大的"两个人、三个人、……许多人"等构成一个语用尺度,符合"连"的语义要求。但是,"什么"等任指成分指谓相关论域中的任意一个同质性的元素,它无法跟其他同质性的元素构成一个在某种语用维度上有差别的语用尺度,不符合"连"的语义要求。也就是说,S6"Wh+Neg+VP"中 Wh 在指称上的同质性跟"连"引出一个有程度差别的量级标尺的要求相悖。因此,这种 Wh 无法用"连"来引导。这个事实,反过来为我们关于 Wh 在指称上具有同质性的假设提供了佐证。

---

① 这些观点,基本沿袭袁毓林(2004)§5.1 的说法。下面的观点是最近几年才形成的新想法。

② 在这里,我们借用了涌现语法(emerge grammar)的观念。这种观念跟传统词汇学上关于上下文语境对于其中特定词的意义的"浸染"的思想是一致的。

第六节　全称否定式的排他性保留

从S5"Neg＋Wh＋VP"和S6"Wh＋Neg＋VP"一类表达的逻辑形式(7′)上看,可以粗略地把它们称为全称否定(universal negation)。从逻辑上讲,全称否定应该是一种穷尽性否定(exhaustive negation),即论域中的所有个体都不具有谓词所表示的属性,或者说:论域中的所有个体都不是谓词的外延集合中的元素。但是,自然语言可以通过追加排他性表达(exclusive expression)来取消全称性否定表达在否定方面的穷尽性,即声明论域中的某个或某些成员是例外。例如:

(20)a. 他们没有谁/一个人敢出声,只有小王嘟囔了几句。
　　b. 他们谁/一个人也不敢出声,只有小王嘟囔了几句。
(21)a. 今天我没吃什么(东西),只喝了一瓶酸奶,怎么闹肚子了?
　　b. 今天我什么(东西)都没吃,只喝了一瓶酸奶,怎么闹肚子了?
(22)a. 整个暑假我没有去哪儿,只回了一趟苏州。
　　b. 整个暑假我哪儿也没有去,只回了一趟苏州。

可见,全称否定不管是采用S5"Neg＋Wh＋VP"形式,还是采用S6"Wh＋Neg＋VP"形式,后面都可以用排他性小句来补充和修正,说明全称之中有特称的例外情况。有趣的是,例(21)中的"什么"既可以是真正的任指(即表示在所说的范围内无例外),于是"没吃什么东西/什么东西也没吃"指没有吃任何食物;也可以是特定的任指(即表示在通常情况之外的某个特定的范围内无例外),于是"没吃什么东西/什么东西也没吃"指除了正常的(跟往日一样的)食物之外,没有吃任何其他特别的(足以引起闹肚子的)食物。也就是说,Wh的所指所涉及的论域,取决于说话人在特定语境中的临时设定。

这种全称否定式的排他性保留的逻辑机制,显然是语言交际所遵循的缺省推理这种语用逻辑;表现为:在通常情况下,全称否定表示穷尽性的否定;除非有特别的补充说明,那么全称否定可以在穷尽性否定之中保留例外情况。

其实,现代汉语专门有一种跟全称否定相对应的排他性保留的表达方式;那就是总括副词"总/都"居于否定词之前表示全称否定,否定词居于总括副词"总/都"之前表示否定全称性陈述,从而表示对于全称否定的排他性保留。例如:

(23)a. 王小明这几天总不听班长的话，一直自作主张、自行其是。

b. 王小明这几天不总听班长的话，偶尔也自作主张、自行其是。

(24)a. 同学们都不听班长的话，一个个都自作主张、自行其是。

b. 同学们不都听班长的话，也有一些人自作主张、自行其是。

其中(23a)和(24a)表示全称性否定，即在某一个时间域或个体域中，所有的时间片段或个体都不具有 VP 所表示的性质。(23b)和(24b)表示对全称性陈述的否定，排他性地保留了一些例外情况，即在某一个时间域或个体域中，有的时间片段或个体并不具有 VP 所表示的性质。这种排他性地保留得以实现的语义机制是：语言中的否定通常并不一定表示完全相反[即对立(contrary)]，而往往是表示"少于"或"低于"(less than)的关系。① 比如，"不热"并不一定是"冷"，还可以是低于或接近"热"的"暖和"等状态。因此，可以说"这种小阳春天气，不热也不冷，非常舒服"。同样，"不总/都 VP"可以表达低于或接近于"总/都 VP"的事态，从而形成对于全称否定的排他性保留。

反之，语言中也可以有全称性肯定表达的例外否定一类表达方式。例如：②

(25)a. 我们整日都学习，除非我们在游戏。

b. 同学们都听班主任的话，只有个别同学自行其是。

先出现一个全称肯定句，再继之以一个用"除非、除了、只有"等引导的句子来做例外声明。因为"除非、除了、只有"(≈不包括)等是隐性否定词语，所以这种话语表达的构造可以表示为：全称性肯定句＋特称性否定句。

2008 年年初，尹洪波先生通过电子邮件问我这样一个问题：

"都"是表示总括的范围副词，属于极大量词。那么"都不"和"不都"，根据沈家煊(1999：108)："都"居于否定词"不"之前时，是用否定一个极大量来否定全量，属于有标记否定；居于否定词"不"之后时，只是

① 详见 Jespersen(1924)chap. 24，中译本第 464～476 页。参考沈家煊(1999)§4.1，第 59 页。

② 例(25a)是《傲慢与偏见》(*Pride and Prejudice*)的作者简·奥斯汀(Jane Austen，1775～1817 年)的母亲为她的孩子们编的韵文顺口溜的中文翻译。(见《中华读书报》2007 年 9 月 19 日，第 5 版)

否定一个极大量，也就是肯定了一个接近“极大量”的量，并没有否定全量，属于无标记否定。即“都不”是有标记否定，“不都”是无标记否定。按说应该是“不都”的使用频率高，事实恰恰相反。我统计了1995年的《人民日报》，经剔除审核共得到“都不”用例约490个，而“不都”的例句只有12个，其中反问句8个，直陈句仅仅4个。为何会出现这种“标记颠倒”现象呢？一直很困惑，找不到答案。

我们查证了一下，沈家煊(1999:108)是这样说的：

过去讲“总不”和“不总”的区别，后者是“总”在“不”的否定范围之内，前者是“总”在“不”的否定范围之外。现在从否定量域的角度看，“总不”是用否定一个极大量来否定全量，属于有标记否定，所以“总”位于“不”之前；“不总”否定一个极大量只否定这个极大量，或肯定一个接近“总”的量，属于无标记否定，所以“总”位于“不”之后。

当然，这种说法还需要仔细推敲并在句法、语义上落实。比如，说“总不”“属于有标记否定”还可以理解，因为“总”在“不”的否定范围之外；既然如此，那么“总不”是怎样实现“用否定一个极大量来否定全量”的呢？也就是说，否定词“不”是怎样实现对在其否定范围之外的成分进行否定的？如果相信Frege的语义组合性原理，那么就必须说明否定成分与极大量成分的句法组合与语义运算之间的映射关系。

我们认为，根据“总/都不VP”一类表达形式的句法构造，其语义可以用谓词逻辑刻画如下：①

$$\forall x\ \lambda P, \neg P(x) \equiv \neg(\exists x\ \lambda P, P(x))$$

上述逻辑式的通俗解释是：“全不 ＝ 无一 ＝ 0”；可见，其语义十分明确；因此，在实际言语中理应多用。相应地，根据“不总/都VP”一类表达形式的句法构造，其语义可以用谓词逻辑刻画如下：

$$\neg(\forall x\ \lambda P, P(x)) \equiv \exists x\ \lambda P, \neg(P(x))$$

上述逻辑式的通俗解释是：“不全 ＝ 大于0、小于∞(接近于全部的无穷

① 以下内容，是根据我当时给尹洪波先生的回信(电子邮件)，经过扩充而写成的。

大），但是不清楚到底是多少”；可见，其语义十分不明确；因此，在实际言语中，理应少用。这种“理应多用”和“理应少用”，可以根据 Grice 的量的准则（Maxim of Quantity）来推导。比如，按照交际常规，说话人应该提供在量上适当的信息，不要信息在量上不足，也不要多得过头（informative，but not under-or over-informative）。“不总/都”一类表达形式，多少是信息在量上不足够、不明确的。因此，使用起来会受到较多的限制，在频率上低于意义相对明确的“总/都不”一类表达形式。

第七节　全称否定式对特称否定的容忍

跟全称否定式的排他性保留相应的情况是，全称否定式对特称性否定的容忍；表现为：全称否定式允许在它前面出现在逻辑上冗余的特称否定。例如：

(26)a. 我不会说日语，车上的几个同胞没有谁/一个人会说日语。
b. 我不会说日语，车上的几个同胞谁/一个人也不会说日语。
(27)我不会说日语，车上的几个同胞也都不会说日语。

例(26)和(27)都有两种解读（reading）：(i)“我”不在车上，不包括在“车上的几个同胞”中；(ii)“我”在车上，包括在“车上的几个同胞”中。在后一种情况下，由于把“我”单独从“车上的几个同胞”中提出来，因而“车上的几个同胞”在这种语境下的实际涵义是“车上除了我之外的其他几个同胞”。如果说全称否定式的排他性保留是对于缺省推理的例外声明，那么全称否定式对特称性否定的容忍则是对于缺省推理的冗余重申（即没有例外）。这两种表达方式，正好跟介词“除了”的两种意义和用法（排除特殊，强调一致 vs. 排除已知，补充其他）相对应，[①]只是强调的重点不完全一样。例如：

(20)a. 他们没有谁/一个敢出声，只有小王嘟囔了几句。
b. 他们谁/一个也不敢出声，只有小王嘟囔了几句。
(20′)a. 除了小王[嘟囔了几句][以外]，他们没有谁/一个敢出声。
b. 除了小王[嘟囔了几句][以外]，他们谁/一个也不敢出声。

---

① 关于“除了”的两种意义和用法，详见吕叔湘(2001)，第 126 页。

(26)a. 我不会说日语,车上的几个同胞没有谁/一个人会说日语。

b. 我不会说日语,车上的几个同胞谁/一个人也不会说日语。

(26′)a. 除了我[不会说日语][以外],车上的几个同胞也都不会说日语。

b. 除了我[不会说日语][以外],车上的几个同胞谁/一个人也不会说日语。

在(20)一类格式中,全称否定小句是背景表达,例外排他小句是前景表达;相反,在(20′)一类格式中,排除特殊的"除了"小句是背景表达(所以可以省略谓词性成分),表示一致的小句是前景表达。在(26)一类格式中,特称否定小句是背景表达,全称否定小句是前景表达;与此相似,在(26′)一类格式中,排除已知的"除了"小句是背景表达(所以可以省略谓词性成分),表示补充其他的小句是前景表达。这四种表达方式,都遵循了从背景信息到前景信息的话语组织原则。

反过来说,如果不借助缺省推理机制,那么特称否定应当表达成如下的形式:

(26″)a. 我不会说日语,车上的其他几个同胞没有谁/一个人会说日语。

b. 我不会说日语,车上的其他几个同胞谁/一个人也不会说日语。

(27′)我不会说日语,车上的其他几个同胞也都不会说日语。

也就是说,用"其他"一类代词来限定"谁、一个人"等否定极项的个体域。同样的道理,如果没有缺省推理这种逻辑机制可资利用,那么上文全称否定式的排他性保留的直白的(literal)表达形式当是:

(20″)a. 他们其他人没有谁/一个敢出声,只有小王嘟囔了几句。

b. 他们其他人谁/一个也不敢出声,只有小王嘟囔了几句。

(21′)a. 今天我没吃什么其他的东西,只喝了一瓶酸奶,怎么闹肚子了?

b. 今天我什么其他的东西也没吃,只喝了一瓶酸奶,怎么闹肚子了?

如果借用传统训诂学上的“统言”和“析言”这一对概念，那么我们可以称像例(20)～(23)这种表达方式为“统言式表达”，称像例(20′)和(26′)这种表达方式为“析言式表达”。显然，统言式表达语义丰富而富有弹性，需要借助缺省推理来获得正确的语义解释；析言式表达语义单一而缺少意蕴，前一小句已经预示了后一小句的意义，根本不需要借助缺省推理来获得其语义解释。

到底哪一种表达方式更好？这取决于我们想创造一种“文学的语言”还是一种“科学的语言”。如果都用科学的、逻辑的、直白的语言，那么其所指将不再跟人捉迷藏，文本的阐释也就不好玩了。因此，我们强烈地为统言式的文学语言辩护。

叁　隐性否定动词的语义分析

第八章　动词内隐性否定的语义层次和溢出条件

本章通过考察“防止、避免、差、欠、拒绝、否认、小心、后悔、责怪、怀疑”等类动词的语义结构和句法表现，分别讨论它们所含的隐性否定的语义层次（断言、推论、预设）；用动词内隐性否定的语义溢出来解释相关句子中冗余性的多重否定，着重于确定动词内隐性否定的语义溢出和词汇实现的句法语义条件；并且尝试用动词内隐性否定的语义溢出和语义倒灌等隐喻性概念，揭示动词“怀疑”有意义相反的两个义项（“不相信”vs.“相信、猜测”）及其在分布上呈现出互补状态的句法语义机制。

第一节　隐性否定及其语义溢出

在现代汉语中，否定表达一般采取分析形式（analytic form）；即在相关词语前加上否定词，从而表示矛盾的（contradictory）概念①或者真值（truth value）相反的命题。例如：

（1）a. 高～不高　　　b. 这孩子<u>高</u>。～这孩子<u>不高</u>。

---

① Jespersen（1924：322）指出：逻辑学家区分矛盾的（contradictory）概念和对立的（contrary）概念，两个互相矛盾的概念加在一起包括了存在的全部事物，因为它排除了中间性的概念；但是，两个互相对立的概念却允许一个或多个中间性的概念。语言通常用派生词或含有否定词的复合结构来表示矛盾的概念，前者如 un-happy，im-possible，dis-order 等，后者如 not-white，not-rich；但是用不同的根词来表示对立的概念，如 young ～ old，good ～ bad，big ～ small。中译本第 464 页。

Horn（1978：210～211）指出：根据亚里士多德的逻辑，两个对立的表达式可以都取假值（neither young nor old——袁补），但是不能都取真值（* both young and old——袁补）；但是，在任何语境中，矛盾关系的成员，一个必须取真值，另一个则必须取假值（如果 is rich 为真，那么 is not rich 为假——袁补）。可是，语言中的 not good 经常表示 bad 的意思，而不只是 good 的矛盾概念；就像 not bad 经常表示 quite good 的意思一样。

(2)a. 走～不走　　　b. 大家都走。～大家都不走。

(3)a. 承认～不承认　b. 他承认做错了事。～他不承认做错了事。

(4)a. 接受～不接受　b. 我接受他的建议。～我不接受他的建议。

“不高”表示的概念跟“高”相反,“这孩子不高”的真值跟“这孩子高”相反。

但是,现代汉语也有为数不多的动词,其本身就可以表示跟一个分析形式相当的否定性意义(negative meaning)。例如:

(5)a. 否认≈不承认　b. 他否认做错了事。≈他不承认做错了事。

(6)a. 拒绝 ≈ 不接受 b. 我拒绝他的建议。≈我不接受他的建议。

“否认”表示的概念跟“不承认”相当,“他否认做错了事”的真值条件(truth condition)跟“他不承认做错了事”相同。也就是说,一个不包含否定词的综合形式(synthetic form),有时也可以表示跟包含否定词的分析形式相当的否定性意义。为了跟分析式否定(如“不接受”)相区别,我们称不包含否定词的综合式否定(如“拒绝”)为隐性否定(implicit negation)。

根据初步的考察,我们发现:动词内隐性否定所属的语义层次很不一样。例如:

(7)a. 防止洪灾 ≈ 使洪灾不发生

b. 缺少办学条件 ≈ 不具备办学条件

c. 小心滑倒 ≈ 集中精神使滑倒不发生

d. 注意生病 ≈ 提高警惕使生病不发生

e. 后悔跟他吵架 ≈ 怨恨自己跟他吵架,认为自己不该这样

f. 埋怨儿子粗心 ≈ 责怪儿子粗心,认为他不该这样

上述动词中所包含的隐性否定,在这些动词及相关句子的语义结构中,所处的语义层次是很不相同的:有的是断言(assertion)中的(如 7a、7b),有的是会话含义(conversational implicature)中的(如 7c、7d),有的是语用预设(pragmatic presupposition)中的(如 7e、7f)。对诸如此类关于隐性否定的语义层次问题,是本章要讨论的一个主题。

值得注意的是,这种语义层面上的隐性否定意义,有时可以语义溢出

(semantic overflow);转移(transfer)到表层结构的有关句法成分上,①并且用否定词语来显性地表达出来。例如:②

(8)a. 防止再次发生病虫害。≈ 防止不再发生病虫害。
a′. 防止他们在夜里睡觉。≠ 防止他们在夜里不睡觉。
b. 怎样才能避免今后犯错误?≈ 怎样才能避免今后不犯错误?
b′. 怎样才能避免权力太集中?≠ 怎样才能避免权力不集中?
c. 我真后悔跟他吵架。≈ 我真后悔不该跟他吵架。
d. 妈妈埋怨他太粗心。≈ 妈妈埋怨他不该太粗心。
e. 难道你还要抵赖你参与其事?≈ 难道你还要抵赖你没参与其事?
f. 谁也不否认这出戏有意义吧?≈ 谁也不否认这出戏没有意义吧?
g. 就差写一篇序了。≈ 就差没写一篇序了。
h. 有个别单位拒绝执行。≈ 有个别单位拒不执行。
i. 大家怀疑他上过大学。≠ 大家怀疑他没有上过大学。

从上面的例子可以看出,有的隐性否定意义可以溢出,在表层的句法结构上得到显性的实现;有的隐性否定意义不能溢出,无法在表层结构上实现。甚至同一个表示或者触发隐性否定的动词,在有的语句中其隐性否定意义可

---

① Chomsky(1965)尝试用纯粹的句法类别来解释句子中词语之间的选择限制(selection restrictions),例如:

(1)a. John admires sincerity. ～ b. * Sincerity admires John.

(1b)之所以不可接受,是因为 admire 等类别的动词要求有生性(animate)主语。Weinreich(1966)认识到乔氏的选择限制理论太强,提出了转移特征(transfer feature)的观念和机制,即一个词中的语义特征可以转移到另一个跟它搭配的词上。这样,可以保证通过组合规则(combinational rules)的操作,从句子的构成成分的意义上推导出整个句子的意义。在他的体系中,只有当特征转移的结果会引起两种对立的特征出现在同一个成分中时,特征转移才被禁止。例如:

(2)a. The horse neighed. ～ b. * The horse miaowed.

(3)a. The cat miaowed. ～ b. * The cat neighed.

(4)a. The animal neighed. ～ b. The animal miaowed.

在(2b)中,当谓语动词 miaowed 中的特征"猫科"向主语名词 horse 转移时,跟 horse 中"马科"的特征发生冲突;因此,句子不可接受。但是,在(4a、4b)中就没有这种冲突;从其中的 animal 被人们分别理解为指涉马和猫,可见转移特征机制正确地表示了有关意义怎么从动词溢出(overflow)到名词上。详见 Leech(1974),pp. 141～145;Leech(1981),pp. 138～142;中译本第 195～199 页。

② 部分例子引自吕叔湘(1985),第 248 页;沈家煊(1999),第 122 页。关于这类冗余否定句的合格性,不同的学者和被试有相当大的争议。但是,真实文本语料中有一批这样的用例。具体情况,我们另文讨论。

以溢出，在有的语句中则不能溢出。我们相信，其中应该有某些限制条件。对隐性否定的语义溢出和词汇实现的限制条件和语义溢出所造成的有关语法后果，是本章要讨论的另一个主题。

第二节　冗余否定的交际动因和限制条件

隐性否定的语义溢出和词汇实现，使得句子中有一明一暗两个否定性词语；而那个明的否定词恰恰是冗余的，因为它只是那个暗的否定词中的隐性否定意义的词汇实现。那么，语言中为什么需要或容许这种既违反经济原则又可能造成歧解的冗余否定呢？

对于语言中诸如此类的冗余否定(redundant negation)的动因，Jespersen(1924:332～334)有一个很有启发性的解释。他指出，许多语言都有累积性否定(cumulative negation)；即两个或多个否定词附加在不同的词上，它们不再互相抵消，结果仍然是否定的。例如：①

(9) a. Nobody never went and hinted no such thing, said Peggotty.
(裴哥缇说：从来没有人去过，也没有暗示过这件事。)
b. I can't do nothing without my staff. (Haday)
(不带随从，我什么也干不了。)

据他分析，这种现象广泛出现于不同语言中的原因是：在累积性否定成为一种习见现象的语言里，普通否定在音丛上是较小的部分：古英语、法语、斯拉夫语中的 ne 或 n-，中古高地(和中古低地)德语中的 en 或 n-，希腊语中的 ou，匈牙利语中的 s-或 n-。由于这些词首音不太重要或者是弱读音节，因此就有必要在句中多次重复，以防止被人忽略。在强烈的感情影响下，说话者想要绝对保证否定的意义得到充分理解。因此，他不仅把否定词加在动词上，而且加在句中任何易于构成否定的成分上。事实上，他给整个句中蒙

---

① 我们在 Fromkin et al. (2003:16)找到了法语和意大利语中冗余否定的例子：
French: Je ne veux parler avec personne.
I not want speak with no-one
Italian: Non voglio parlare con nessuno.
Not I-want speak with no-one
English translation: "I don't want to speak with anyone."

上了一层否定的色彩，而不是把否定局限在一个地方。如果说现代英语和德语中这种重复否定比以前少了的话，原因之一也许是，较完整否定词 not 和 nicht 取代了较小的 ne 和 en……句中如果只有一个否定词，那么在说话人和听话人谈话的整个过程中，都得牢牢记住它。这时需要的脑力劳动要比利用一切机会重复否定的概念，给句子蒙上一层否定的色彩所需要的脑力劳动多得多。（中译本第 481～483 页）也就是说，为了强调句子中的否定意义，为了让听话人充分理解说话人的否定意图；说话人不惜为那些语音上较弱的否定词语，在句子的相关成分上再另加一个否定成分。形象一点儿说，这种冗余性多重否定好像是给整个句子撑开了一把否定的大伞。

沈家煊（1999）继其余绪，发挥道：因为原来的句中含有否定的意思而又没有明确表达出来，说话人感到有必要强调否定的意思以避免误解，于是就加上事实上是赘余的否定词。像“避免、防止、后悔、拒绝”这样的词语都含有否定的意义又不是明确的否定词。（第 122 页）也就是说，为了强调句子中的否定意义，为了让听话人充分理解说话人的否定意图；说话人不惜为否定意义比较隐晦的词语，在句子的相关成分上再另加一个否定成分。

那么，这种另加的显性否定词语有没有限制条件呢？沈先生指出：当然，一般总是在否定不如意的事情时，这种强调否定才尤为必要；但是，上面的例（8g、8h）之类是例外。（第 122 页）可见，对于这种由语义溢出造成的冗余否定的条件，还需要做进一步的研究。

下面，我们根据意义和句法表现，把表示或者触发隐性否定的动词分为“防止”类、“避免”类、“差欠”类、“拒绝”类、“否认”类、“小心”类、“后悔”类、“责怪”类、“怀疑”类等类别，[①]分别讨论其隐性否定的语义层次和溢出条件；并且，利用这些概念来揭示动词“怀疑”有意义相反的两个义项（“不相信”vs.“相信、猜测”）的语义机制。

第三节　“防止、避免”类隐性否定动词

“防止”类常用动词有“防止、防备、防范、制止、禁止、妨碍、阻碍”等，“避免”类常用动词有“避免、以免、免得、难免、避讳、免费、免修、免征、免除、免

---

① Jespersen（1924：334）说英语的“deny、forbid、hinder、doubt”等是表示否定意义的动词，中译本第 484 页。Givón（1978：89）指出：从历时的角度看，语言中的否定标记大多源于否定性动词，最通常的是“refuse、deny、reject、avoid、fail、lack”等。更加详细的讨论，见 Givón（1973）。

检、免考、免试、免票、免签、免税、免罪”等。在它们的词汇意义中都含有某种否定性语义，这可以从词典释义中约略看出。例如：[①]

防止：预先设法制止（坏事发生）：～煤气泄漏中毒｜～发生交通事故。

防备：做好准备以应付攻击或避免受害：～敌人突然袭击｜带上药，～心脏病发作。

制止：强迫使停止；不允许继续（行动）：～侵略｜我做了一个手势，～他再说下去。

妨碍：阻碍；使事情不能顺利进行：大声说话～别人学习｜这个报亭～大家走路。

避免：设法不使某种情形发生；防止：～冲突｜看问题要客观全面，～主观片面。

难免：不容易避免：没有经验，就～要走弯路。

免修：允许不学习（某种课程）：～高等数学｜古代史研究生～第二外语。

免罪：不以犯罪论处：十八岁以下的人～释放。

抽象地看，“防止、制止、避免”等的意义可以概括为：“使某种事情不发生”。[②] 尽管这些词语中没有否定形式，但是其中的否定意义十分明显。从语义分析的角度看，这种否定性意义是直接作用于这类词语所包含的降级述谓结构（down-graded predication）之上的，[③]可以表示为否定算子对一个断言（assertion）的否定操作。[④] 比如，“使某种事情不发生”这种意义，可以

① 我们主要依据中国社会科学院语言研究所词典编辑室编《现代汉语词典》（第5版），商务印书馆，2009年。但是，对部分释义和举例，我们做出了调整和补充。下同。

② 严格地说，应该用双引号代表语言中的词语、句子等“对象语言”，用单引号代表词语、句子的所指、对它们的语义描写等“元语言”。但是，为了方便，我们在不致引起误解时就不做区分。下同。

③ Leech（1981：124、142、144～145）把句子中谓词（predicates）及其论元（arguments）构成的语义结构称为述谓结构（predications），并且把充当论元的述谓结构称为从属述谓结构（subordinate predications），把词语的语义结构中相当于一个语义特征的述谓结构称为降级或特征化的述谓结构（downgraded or featurized predications）。这样，名词 butcher 可以分析为“a man who sells meat”，名词 seat 可以分析为“a place on which to sit”。中译本第175、201、204～205页。可见，述谓结构相当于后来生成语法中的论元结构（argument structures）。

④ 断言指一个表达式（命题或语句）直接陈述的意义，可以通过否定来颠倒其真值：如果它原来是真的，那么其否定式便是假的；反之亦然。因此，可以用否定操作来测试一个表达式的某种意义是不是其断言。

表示为："不＋使某种事情发生"。可见，在这类词语的语义结构中，这种内部的否定意义是前景化突显的；并且，它对于来自隐性否定动词外部的否定是十分敏感的；表现为：如果对这种隐性否定动词进行否定，那么外部和内部两种否定意义正好互相抵消。于是，"不＋隐性否定动词"这种否定格式的意义，就是"使某种事情发生"等。比如，"不防止""不避免"的意思就是"放任某种事情发生"，"不免修"的意义是"不允许不学习"，即"要学习"，"不免罪"的意义是"以犯罪论处"。"难免"的意义相对复杂一些，可以概括为："不容易使某种事情不发生"。其中有双重的隐性否定意义，词语内部两个隐性否定的意义互相抵消；结果意义为"某种事情容易发生"，跟助动词"容易"的意义相同。因此，根据这种隐性否定对于动词的断言的真值意义的改变作用，我们可以断定：上述几种隐性否定动词中的隐性否定意义，是这些动词的语义结构中断言层面上的否定。

这些动词虽然都含有隐性的否定意义，但是这种否定意义并不都能溢出到表层的句法结构上。因为，隐性否定意义溢出以后有时要实现为显性的否定副词，而这种否定副词又必须黏附到受隐性否定动词支配的谓词性成分上去。这样，如果隐性否定动词后面没有可供其支配的谓词性成分，否定副词就没有黏附的宿主成分(host)了。因此，不及物动词(如："免罪、免票")、体宾动词(如："免修、免征")的隐性否定意义就无法溢出；谓宾动词在不带宾语或带体词宾语的情况下，其隐性否定意义也无法溢出。也就是说，动词包含的隐性否定意义溢出并且词汇实现的首要条件是动词后面带有谓词性宾语。

那么，上述隐性否定动词在带谓词性宾语的情况下，其隐性否定意义是不是一定可以溢出呢？答案是否定的。通过初步的考察，我们发现：隐性否定的语义溢出，是受到严格的句法、语义限制的。第一，动词的意义中必须包含对未然事件的明确否定。具体地说，在这种动词的语义表达"使某种事情不发生"中，"使……不发生"这种否定意义必须明确，并且施事使之不发生的"某种事情"(记作 E)必须是尚未发生的(即 E 有未然性体态)。例如：

(10)防止再次发生病虫害 ≈ 防止不再发生病虫害
(11)防备再次发生病虫害 ～ *防备不再发生病虫害
(12)制止他们欺侮外地人 ～ *制止他们不欺侮外地人
(13)妨碍他们推出新产品 ～ *妨碍他们不推出新产品

"防备"的意思着重在应付可能发生的事件 E，而不是使之不发生；"制止"的意思着重在使已经发生的事件E不再继续下去，“妨碍”的意思着重在使事件E不能顺利进行，都不是单纯和干脆地使之不发生。因此，其隐性否定意义不能溢出。第二，这种施事使之不发生的事件E必须具有明显的不如意性，即是人们通常不希望它发生的。① 例如：

(14)a. 防止再次发生病虫害 ≈ 防止不再发生病虫害
　　b. 防止他们在夜里睡觉 ≠ 防止他们在夜里不睡觉
(15)a. 怎样才能避免今后犯错误？≈ 怎样才能避免今后不犯错误？
　　b. 怎样才能避免权力太集中？≠ 怎样才能避免权力不集中？

“在夜里睡觉、权力集中”等事件没有明显的如意与否方面的评价色彩，于是听话人在语义理解时无法做出否定性的心理预期，使得支配它们的动词的隐性否定意义不能溢出。第三，整个句子的意义层次相对复杂，使得对那个不如意的未然事件的否定意义有再次强调的必要。例如：②

(16)a. 防止再次发生病虫害 ≈ 防止不再发生病虫害
　　b. 防止发生病虫害 ～ *防止不发生病虫害
(17)a. 怎样才能避免今后犯错误？≈ 怎样才能避免今后不犯错误？
　　b. 我们努力避免今后犯错误。～ ?我们努力避免今后不犯错误。
(18)a. 免得再次发生流血事件 ～ *免得不再发生流血事件
　　b. 免得再次发生此类事件 ～ *免得不再发生此类事件
(19)a. 以免再次发生流血事件 ≈ ?以免不再发生流血事件
　　b. 以免再次发生此类事件 ≈ ?以免不再发生此类事件
(20)a. 一个人难免会犯一些错误。≈ 一个人难免不犯一些错误。
　　b. 不说清楚难免会被人误解。≈ 不说清楚难免不被人误解。

在(16a)中，由于副词“再”(表示动作、状态的重复、继续)的语义干扰，“防止”中的隐性否定意义有必要溢出，以示对于否定性语义的强调；在(17a)中，由于疑问代词“怎么”(表示对方式的询问)的语义干扰，“避免”中的隐性否定意义有必要溢出，以示对于否定性语义的强调。而相应的(16b、17b)

---

① 强调对不如意的事情的否定，正是为了突出正面、积极的事情；其语用动因是人类普遍的乐观原则。

② 例(20)根据吕叔湘(2001)第408页改编。

是比较单纯的结构，"防止"和"避免"中的隐性否定语义不必要溢出；如果溢出实现为否定副词，有可能反过来跟动词中的隐性否定意义相互抵消，从而造成表达错误（语义矛盾）。在（18）中，由于"免得"的否定意义十分显豁，其中的隐性否定语义不必要溢出；如果溢出实现为否定副词，有可能反过来跟动词"免得"中的隐性否定意义相互抵消，从而造成表达错误（语义矛盾）。在（19）中，由于"以免"的否定意义不如"免得"显豁，其中的隐性否定语义似乎可以溢出。在（20）中，由于"难免"本身含有多重否定，其中的一个否定意义就有可能溢出，以便为整个句子的否定性定调子。

其实，要想严格地限定隐性否定的语义溢出的条件，是十分困难的。因为，人们对于隐性否定的语义溢出所造成的冗余性否定句的合格性的认识，往往很难达成一致意见。而这又要归咎于隐性否定的语义溢出，它本来就是说话人与听话人互相博弈的结果：在说话人方面，他因为担心听话人忽略动词中的隐性否定意义，所以想在隐性否定动词后面的谓词性宾语中加上一个否定词，来强调这种全局性的否定意义；但是，他又担心听话人不能体会到这个否定是前面动词中的隐性否定的冗余表达，担心听话人把它解读成一个实在的否定，从而造成语义矛盾（即跟他要表达的断言意义相反）。在听话人方面，他要猜测说话人的真实的表达意图是什么，说话人真正想表达的意思是肯定还是否定；从而断定这个谓词性宾语中的否定词表达的是一个真性的否定，还是一个冗余的否定。在句法形式线索不足的情况下，他就得求助于有关的语用原则。因此，事件 E 的如意与否等语言之外的信息就显得尤为重要。

第四节　"差欠"类隐性否定动词

"差欠"类常用动词有"差（～一个报告没交）、欠、少（～两个人）、亏（～他一百块钱）、缺少、缺乏、短缺、欠缺、残缺、不足、缺席、失败"等。[①] 在它们

① Jespersen（1924：329）说：有时一个不含任何否定前缀的单词，也可以看作含有否定的概念；如 lack（＝have not）、fail（＝not succeed）；但是，我们也可以说 succeed 是与 fail 对应的否定词。（中译本第 476 页）

我们认为，succeed 是有积极评价意义的无标记词，fail 是有消极评价意义的有标记词。由于乐观原则的影响，人类语言更普遍地用有积极评价意义的概念（或词语）来形成（或派生）有消极评价意义的概念（或词语），而不是相反；例如：un-happy ～ * un-sad，im-moral，dis-like，non-fluency。详见 Boucher & Osgood（1969）和 Osgood & Richards（1973）。因此，说 fail 是 succeed 的否定更为自然。

的词汇意义中都含有某种否定性语义，这也可以从词典释义中约略看出。例如：

差：缺少、欠：～两个人没有来｜我就～一个读书报告没有写。

欠：①借别人的财物等没有还，或应当给人的事物没有给：～着一笔钱没有还。②不够；缺乏：～考虑｜就～跪下来求他了。

缺少：缺乏(多指人或物数量不够)：～零件｜这个地区～雨水。

缺乏：(所需要的、想要的、或一般应有的事物)没有或不够：～经验｜～锻炼。

这些动词基本上表示：在理想上(或常规上)应该有的事物，在实际上没有或不够；其意义可以概括为："不＋有/够"。这种动词内部的隐性否定意义对于动词外部的否定也是十分敏感的，结果内外两种否定意义正好互相抵消。于是，"不差、不欠"的意思就是"够、有"等，"不缺少、不缺乏"的意义是"有、具备"等。因此，可以断定：上述隐性否定动词中的隐性否定意义，是这些动词的语义结构中断言层面上的否定。

上述隐性否定动词中，差不多只有单音节的"差、欠"可以带谓词性宾语。在"差、欠"带谓词性宾语的情况下，其隐性否定意义一般是可以溢出的。例如：

(21)我就<u>差</u>写一篇序了。≈ 我就<u>差</u>没写一篇序了。

(22)我就<u>欠</u>打他一顿了。≈ 我就<u>欠</u>没打他一顿了。

在"差、欠"带谓词性宾语时，意思一定是这个谓词性宾语所指谓的事件 E 没有实现；于是，说话人为了强调这种否定意义(不＋E-了)，就让隐性否定意义溢出到表层结构上(没有＋E)。也就是说，在"差/欠＋没有＋VP"式述宾结构中，断言层面上的隐性否定可以直接溢出，得到显性的句法实现。

值得注意的是，当"差、欠"带体词性宾语时，一般总是可以推演(entail)出某个处置宾语所指谓的事物的事件没有发生。[①] 并且，这种推论性意义

① 根据 Allwood et al.(1977)中译本等著作，我们把动词 entail 及其名词形式 entailing、entailment 翻译成"推演"。其定义为：如果"语句(或命题)p 为真，则语句(或命题)q 一定为真；语句(或命题)q 为假，则语句(或命题)p 一定为假"；那么"p 推演 q"。参考 Leech(1981：74)，中译本第 106 页。

(inference meaning)可以用“否定词+动词”的方式在表层结构上实现;从而造成“差/欠+NP+没有+VP”式连谓结构。例如:

(23)我就差一篇课文了。≈ 我就差一篇课文没有预习了。
(24)我还欠三万块钱呢。≈ 我还欠三万块钱没有还他呢。

可见,在连谓结构“差/欠+NP+没有+VP”中,“没有+VP”表达的是“差/欠+NP”的推论性意义;“没有”可以看作“差/欠”的隐性否定意义的间接性的显性实现。也就是说,“差/欠”的隐性否定是断言层面上的,但是这种隐性否定意义的溢出还可以借助于动词的推论意义来实现;表现为:动词的断言层面上的隐性否定实现为推论层面上的显性否定,否定性的推论语义得到显性的句法实现。

第五节 “拒绝、否认”类隐性否定动词

“拒绝”类常用动词有“拒绝、违抗、抗拒、抵制、抵御”等,“否认”类常用动词有“否认、抵赖、反对、抗议”等。在它们的词汇意义中都含有某种否定性语义,这也可以从词典释义中约略看出。例如:

拒绝:不接受(请求、意见或赠礼等):~诱惑 | ~贿赂 | ~执行中央命令。

抵制:阻止某些事物使不能侵入或发生作用:~不正之风 | ~执政党修改宪法。

否认:不承认:~侵略事实 | 他~曾经参加过传销活动。

抵赖:用谎言和狡辩否认(所犯的过失或罪行):他极力~年轻时当过土匪。

“拒绝、抵制”等表示对于对方的某种提议、行为的抵触性反应,其意义可以概括为“不+接受”。“否认、抵赖”等表示对于对方的某种“指控”的抵触性反应,其意义可以概括为:“不+承认做过某种事情”。[①] 这些动词的内部否

① “否认、抵赖”等是“叙实词”(factives),当它们带宾语时,预设(presuppose)宾语所表示的命题是一个事实。比如,从肯定式“他否认当过土匪”和否定式“他不否认当过土匪”都可以推演出“他当过土匪”。关于叙实词和叙实性,详见 Kiparsky & Kiparsky(1970)、Leech(1981:301~318)chap. 15:Factuality 和 Levinson(1983)。Horn(1978:148)说英语的 deny ≈ assert … not。

定意义对于动词外部的否定也是十分敏感的，结果内外两种否定意义正好互相抵消。于是，“不拒绝”的意思就是“接受”，“不否认”的意义是“承认”。因此，可以断定：上述几种隐性否定动词中的隐性否定意义，是这些动词的语义结构中断言层面上的否定。

那么，上述隐性否定动词在带谓词性宾语的情况下，其隐性否定意义是不是一定可以溢出呢？答案似乎是肯定的，但是其语义溢出的过程和细节却异乎寻常。例如：

(25)部分地区拒绝实施调控政策。≈ 部分地区拒绝不实施调控政策。

(26)个别单位抵制执行国家法令。≈ 个别单位抵制不执行国家法令。

(27)a. 约翰逊否认使用了违禁药品。≈ 约翰逊否认没有使用违禁药品。

b. 谁也不否认这些戏有教育意义吧？≈ 谁也不否认这些戏没有教育意义吧？

(28)a. 他们抵赖盗用过公司的名义。≈ 他们抵赖没有盗用过公司的名义。

b. 难道你还要抵赖你参与了闹事？≈ 难道你还要抵赖你没有参与闹事？

当“拒绝、抵制”等带谓词性宾语时，这个谓词性宾语往往表示对方要求本方（这些动词的主语所指谓的人）做的某种事情。在这种情况下，“拒绝、抵制”的断言性意义就是：“不接受别人的某种要求”，由此导出的推论性意义就是：“不做别人要求的某种事情”。可以表示为：“不＋接受某种要求”，从而“不＋做某种事情 E”。通俗和抄近路的说法就是：“拒绝就是不做”。显然，这种事情 E 具有未然性的体态特性。当说话人要强调推论意义中的这种意志性否定语义时，就让这种表示主观意志的隐性否定语义溢出，并且在表层的句法结构上用否定副词“不”来实现。同时，由于“拒绝、抵制”等动词所推演的事情 E 只能是有意不去实现的，因而在其宾语中加不加否定副词“不”都不会引起误解。“否认、抵赖”是言语行为动词，其断言意义“不＋承认做过某种事情 E”的推论意义就是：“说＋没有＋做过某种事情 E”。通俗和抄近路的说法就是：“否认就是说没有”。显然，这种事情 E 具有已然性的体态特性。当说话人要强调推论意义中的这种已然性否定语义时，就让这种表示已然的隐性否定意义溢出，并且在表层的句法结构上用否定副词“没有”来实现。同时，由于“否认、抵赖”等动词所推演的事情 E 只能是没有实现的，因而在其宾语中加不加否定副词“没有”都不会引起误解。

从某种意义上看，“拒绝、抵制”等是对言语行为“要求”的抵触性反应，“否认、抵赖”等是对言语行为“指控”的抵触性反应。因此，它们在隐性否定及其造成的否定性推论意义及其溢出方式上，都有一定的相似性。简而言之，这些动词的隐性否定意义是其断言层面上的，但是最终溢出的否定意义却是其推论层面上的；即断言层面上的隐性否定推演出推论层面上的隐性否定，推论层面上的隐性否定最终可以语义溢出，并且在表层结构上实现。

第六节 “小心”类隐性否定动词

“小心”类常用动词有“小心、当心、注意、留神、留心、留意、看”等，它们的词汇意义中间接地含有某种否定性语义，这也可以从词典释义中约略看出。例如：

> 留神：注意；小心（多指防备危险或错误）：车辆很多，过马路要～。
> 小心：注意；留神：～火烛｜路上很滑，不～就会摔跤。
> 注意：把意志放在某一方面：～安全｜你们要～卫生，不要生病。

“小心、当心、注意、留神、留心、留意”等表示人把思想、意志等精神集中到某种事物、行为、事件或某个方面，以防止危险、错误等不如意的事情发生。其意义可以概括为：“集中精神于某个方面”，以便“不＋发生不如意的事情”。其实，只有“集中精神于某个方面”才是“小心”类动词的断言意义；“不＋发生不如意的事情”则是“小心”类动词的推论性意义，是人们根据只有“集中精神于某个方面”才能“不＋发生不如意的事情”这种信念推导出来的。也就是说，在语言使用者的信念中，前件（implican）“集中精神于某个方面”和后件（implicatum）“不＋发生不如意的事情”之间是一种充分必要条件关系；表现为：前件真，后件一定真（如果集中精神于某个方面了，那么就不会发生不如意的事情）；前件假，后件一定假（如果不集中精神于某个方面，那么就会发生不如意的事情）。也就是说，“不＋发生不如意的事情”是“集中精神于某个方面”的规约性含义（conventional implication）。显然，这些动词的推论意义中的内部否定对于动词外部的否定也是十分敏感的，会随着断言意义的被否定而产生推论意义的被否定；结果，作用于推论意义的内外两种否定正好互相抵消。于是,“不小心”的意思就是:“不集中精神于某个方面”并且导致“发生不如意的事情”。因此,现实的语言中有这样正反相对的表达方式:“小心摔跤～不小心摔了一跤;留神磕着头～一不留神磕着了头”。简而言之,上述几种隐性否定动词中的隐性否定意义,是这些动词的语义结构中语用推论层面上的否定。语用推论实际上就是会话含义(conversational implicature),简称隐含。因此,也可以说“小心”类动词中的隐性否定是隐含层面上的。

“小心”类动词经常用于祈使句中,表示提醒;即说话人提醒听话人把精神集中于某个方面,以便不发生不如意的事情。当“小心”类动词带谓词性宾语时,就是提醒听话人把精神集中于可能发生的由谓词性宾语所表示的那个不如意的事件;其语用推论意义(即规约性的会话含义)就是:不要/别发生那个由谓词性宾语所表示的不如意事件。在这种情况下,语用推论意义中的隐性否定可以溢出来,实现为否定性助动词“别、不要”等。例如:

(29)你们一定要<u>小心</u>滑倒。≈ 你们一定要<u>小心</u>别滑倒。
(30)你们千万要<u>留神</u>摔跤。≈ 你们千万要<u>留神</u>别摔跤。
(31)你们就是要<u>注意</u>生病。≈ 你们就是要<u>注意</u>别生病。

由于“小心、留神、注意”等动词所提防的事情 E 只能是可控、非自主、[①]不如意的,因而在其宾语中加不加否定助动词“别、不要”等都不会引起误解。

第七节 “后悔、责怪”类隐性否定动词

“后悔”类常用动词有“后悔、懊悔、反悔、翻悔、悔恨、懊恼”等,“责怪”类常用动词有“怪、责怪、责备、批评、指责、指摘、斥责、叱责、怨、恨、可恨、怨恨、抱怨、埋怨、不满”等。它们的词汇意义中间接地含有某种否定性语义,这也可以从词典释义中约略看出。例如:

后悔:事后懊悔:买了这套旧房子,妈妈一直～｜他也～没有把大学念完。

懊悔:做错了事或说错了话,心里自恨不该这样:他拿了以后又～｜

① 关于可控、非自主,详见袁毓林(1993),第 26～28 页。

～告诉她实情。

责怪：责备；埋怨：他总是～别人｜爸爸～我哥哥为人处事太率性。

埋怨：因为事情不如意而对自己认为原因所在的人或事情表示不满：～别人不帮忙。

如果抛掉一些语义细节，抽象地看，那么，“后悔、懊悔”等“后悔”类动词表示：主语所指的人在做了某件事情以后，认为自己做错了、不该这样，所以心里怨恨自己。“怪、责怪、责备、批评、指责、埋怨”等“责怪”类动词表示：主语所指的人在别人做了某件事情或自己遇到不如意的事情以后，对别人及其所做的那件事情或对自己认为造成不如意的原因所在的人或事情，心里怨恨或公开表示不满，认为别人不该这样或事情不该如此。可见，在这些动词的意义中，都有对动词语义涉及的某种事情 E 的否定性评价意义；可以表示为：“不该＋发生某种事情 E”。这种否定性的主观评价意义是这些动词的词汇预设(lexical presupposition)，是造成这种动词的主语所指的人怨恨或责怪的前提条件。这种隐性否定意义可以用显性的词汇形式来实现，并在由这种动词构成的有关句子中跟动词共现；而且，即使对这些动词进行否定，这种否定性评价意义仍然可以保留。例如：

(32)我真后悔买了这件不该买的衣服。～我不后悔买了这件不该买的衣服。

(33)他也懊悔说了这句不该说的实话。～他也不懊悔说了这句不该说的实话。

(34)教练责怪我犯了个不该犯的错误。～教练没有责怪我犯了个不该犯的错误。

(35)刘刚埋怨我写了些不该写的杂文。～刘刚没有埋怨我写了些不该写的杂文。

可见，这种动词意义内部的否定性评价语义，对于动词外部的否定是不敏感的。从外部否定不影响这种否定性评价意义的保持这一点来看，这种否定性评价意义应该是这些动词的语义结构中预设层面上的隐性否定。[①]

① 逻辑学上对于预设的一般定义是：如果 p 推演 q，并且～p 也推演 q；那么 q 是 p 的预设。直观地说，预设 q 是使命题 p 为真的真值条件。详见 Allwood et al.(1977)，pp. 149～153，中译本第 175～178 页；Leech(1981：74)，中译本第 106 页；Levinson(1983)，pp. 167～225，Chap. 4：Presupposition。可见，“后悔、责怪”类动词也是叙实词，它们都预设其宾语所表示的命题为真。比如，从肯定式“他后悔当了组长”和否定式“他不后悔当了组长”都可以推演出“他当了组长”。

当“后悔、责怪”类动词带谓词性宾语时，这个谓词性宾语表示某种不如意和不该发生的事情 E。显然，这种事情 E 具有已然性的体态特性，因此这种谓词性宾语通常有表示实现意义的体态助词“了”。当说话人要强调动词预设意义所认定的“不该”这种主观性否定评价语义时，就让这种表示主观评价的隐性否定语义溢出，并且在表层的句法结构上用否定副词“不”加上助动词“该”来实现。例如：

(36)我真后悔买了这件衣服。～ 我真后悔不该买这件衣服。

(37)他也懊悔说了这句实话。～ 他也懊悔不该说这句实话。

(38)教练责怪我犯了这个错误。～ 教练责怪我不该犯这个错误。

(39)刘刚埋怨我写了那些杂文。～ 刘刚埋怨我不该写那些杂文。

因为助动词“该”要求其谓词宾语具有未然性的体态特性，所以表示不如意事件 E 的谓词性宾语中原来的“了”通常必须删除。

值得注意的是，在对“后悔、责怪”类动词进行否定的情况下，“不该”这种表示预设意义的成分，可以出现在这类动词的谓词性宾语（述宾结构）中的宾语的修饰语中，如例（32～35）所示；但是，一般不能直接出现在这类动词的谓词性宾语之前。例如：

(40)我不后悔买了这件衣服。～ *我不后悔不该买这件衣服。

(41)他不懊悔说了这句实话。～ *他不懊悔不该说这句实话。

(42)教练没有责怪我犯了这个错误。～ *教练没有责怪我不该犯这个错误。

(43)刘刚没有埋怨我写了那些杂文。～ *刘刚没有埋怨我不该写那些杂文。

原因在于肯定式的“后悔、责怪”类动词，跟其预设意义“不该”是一种自然和谐的配对；否定式的“后悔、责怪”类动词，跟“不该”这种预设意义不是一种自然和谐的配对。当“不该”这种预设意义溢出到表示述语（支配表示不如意事件 E 的谓词性宾语）这种较高的句法位置时，语义上的不协调就比较显著，可接受性就差；而居于表示不如意事件 E 的谓词性宾语中的宾语的修饰语这种较低、内嵌层次更深的句法位置时，语义上的不协调就不太显著，可接受性就高。

毛修敬（1985：63）指出，当“后悔、责怪”类动词跟“不该”一起出现时，后面的 VP 一般必须是肯定形式；如果 VP 是否定形式，“不该”就不能出现。我们认为这种限制条件是不存在的，否定式 VP 做“后悔、责怪”类动词的宾语时，“不该”可以出现。例如：

(44)a. 项羽后悔当初没杀了刘邦。～ b. 项羽后悔当初不该没杀了刘邦。

(45)a. 奶奶怪爸爸不给我零花钱。～ b. 奶奶怪爸爸不该不给我零花钱。

正是“后悔、责怪”类动词的词汇预设中否定性评价意义的独立性，阻止了听话人把这种否定性评价意义的冗余性实现形式“不该”跟后面 VP 中的否定词进行语义抵消；即听话人不会把(44b)中的“不该没杀了刘邦”理解为“应该杀了刘邦”，也不会把(45b)中的“不该不给我零花钱”理解为“应该给我零花钱”。

第八节“怀疑”类隐性否定动词

“怀疑”类常用动词有“怀疑、疑心(～他们做了手脚)、疑惑、质疑”等。在它们的词汇意义中都含有某种否定性语义，这也可以从词典释义中约略看出。例如：

怀疑：①疑惑；不很相信：他的话叫人～｜对于这个结论，谁也没有～。②猜测：我～他今天来不了｜大家～他是美国人。

“怀疑①”的意义可以概括为“[有点儿＋]不＋相信”，[1]其内部否定意义对于动词外部的否定也是十分敏感的，结果内外两种否定意义正好互相抵消。

---

① Horn(1978:147、166)说英语的 doubt ≈ believe … not；并且指出：由 doubt 间接表达的否定命题可以作为后来的“开闸放水”(sluicing)操作的基础形式，但是由 regret 预设的否定命题、其否定意义被词汇合并进非断言性谓词(nonassertive predicates, e. g. “deny”≈ assert … not)的否定命题却不行。例如：

(1) I {? doubt / * deny} that he's coming and I can guess why not. [not = he's not coming].

(2) Mary regrets that he isn't coming and I can guess why {? he isn't. / * not.}

于是,“不怀疑”的意思就是“[有点儿]相信”。因此,可以断定:“怀疑①”中的隐性否定意义是其语义结构中断言层面上的否定。

问题是,“怀疑①”的意义“[有点儿+]不+相信”基本上是“疑多于信”,而“怀疑②”的意义“猜测”或“[有点儿+]相信”基本上是“信多于疑”,两者的意义几乎相反。如果承认“怀疑①”是基本义,“怀疑②”是引申义;那么,“疑多于信”的“怀疑①”是怎么引申出“信多于疑”的“怀疑②”的呢?或者说,“信多于疑”的“怀疑②”是怎么从“疑多于信”的“怀疑①”上演变出来的呢?其中,语义朝相反方向引申的反训式演变(“不+相信”→“相信”)的句法、语义机制是什么呢?通过仔细的分析,我们发现:“怀疑①”中的隐性否定及其语义溢出,也许可以为我们解开上述谜团提供关键性的线索。

根据上文的研究,否定性动词中的隐性否定意义,只能溢出到该动词所支配的谓词性宾语中的有关谓词上;于是,当“怀疑①”带体词性宾语,或者它支配的谓词性成分出现在其前面(比它地位还高的句法位置)时,隐性否定不能溢出和发挥作用;在这种情况下,“怀疑①”的意思就是“[有点儿+]不+相信”。例如:

(46)a. 大家都<u>怀疑</u>王刚的法语水平。
b. 大家都<u>怀疑</u>王刚的法语水平很高这种传说。
c. 传说王刚的法语水平很高,但是大家都<u>怀疑</u>。
d. * 大家都<u>怀疑</u>王刚的法语水平很高。
e. 大家都<u>怀疑</u>王刚的法语水平不高。

(47)a. 大家都<u>怀疑</u>王刚的法国国籍。
b. 大家都<u>怀疑</u>王刚拥有法国国籍的传闻。
c. 王刚说自己拥有法国国籍,但是大家都<u>怀疑</u>。
d. * 大家都<u>怀疑</u>王刚拥有法国国籍。
e. 大家都<u>怀疑</u>王刚不拥有法国国籍。

(48)a. 大家都<u>怀疑</u>王刚的博士学位。
b. 大家都<u>怀疑</u>王刚获得了博士学位的消息。
c. 王刚在博客里说他获得了博士学位,但是大家都<u>怀疑</u>。
d. * 大家都<u>怀疑</u>王刚获得了博士学位。
e. 大家都<u>怀疑</u>王刚没有获得博士学位。

从(46~48)的 d 和 e 的对比可见,当“怀疑①”支配谓词性宾语时,其隐性否定意义一定要溢出来，并且在谓词性宾语中的有关谓词前显性地实现为“不、没有”等否定词。但是，从“不＋相信＋E”可以在语用上推演出“相信＋不＋E”。[①] 比如，如果有人说他“不＋相信＋王刚的法语水平很高”，那么我们可以知道说话人的意思是他“相信＋王刚的法语水平不高”。通俗地说，不太相信事物像人们所说的或像其表面所显示的那样好；导致反向猜测，相信事物实际上可能不太好。其具体的语义运作的动力学模型可以构拟如下：当“怀疑①”中的隐性否定意义溢出到其所支配谓词性宾语上时，这种溢出的隐性否定意义会反过来倒灌（flooding-back）到动词“怀疑①”上。为了吸收（absorb）这个倒灌回来的否定意义（记作“不”），“怀疑①”只得用其中的隐性否定意义跟它相对冲和抵消；结果，“不”＋“［有点儿＋］不＋相信”≈“［有点儿＋］相信”。这样，使得人们只能把这种分布环境中的“怀疑”的意义重新分析（reanalyse）和识解（construe）为：“［有点儿＋］相信”或“猜测”等等。于是，“怀疑①”在带谓词性宾语的条件下，从表示“［有点儿＋］不＋相信”意义，逐步引申出新的意义“［有点儿＋］相信”或“猜测”，即派生出了引申义“怀疑②”。这种假设正好可以解释“怀疑”的两种义项在分布上的互补性（complementary）：“怀疑①”只能带体词性宾语，不能带谓词性宾语；相反，“怀疑②”只能带谓词性宾语，不能带体词性宾语。

另外，一旦当“怀疑②”的义项确立以后，就除了可以带否定式的谓词宾语之外，还可以带肯定式的谓词宾语。例如：

(49)a. 大家都<u>怀疑</u>王刚的法语水平相当高。
　　b. 大家都<u>怀疑</u>王刚早已拥有了法国国籍。
　　c. 大家都<u>怀疑</u>王刚可能获得了博士学位。

当然，这些句子的真值条件跟（46～48）的 d 相反。并且，像（46～48）的 e 这种带否定式谓词宾语的句子，是“怀疑①”的意义向“怀疑②”过渡的桥梁。于是，在“怀疑②”的义项确立以后，为了避免宾语小句既可以是真性否定也可以是冗余否定的歧义，这种句子应该逐步退出语言运用。事实也正是这样，在我们调查的 500 个“怀疑”句中只有下面一例：

(50)民主党越抱怨布什在国家安全问题上做文章，选民们就会越<u>怀疑</u>民主党没有属于自己的严肃认真的反恐观点。（CCL 语料库）

---

① 关于否定的“上升”或“下降”的语义解释机制和限制条件，详见本章 § 9 结尾部分的讨论。

上文说，在跟(46～48)的 a-c 真值条件相同的情况下，必须使用(46～48)的 e 这种隐性否定意义溢出的格式，而(46～48)的 d 这种隐性否定意义不溢出的格式是不合格的。相反，在用“不”否定动词“怀疑”的格式中，这两种格式的合格性正好倒过来。[①] 例如：

(46′)a. 大家都不怀疑王刚的法语水平。
b. 大家都不怀疑王刚的法语水平很高这种传说。
c. 传说王刚的法语水平很高，但是大家都不怀疑。
d. 大家都不怀疑王刚的法语水平很高。
e. * 大家都不怀疑王刚的法语水平不高。

为什么在这种否定式中，“怀疑①”可以不溢出其隐性否定就直接支配谓词性宾语，而溢出了隐性否定的谓词性宾语反而是不合格的呢？原因在于：“怀疑①”的隐性否定意义已经跟动词外部的否定互相抵消了，再也没有否定意义可以溢出了。没有隐性否定的语义溢出，当然就没有隐性否定的语义倒灌，也没有“怀疑②”的义项浮现(emerge)和形成。这正好用来解释下面这个分布谜题：为什么“怀疑②”不能出现在这种否定式中？[②]

由此可见，“怀疑”的义项分化及其分布上的互补性，都跟“怀疑”中的隐性否定及其作用方式相关。[③] 当然，上面这种分布描写和讨论，是就当代的共时平面而言的。至于历史上是否有过一个(46～48)的 d 这种隐性否定意义不溢出也合格的阶段，还有待于调查有关的近代汉语材料。另外，关于(46～48)的 e 这种隐性否定意义溢出的格式出现的时代、“怀疑②”义项形成和确立的时代，这些问题也需要调查有关的近代汉语材料才能回答。

---

① 李兴亚(1987)没有注意到：“怀疑”在受否定时，只能是“不很相信”的意思(即“怀疑①”)，不能是“有点儿相信”或“猜测”的意思(即“怀疑②”)。

② 我们还发现，在“(没有＋人)＋(怀疑＋VP)”一类连谓结构中，因为否定词“没有”与“怀疑”中的隐性否定互相抵消，所以也没有隐性否定的语义溢出和倒灌现象；也就是说，其中的“怀疑”只能是“怀疑①”；“(没有＋人)＋(怀疑＋VP)”≈“(没有＋人)＋([不＋相信]＋VP)”≈“人人＋相信＋VP”。例如：“没有人怀疑叙述是话语建构”(《读书》2010 年第 6 期，第 28 页)≈“人人相信叙述是话语建构”。

③ 沈家煊(1999：230～231)用“动态交际值”(degree of communication dynamism)的概念和“线性增量”(linear modification)原则，从功能上解释了“怀疑”意义、分布和搭配对象的如意性问题，值得参考。

第九节　否定的“上升-下降”和“溢出-倒灌”

从语义上看，否定反映的是概念之间的矛盾或对立关系、[①]或者是命题之间在真值上的反对(inversive)关系。因此，否定对于语言表达式的语义理解的作用十分重大；有无否定词或隐性否定算子、否定词或隐性否定算子落在什么地方(结构位置)、否定的作用范围(辖域)和具体对象(焦点)是什么，会直接影响语句的意义表达。比如，下列德语句子：[②]

(51)a. Was glänzt, ist niemals gold. (熠熠闪光的都不是金子。)

b. Was glänzt, ist nicht immer gold. (熠熠闪光的不都是金子。)

c. Nicht alles was glänzt, ist gold. (并非熠熠闪光的都是金子。)

我们人脑能够在结构和有关词项的语义的引导下，识别否定的辖域(scope)和焦点(focus)；[③]并且，还能够识别否定词的在语句结构中的“上升”或“下降”等浮动轨迹。例如：[④]

(52)a. I don't think he has come. (我不认为他已经来了。)

b. I think he has not come. (我认为他还没有来呢。)

(53)a. It isn't likely that he will arrive until midnight. (他不可能会在半夜前到达。)

b. It's likely that he won't arrive until midnight. (他可能不会在半夜前到达。)

(54)a. <u>All</u> the perfumes of Arabia will not sweeten this little hand. (Shakespeare)(阿拉伯所有的香水都不可能使这只小手变白。)

b. Not <u>all</u> the water in the rough rude sea Can wash the blame from an anointed king. (Shakespeare)(即使是咆哮大海中全部的水也不能洗去一位恼怒的国王身上的香脂。)

---

① 详见 Jespersen(1924:322)，中译本第464页。

② 引自 Jespersen(1924:327)，中译本第472页。

③ 详见袁毓林(2000)及其所引文献。

④ 例(51)引自 Jespersen(1917:53)，例(52)引自 Horn(1978:144)；例(53)～(55)及其说明，均参考 Jespersen(1924:327)，中译本第472页。

(55)a. All that glisters is not gold. (Shakespeare)[①](熠熠闪光的不都是金子。)

b. Not all that glisters is gold. (并非熠熠闪光的都是金子。)

(56)a. All things are lawfull vnto mee, but all things are not expedient. (Bible)(一切事物对我来说都是合法的,但并非一切事物都是出于私利的。)

b. All is not lost. (并非一切都失去了。)

c. But all man are not born to reign. (Byron)(并不是每个人生来就是统治别人的。)

d. For each man kills the thing he love, Yet each man does not die. (Wilde)(并不是每个杀死他所喜爱的东西的人都要为之死去。)

(52~53)中 a、b 两个句子的否定词的辖域不同,句子的意思和语气也随之变化;但是,a 这种高层小句否定形式(high-clause negatives),可以有 b 这种低层小句否定形式(lower-clause negatives)一样的解读。[②] (54b)的结构本来应该跟(54a)一样(否定算子 not 在全称量词 all 的辖域之中),只是为了表示强调(=not even),让否定词上升到句首(否定算子 not 在结构形式上处于全称量词 all 的辖域之外),结果否定的大伞笼罩全句;(55a)的结构本来应该跟(55b)一样(全称量词 all 在否定算子 not 的辖域之中),但是为了让句子的主语居先和否定词紧靠动词,就让否定词下降到系动词之后(否定算子 not 在结构形式上处于全称量词 all 的辖域之中);[③](56)中都是否定词下降的例子。这种否定词像乒乓球跳动一样上升和下降的句子,都不能简单地直接按照其表层的句法结构,来解读否定算子与相关全称量词的辖域关系,从而获得其正确的语义解释。既然人脑具有识别否定词在原位(si tu)还是出位(dislocation)的能力,那么进一步具有识别隐性否定的语义"溢出"和"倒灌"的能力似乎也顺理成章。只是我们对于这方面的具体的运作机制,了解得还不够具体和深入。

---

① 见莎士比亚《威尼斯商人》第二幕第七场。

② 对于这种现象的各种解释方案,详见 Horn(1978)。

③ 如果简单地按照表层结构,把(55a)解读成全称量化短语"All that glisters"占广域、否定词"not"占窄域;那么这句话的意思就是:"所有闪光的东西都不是金子"。这是假的,它否定了闪光的东西可以有金子的属性。显然,这也不是莎士比亚的原意。如果把否定词"not"解读成占广域,从而统辖全句,那么这句话的意思就是:"并非所有闪光的东西都是金子"。这是真的,它否定了所有闪光的东西都有金子的属性;显然,这也正是莎士比亚的原意。参见 Quine(1960) § 29 的讨论,中译本第 153 页。

下面，我们简单地讨论否定的“上升”或“下降”的语义解释机制和限制条件。首先，从逻辑上说，只有“相信＋不＋E”（我相信他不笨），可以推演出“不＋相信＋E”（我不相信他笨）。因为“相信他不笨”跟“相信他笨”是矛盾的，所以“相信他不笨”一定属于“不＋相信他笨”；于是，“相信他不笨”为真的话，“不＋相信他笨”一定为真。相反，从“不＋相信＋E”（我不相信他笨），不能推演出“相信＋不＋E”（我相信他不笨）。因为“不＋相信他笨”可以有“相信他不笨”“相信他庸常（不笨也不聪明）”等“相信他笨”之外的多种可能性；于是，“不＋相信他笨”为真的话，“相信他不笨”不一定为真。但是，人们实际上把“不＋相信＋E”（我不相信他笨）当作跟“相信＋不＋E”（我相信他不笨）同义的委婉表达（litotes [rhetoric understatement]）。①

那么，为什么“相信”类谓词会近乎透明地允许“不”类否定算子自由地穿越和通过呢？即在其上层句子和其下层的宾语小句中自由移动呢？因为“相信”表示的是一种在语义强度上适中的概率情态（比“可能”类弱项强，但比“肯定、知道”类强项弱，因此是中项），对肯定等级上一个强项（如“肯定”）的否定得到一个否定等级上的一个弱项（如“不肯定”），对肯定等级上一个弱项（如“可能”）的否定得到一个否定等级上的一个强项（如“不可能”），对肯定等级上一个中项（如“相信”）的否定得到一个否定等级上的一个中项（如“不相信”）。强项谓词与弱项谓词及/或其否定式可能推演出其宾语小句或其否定式（比如：（不）知道他笨→他笨，肯定他死了→他死了，不可能下雨→不下雨），这使得“不＋知道＋E”与“知道＋不＋E”一类表达式的语义差别很大。中项谓词及其否定式不能推演出其宾语小句及其否定式[比如：（不）相信他笨↛他（不）笨]，这使得“不＋相信＋E”与“相信＋不＋E”的语义差别很小。因为，“相信＋不＋E”与“相信＋E”是矛盾的；根据排中律，“相信＋不＋E”了就不能“相信＋E”。（要排除和否定“相信＋E”，即“不＋‘相信＋E’”）②

这种信念的否定表达的意义等同问题，曾经引起分析哲学家的强烈兴趣。比如，Hintikka（1962：15）注意到，短语“a does not believe that p”常

① 参见 Jespersen（1917：52～53），Horn（1978：210～214），以及本章的第一个附注。

② 详见 Horn（1978），pp. 179、193～208，沈家煊（1999），第 137～140 页。

常用作等同于"a believe that -p"。Deutscher(1965:55)为这样的事实而遗憾:"I do not believe that p"不幸地有两种意义:(1)*disbelief* [B_a-p],(2) *not belief* [-B_ap]。Quine(1960:145～146)注意到,"x does not believe that p"等同于"x believe that not-p",而不是"It is not the case that x believes that p";并且,他认为这是偶然的习语性含义,可以忽略不计。[①]

① 详见 Horn(1978),pp.129～130。

第九章　隐性否定动词的叙实性和极项允准功能

第一节　引言

动词的叙实性(factivity)涉及动词对其宾语所指谓的命题的真值的语义规定，是一个极具挑战性的语义学难题。否定词语或否定表达对于否定极项的允准涉及深层次的语义约束关系，也是一个极具挑战性的语义学难题。现在，我们要讨论隐性否定动词的叙实性及其极项允准功能；这无异于是要把上述两个难题掺和起来，来进行一次知识和智力上的冒险。

本章主要讨论隐性否定动词在语义推演和句法共现限制方面的有关特点。首先揭示这种动词的词义结构中所包含的隐性否定及其语义层次(断言、推论、预设)；接着考察这些动词在叙实性方面的差别，发现："后悔、责怪、抵赖"和表示言语行为的"抵赖、否认"是叙实词，可以推演出其宾语所表示的命题是真的；"否认"类动词是半叙实词，从其否定式可以推演出其宾语所表示的命题是真的；"防止、避免、差、欠、拒绝、小心"类动词和表示言语引用的"抵赖、否认"是逆叙实词，可以推演出其宾语所表示的命题是假的；"怀疑"是非叙实词，不能演出其宾语所表示的命题的真值。然后考察这些动词跟否定极项副词和代词的共现限制，发现包含断言平面上的否定意义的动词可以允准极项副词，其中"避免、拒绝、抵制"可以允准"从来、根本、压根儿"，"防止"只能允准"从来"，"否认、怀疑"只能允准"根本、压根儿"，其他动词不行；包含断言或推论平面上的否定意义的动词可以允准非疑问用法的疑问代词，其他动词不行。最后简介隐性否定动词允准否定极项的跨语言比较。

第二节 动词内隐性否定的句法语义效应

上一章指出"防止、避免、差、欠、拒绝、抵制、否认、抵赖、小心、注意、后悔、责怪、怀疑"等动词包含隐性否定意义，可以把它们的意义揭示如下：

防止、避免：使某种事情不发生，表示为："不＋使某种事情发生"。

差、欠：应该有的事物，实际上没有或不够；表示为："不＋有/够"。

拒绝、抵制：对于某种提议、行为的抵触性反应，表示为："不＋接受"。

否认、抵赖：对于某种指控的抵触性反应，表示为："不＋承认"。

小心、注意：把思想、意志等集中到某个方面，以防止危险、错误等发生；表示为："'集中精神于某个方面'，以便'不＋发生不如意的事情'"。

后悔、懊悔：做了某件事情以后，认为自己做错了、不该这样，所以心里怨恨自己；表示为："'认为：'自己做错了，不＋该如此'，并且'心生怨恨'"。

责怪、埋怨：在别人做了某件事情或自己遇到不如意的事情以后，对别人及其所做的事情或对自己认为造成不如意的原因所在的人或事情，心里怨恨或公开表示不满，认为别人不该这样或事情不该如此；表示为："'认为：别人做错了，不＋该如此'，并且'心生怨恨'或者'公开表示不满'"。

怀疑：疑惑，不很相信；表示为："[有点儿＋]不＋相信"。

因为这种动词都包含着某种隐性否定意义，所以我们称之为"隐性否定动词"。其实，在国外文献上，这种动词被称为"内在性否定谓词"(inherently negative predicates)，或者"逆反性谓词"(adversative predicates)。[1]

从上面的词义分析可以看出，这些动词中所包含的否定意义的性质不完全相同，它们分别处于不同的分析平面。其中，"防止、避免、差、欠、拒绝、抵制、否认、抵赖、怀疑"等动词所包含的隐性否定意义处于断言(assertion)平面，[2]这种内部否定意义对于动词外部的否定十分敏感，内外两种否定意

---

① 见 Kato & Kato(1997)，p. 2、6。

② 断言指一个表达式(命题或语句)直接陈述的意义，可以通过否定来颠倒其真值：如果它原来是真的，那么其否定式便是假的；反之亦然。因此，可以用否定操作来测试一个表达式的某种意义是不是其断言。

义可以互相抵消。比如：

不 ＋ 防止[不＋使某种事情发生] ≈ 放任某种事情发生
不 ＋ 差[不＋有/够] ≈ 有/够
不 ＋ 拒绝[不＋接受] ≈ 接受
不 ＋ 否认[不＋承认] ≈ 承认
不 ＋ 怀疑[[有点儿]不＋相信] ≈ [有点儿]相信

“小心、注意”等动词所包含的隐性否定意义处于语用推论（pragmatic inference）平面，①因为“不＋发生不如意的事情”是“集中精神于某个方面”的规约性含义。这种内部否定对于动词外部的否定也是十分敏感的，会随着断言意义的被否定而造成推论意义的被否定；结果，作用于推论意义的内外两种否定也可以互相抵消。比如：

不 ＋ 小心[“集中精神于某个方面”，以便“不＋发生不如意的事情”] ≈“不集中精神于某个方面”并且导致“发生不如意的事情”

“后悔、责怪”等动词所包含的隐性否定意义处于预设（presupposition）平面，因为“不该如此”这种否定性的主观评价意义是这些动词的词汇预设，是造成这种动词的主语所指的人怨恨或责怪的前提条件。这种动词意义内部的否定性评价语义，对于动词外部的否定是不敏感的；即使对这些动词进行否定，这种否定性评价意义仍然可以保留。② 比如：

张三＋后悔＋做了某件不应该做的事情。→ 张三做了某件不应该做的事情。

张三＋不＋后悔＋做了某件不应该做的事情。→ 张三做了某件

---

① “推论”也就是“推演”（entailment，也译作“衍推”）。其定义为：如果“语句（或命题）p 为真，则语句（或命题）q 一定为真；语句（或命题）q 为假，则语句（或命题）p 一定为假”；那么“p 推演 q”。参考 Leech（1981:74），中译本第 106 页。语用推论就是语用推演，可以定义为：根据语用常规，如果“语句（或命题）p 为真，则语句（或命题）q 通常为真；语句（或命题）q 为假，则语句（或命题）p 通常为假”；那么“p 语用推演 q”。

② 逻辑学上对于预设的一般定义是：如果 p 推演 q，并且 ¬p 也推演 q；那么 q 是 p 的预设。直观地说，预设 q 是使命题 p 为真的真值条件。详见 Allwood et al.（1977），pp. 149～153，中译本第 175～178 页；Leech（1981:74），中译本第 106 页；详见 Levinson（1983）Chap. 4: Presupposition, pp. 167～225。

不应该做的事情。

从外部否定不影响这种否定性评价意义的保持这一点来看，这种否定性评价意义应该是这些动词的语义结构中预设层面上的隐性否定。

既然这些动词都包含隐性否定意义，并且这些否定意义还处于不同的语义层面；那么，它们应该在语义推导关系或句法的共现限制方面具有某种显性的效应。为了测试隐性否定意义的句法语义效应，下文将考察这些动词的叙实性和它们允准有关否定极项的能力。

第三节 隐性否定动词的叙实性差别

经过初步的考察，我们发现：这些隐性否定动词在叙实性(factuality)方面是很不相同的。[①] 为了方便，我们根据 Kiparsky & Kiparsky(1970：143～173)、Leech(1981：427～452)、Levinson(1983：25～26、179～181、188～190、193)和沈家煊(1999：138～140)等，把肯定式和否定式都预设(presuppose)宾语所表示的命题是一个事实的动词称为叙实词(factives)，把只有肯定式或否定式预设宾语所表示的命题是一个事实的动词称为半叙实词(semi-factives)，把肯定式预设宾语所表示的命题不是一个事实的动词称为逆叙实词(counterfactives)，把肯定式和/或否定式都不预设宾语所表示的命题是(或不是)一个事实的动词称为非叙实词(non-factives)。下面以此为参照标尺，来考察隐性否定动词的叙实性。

按照上述标准，"后悔、责怪、抵赖、否认"类隐性否定动词是叙实词，因为从它们的肯定式和否定式都能推演出其宾语所表示的命题是真的。例如：[②]

(1)a. 小明后悔参加了棒球队。→ a′. 小明参加了棒球队。
　　b. 小明不后悔参加了棒球队。→ b′. 小明参加了棒球队。
(2)a. 小刚责怪我给他增加了负担。→ a′. 我给他增加了负担。
　　b. 小刚没有责怪我给他增加了负担。→ b′. 我给他增加了负担。
(3)a. 敌军抵赖他们提出的停战要求。→ a′. 敌军提出过停战要求。

---

① 叙实性指谓词及其否定式能否推演其宾语所表示的命题是真或是假的能力。
② 下列例句，大多是我们从 CCL 语料库中检索出来的真实文本例子上改编来的。下同。

b. 敌军没有抵赖他们提出的停战要求。→ b′. 敌军提出过停战要求。

(4)a. 总经理否认侵吞了公司资金。→ a′. ? 总经理侵吞了公司资金。

b. 总经理不否认侵吞了公司资金。→ b′. 总经理侵吞了公司资金。

可见，“后悔、责怪、抵赖”类动词的宾语所表示的命题，正好是整个母句（不管是肯定式还是否定式）的预设。因为它们符合逻辑学上对于预设的一般定义：如果 p 推演 q，并且 ¬p 也推演 q；那么 q 是 p 的预设。“否认”的情况稍微复杂一些，从否定式可以明确地推演出宾语小句的意思；但是，肯定式不一定能够明确地推演出宾语小句的意思。从这一点来看，“否认”像半叙实词。不过，从语用预设的角度看，这种肯定式往往是以其宾语小句为前提的。比如，说话人说（4a）时，多半是认定（4a′）是一个事实，即说话人认为总经理的确侵吞了公司资金。因此，可以说“后悔、责怪、抵赖”类动词是强叙实词，而“否认”类动词是弱叙实词或半叙实词。

“防止、避免、差、欠、拒绝、小心”类隐性否定动词近似于逆叙实词，因为可以从由它们构成的母句上推演出其宾语所表示的命题是假的。例如：（T[rue]表示真，F[alse]表示假）

(5)a. 战士们防止敌人半夜来偷袭。(T)→ b. 敌人半夜来偷袭。(F)

(6)a. 警察避免跟示威者发生冲突。(T)→ b. 警察跟示威者发生冲突。(F)

(7)a. 今天的工作还差写一份总结。(T)→ b. 今天的工作写一份总结。(F)

(8)a. 刘老板还欠请大家吃一顿饭。(T)→ b. 刘老板请大家吃一顿饭。(F)

(9)a. 塞族议会拒绝接受这个方案。(T)→ b. 塞族议会接受这个方案。(F)

(10)a. 时刻小心广告牌掉下来砸着人。(T)→ b. 广告牌掉下来砸着人。(F)

如果上面 a 句所说的情况是真的，那么 b 句所说的情况一定不是真的（通常是可能发生或将要发生，但是尚未发生的事件）。

值得注意的是，“抵赖、否认”都有表示言语行为和表示言语引用两种用法：前者是对一种言语行为的描述，即不承认某事是事实，如例(3)(4)所示；可以推演出其宾语所表示的命题是真的，所以是叙实词；后者则是引出由这种言语行为所形成的话语，即声称某事不是事实；其后可以有“说、道、称”等言说动词帮衬，引出直接引语或间接引语。例如：

(11)a. 英方抵赖：“英中双方没有达成任何协议。”
b. 他抵赖说：“我们厂一直坚持质量。”
c. 杜善人抵赖道：“我们确实没有私藏武器。”
d. 他还在那儿抵赖说他们没有走私电器。
e. 他还在那儿抵赖他们没有走私过电器。
f. 他还在那儿抵赖他们走私过电器(之事)。

(12)a. 朱延年摇头否认：“我当时不在办公室里。”
b. 陶伶娣否认说：“我不知道周家买了汽车。”
c. 张楠否认称：“我们两个根本没有见过面。”
d. 宫泽的妈妈否认说，她没有听说过这件事情。
e. 宫泽的妈妈否认她没有听说过这件事情。
f. 宫泽的妈妈否认她听说过这件事情。

显然，可以从(11～12)a～e的主句推演出其宾语(直接引语或间接引语)所表示的命题是假的；因此，这种用法的“抵赖、否认”是逆叙实词。一般地说，逆叙实词用法的“抵赖、否认”没有否定形式。当(11～12)d这种间接引语格式省去帮衬性的“说、道、称”等言说动词时，就形成(11～12)e这种“抵赖、否认”直接带间接引语的格式。这种格式也可以看作(11～12)f这种表示言语行为的“抵赖、否认”句派生出来的。派生的语法路径是：“抵赖、否认”把隐性否定溢出到其宾语小句中，并且得到显性的词汇实现。这也就是说，“抵赖、否认”表示言语引用的功能是从其表示言语行为的功能上引申出来的：当“抵赖、否认”中的否定意义溢出以后，其本身倒是退化为近于“说、道、称”等言说动词，“不[承认]”这种否定意义，就全部仰仗其直接引语或间接引语中的否定词语“不、没有”来表达了。

“怀疑”不管是表示“有点儿不相信”(记作“怀疑①”)，还是表示“猜测”或“有点儿相信”(记作“怀疑②”)，从由它们构成的母句都不能推演出其宾语所表示的命题的真值(是真的还是假的)。例如：

(13)a. 科学家(从不)怀疑黄曲霉素是人类有关疾病的病因。
　　↛b. 黄曲霉素(不)是人类有关疾病的病因。
(14)a. 美国当局曾(从不)怀疑飞碟是其他国家的秘密武器。
　　↛b. 飞碟(不)是其他国家的秘密武器。
(15)a. 球迷们(决不)怀疑那个美国主裁判执法的公正性。
　　↛b. 那个美国主裁判执法是(不)公正的。
(16)a. 观察家(并不)怀疑共和党在中期选举中的优势。
　　↛b. 共和党在中期选举中(不)具有优势。

因此,作为信念动词(believe verbs)的"怀疑"是非叙实词,不能推演其宾语的真值。

简而言之,"后悔、责怪、抵赖"类动词是强叙实词,而"否认"类动词是弱叙实词或半叙实词;"防止、避免、差、欠、拒绝、小心"类动词近似于逆叙实词,"怀疑"是非叙实词;表示言语行为的"抵赖、否认"是叙实词,而表示言语引用的"抵赖、否认"是逆叙实词。这些动词在叙实性上的差别,反映了它们不同的语义推演能力,从而为人们的语义理解提供了方便;人们可以根据其叙实性的差别,来快捷地了解其宾语所表示的命题的真值。①

第四节　隐性否定动词能否允准副词性否定极项?

袁毓林(2007)证明时间副词"从来"和非疑问用法的疑问代词对否定语境有相当的依赖性,它们属于否定极项(negative polarity items);范围副词"都"具有隐性否定的语义功能,可以允准否定极项"从来"。现在,我们来考察上文讨论的隐性否定动词能不能允准这些否定极项。最后,介绍英语、西班牙语和日语中相关的情况。

9.4.1　隐性否定动词跟副词"从来"和"一向"的共现限制

"从来"和"一向"都表示从过去到现在一直如此,前者主要用于否定性语境,后者则没有这种限制。下面,我们先考察隐性否定动词跟这两个副词的共现情况。例如:

(17)a. 中国古代从来/一向防止人口流动。

① 详见本书第七、八、十、十一章的讨论。

b. * 中国古代从来/一向不/没有防止人口流动。

(18)a. * 中央政府从来/一向制止地方部门滥用权力。

b. ? 中央政府从来/一向不/没有制止地方部门滥用权力。

(19)a. 那些学者从来/一向避免引用后现代主义理论。

b. * 那些学者从来/一向不/没有避免引用后现代主义理论。

(20)a. * 他们从来/一向就差哭鼻子了。

b. * 他们从来/一向就不/没有差哭鼻子了。

(21)a. * 他很忙，对于文件从来/一向欠读一章一段。

b. 他虽然很忙，但是对于文件从来不/没有欠读一章一段。

c. * 他虽然很忙，但是对于文件一向不/没有欠读一章一段。

(22)a. 他从来/一向(不)拒绝记者上门采访。

b. 他从来没有拒绝过记者的上门采访。

c. * 他一向没有拒绝过记者的上门采访。

(23)a. 老爷子从来/一向(不)抵制使用洋货。

b. 老爷子从来没有抵制过使用洋货。

c. * 老爷子一向没有抵制过使用洋货。

(24)a. ? 他从来否认自己进军情五处之前当过间谍。

b. 他一向否认自己进军情五处之前当过间谍。

c. 他从来不/没有否认自己进军情五处之前当过间谍。

d. * 他一向不/没有否认自己进军情五处之前当过间谍。

(25)a. * 老太太从来小心邻居家那条恶狗。

b. ? 老太太一向小心邻居家那条恶狗。

(26)a. * 老爷子从来注意门前那条臭水沟。

b. ? 老爷子一向注意门前那条臭水沟。

c. 老爷子从来不注意门前那条臭水沟。

d. 老爷子一向不注意门前那条臭水沟。

(27)a. ?? 我老爸驾车从来/一向留神，也不接手机。

b. 我老爸驾车从来/一向不留神，也不系安全带。

(28)a. * 他从来/一向后悔年轻时抛下父母，远走他乡。

b. 他从来不/没有后悔年轻时抛下父母，远走他乡。

c. * 他一向不/没有后悔年轻时抛下父母，远走他乡。

(29)a. * 他们从来/一向责怪我匆忙地做出了离婚的决定。

b. 他们从来/一向不/没有责怪我匆忙地做出了离婚的决定。

(30)a. ? 同事们从来怀疑他的艰苦创业故事是记者编造的。

b. 同事们一向怀疑他的艰苦创业故事是记者编造的。

c. 同事们从来不/没有怀疑他的艰苦创业故事是记者编造的。

d. ?同事们一向不/没有怀疑他的艰苦创业故事是记者编造的。

从上面的例子可以看出：(i)在肯定式中，"防止、避免、拒绝、抵制"可以跟"一向、从来"共现；(ii)在肯定式中，"制止、差、欠、小心、注意、留神、后悔"一般不能跟"一向、从来"共现；①"否认、怀疑"可以跟"一向"共现，但是一般不能跟"从来"共现；(iii)在由"不、没有"构成的否定式中，"欠、否认、后悔、责怪、怀疑"可以跟"从来"共现，但是不能跟"一向"共现；(iv)在由"不"构成的否定式中，"防止、避免、拒绝、抵制"可以跟"一向、从来"共现；在由"没有"构成的否定式中，"拒绝、抵制"可以跟"从来"共现，但是不能跟"一向"共现。

根据上述共现限制，可以得出结论：(i)"制止、差、欠、小心、注意、留神、后悔"既不能跟"从来"共现，也不能跟"一向"共现，所以谈不上能不能允准否定极项"从来"；(ii)"否认、怀疑"可以跟"一向"共现，但是一般不能跟"从来"共现，所以可以说它们不能允准否定极项"从来"；(iii)"防止、避免、拒绝、抵制"能够跟"一向、从来"共现，可以说他们具有允准否定极项"从来"的能力。

9.4.2　隐性否定动词跟副词"根本"和"压根儿"的共现限制

副词"根本"表示从头到尾、始终、完全的意义，"压根儿"表示根本、从来的意义；它们都是多用于否定句，②应该是否定极项。下面，我们来考察它们跟隐性否定动词的共现情况。例如：

(31)a. *他们根本/压根儿防止人口流动。

b. ?他们根本/压根儿不/没有防止人口流动。

c. 他们根本/压根儿不能/无法防止人口流动。

d. 他们从根本上防止人口流动。

(32)a. *边防机构根本/压根儿制止偷渡活动。

b. ?边防机构根本/压根儿不/没有制止偷渡活动。

---

① 在这里，我们限于考察"小心、注意、留神"表示"警惕、警觉、预防"意义时的共现限制，不考虑它们表示"着意、关注、重视、提防"等意义时的情况。

② 参考吕叔湘(2001)，第228页；中国社会科学院语言研究所词典编辑室编《现代汉语词典》(第5版)，第464页，商务印书馆，2009年。

c. 边防机构根本/压根儿不能/无法制止偷渡活动。

d. 边防机构已经从根本上制止了偷渡活动。

(33)a. 那些作家根本/压根儿避免描写性生活。

b. 那些作家根本/压根儿不/没有避免描写性生活。

(34)a. * 他们根本/压根儿还差哭鼻子。

b. * 他们根本/压根儿不/没有差哭鼻子。

(35)a. * 他很忙,对于文件根本/压根儿欠读一章一段。

b. ? 他虽然很忙,但是对于文件根本/压根儿不/没有欠读一章一段。

(36)a. 巴黎和会根本/压根儿拒绝讨论中国的提案。

b. 他们根本/压根儿不/没有拒绝在笔录上签字。

(37)a. 不少议员根本/压根儿抵制用土地换和平。

b. 少数议员根本/压根儿不/没有抵制用土地换和平。

(38)a. 章伯钧根本/压根儿否认存在什么"章罗联盟"。

b. 萨科尼根本/压根儿不/没有否认他仍跟毒品贩子保持着联系。

(39)a. * 老太太根本/压根儿小心邻居家那条恶狗。

b. ? 老太太根本/压根儿不/没有小心邻居家那条恶狗。

(40)a. * 老爷子根本/压根儿注意门前那条臭水沟。

b. 老爷子根本/压根儿不/没有注意门前那条臭水沟。

(41)a. * 我老爸驾车根本/压根儿留神,也不接手机。

b. 我老爸驾车根本/压根儿不/没有留神,也不/没有系安全带。

(42)a. * 他根本/压根儿后悔年轻时抛下父母,远走他乡。

b. 他根本/压根儿不/没有后悔年轻时抛下父母,远走他乡。

(43)a. * 他们根本/压根儿责怪我匆忙地做出了离婚的决定。

b. 他们根本/压根儿不/没有责怪我匆忙地做出了离婚的决定。

(44)a. 有的学者根本/压根儿怀疑家庭存在的必要性。

b. 大多数人根本/压根儿不怀疑家庭存在的必要性。

c. 大多数人根本/压根儿没有怀疑过家庭存在的必要性。

d. 有的学者从根本上怀疑家庭存在的必要性。

从上面的例子可以看出:(i)"避免、拒绝、抵制、否认、怀疑",可以在肯定式和否定式中跟"根本、压根儿"共现;(ii)"防止、制止、小心、注意、留神、后悔、责怪"在肯定式中不能跟"根本、压根儿"共现,在否定式中可以;"差、欠"则无论在肯定式还是否定式中,都不能跟"根本、压根儿"共现。

由此看来，只有“避免、拒绝、抵制、否认、怀疑”具有允准否定极项“根本、压根儿”的能力，“防止、制止、小心、注意、留神、后悔、责怪”没有这种能力。联系上一节的结论，可以得出综合性的结论：(i)“避免、拒绝、抵制”既可以允准“从来”，又可以允准“根本、压根儿”，它们具有较强的允准否定极项副词的能力；(ii)“防止”只能允准“从来”，不能允准“根本、压根儿”，“否认、怀疑”只能允准“根本、压根儿”，一般不能允准“从来”，它们具有较弱的允准否定极项副词的能力；(iii)能够允准否定极项副词的隐性否定动词，其否定意义必须是断言平面上的，不能是推论或预设平面上的。

总的说来，隐性否定动词有一定的允准否定极项副词“从来”和“根本、压根儿”的能力；但是不太强，通常需要显性否定的帮助。个中原因，一方面跟它们的否定意义较弱、较隐蔽有关，另一方面跟它们的体态意义(tense and aspect)和情状类型(situation type)有关。这里暂不细究。

第五节　隐性否定动词能否允准代词性否定极项？

下面，我们再考察隐性否定动词跟非疑问用法的疑问代词的共现情况。例如：

(45)a. 防止出现什么意外情况 ～ a′. *听任出现什么意外情况
b. 防止有什么人随便进来 ～ b′. *听任有什么人随便进来
(46)a. 防备发生什么地质灾害 ～ a′. *看到发生什么地质灾害
b. 防备有什么人突然生病 ～ b′. *想到有什么人突然生病
(47)a. 避免出现什么意外情况 ～ a′. *知道出现什么意外情况
b. 避免有什么人随便进来 ～ b′. *听任有什么人随便进来
(48)a. 难免发生什么交通事故 ～ a′. *想到发生什么交通事故
b. 难免有什么人中途退出 ～ b′. *看到有什么人中途退出
(49)a. 就差闹出什么命案来了 ～ a′. *记录闹出什么命案来了
b. 最后就欠发什么毒誓了 ～ b′. *最后看到发什么毒誓了
(50)a. 他拒绝做些什么来补救 ～ a′. *他同意做些什么来补救
b. 他抵制卖些什么来筹款 ～ b′. *他答应卖些什么来筹款
(51)a. 抵赖签过什么离婚协议 ～ a′. *承认签过什么离婚协议
b. 否认私自给什么人看过 ～ b′. *承认私自给什么人看过
(52)a. 小心落下什么学习用品 ～ a′. *看到落下什么学习用品

b. 留神有什么东西掉下来 ～ b′. * 发现有什么东西掉下来

c. 注意有什么渣子硌你脚 ～ c′. * 知道有什么渣子硌你脚

(53) a. 怀疑孩子吃了什么东西 ～ a′. * 相信孩子吃了什么东西

b. 怀疑有什么人翻过抽屉 ～ b′. * 相信有什么人翻过抽屉

(54) a. * 他后悔酒后说了些什么。～ a′. 他不后悔酒后说了些什么。

b. * 他责怪她们说了些什么。～ b′. 他没责怪她们说了些什么。

从上面的例子可以看出，(i)“防止、防备、避免、难免、差、欠、拒绝、抵制、抵赖、否认、小心、留神、注意、怀疑”等隐性否定动词可以允准非疑问用法的疑问代词，而相应的“听任、听到、看到、想到、知道、记录、同意、答应、承认、发现、相信”等非隐性否定动词则不能；①(ii)“后悔、责怪”不能允准非疑问用法的疑问代词，它们只有在否定式中才可以。个中的原因，可能跟这些动词中包含的隐性否定所处的语义层次有关。根据袁毓林(2010a)和上文 § 1 的研究，“防止、防备、避免、难免、差、欠、拒绝、抵制、抵赖、否认、怀疑”等动词中的隐性否定是断言层面上的，可以跟外部否定互相抵消(比如：防止某种事情发生≈使某种事情不发生，不防止某种事情发生≈放任某种事情发生)；“小心、留神、注意”等动词中的隐性否定是推论层面上的，但是它们对外部否定也是很敏感的[比如：小心(别)滑到→不小心就会滑到]；“后悔、责怪”等动词中的隐性否定是预设层面上的，它们在否定式中可以保持(比如：后悔买了这套家具→不该买这套家具，不后悔买了这套家具→不该买这套家具)。如果上述发现是合理的，那么我们可以得出结论：动词意义的断言和语用推论层面上的隐性否定可以允准非疑问用法的疑问代词，动词意义的预设层面上的隐性否定不能允准非疑问用法的疑问代词；或者更概括地说：对外部否定敏感的隐性否定可以允准非疑问用法的疑问代词，对外部否定不敏感的隐性否定不能允准非疑问用法的疑问代词。

第六节　隐性否定动词允准否定极项的跨语言比较

据 Klima(1964)和 Kato & Kato(1997)介绍，英语和西班牙语的逆反性谓词可以允准其宾语小句中的否定极项，但是日语却不能允准。例如：

---

① 当这些(1～9)的 a′～c′类结构用于条件小句等非现实(irrealis)用法时，是可以接受的。例如：(如果)看到发生什么地质灾害，一定要立刻报告相关部门。因为，非现实用法带有假设性意义，也是一种广义的否定性语境，可以允准否定极项。

(55)a. They doubt that I need ever consider the problem.
(他们认为我根本不需考虑这个问题。)
b. John denied that anyone would come.
(约翰否认有什么人要来。)

(56)a. Dudo que lo sepa nadie.
b. Juan negó que viniera nadie.

(57)a. * John-wa [Mary -ga nanimo toi-ta] koto-o utagat-ta.
-Nom anything(Acc) solve-past fact-Acc doubt-past
b. * John-wa [daremo ku-ru] koto-o hitei-si-ta.
anyone(Nom) come fact-Acc deny-past

(57)是日语例句的拉丁字母转写,真正的日语书写法是:①

(58)a. * ジョンはメアリーが 何も解いた ことを疑った。
(哪一道试题玛丽都解出来了,约翰怀疑[=不相信]这一点。)
b. * ジョンは誰も 来ることを 否定した。
(谁都要来,约翰否定[=反对]这一点。)

这种使用否定极项"何、誰"的句子是不合语法的,把它们改成"すべての問題、全員"等肯定极项就合格了。例如:

(59)a. ジョンはメアリーが すべて の 問題を解いた ことを疑った。
(所有的试题玛丽都解出来了,约翰怀疑[=不相信]这一点。)
b. ジョンはメアリーが どれ も解いた ことを疑った。
(哪一个玛丽都解出来了,约翰怀疑[=不相信]这一点。)
c. ジョンはメアリーが どの 問題 も すべて解いた ことを疑った。
(哪一道试题玛丽都解出来了,约翰怀疑[=不相信]这一点。)

(60)a. ジョンは 全員が 来ることを 否定した。

① 关于这些例句的日语书写方式和改正方法,承日本关西外国语大学吉田泰谦副教授告知,谨此致谢。

（全部都要来，约翰否定[＝反对]这一点。）

b. ジョンは すべての人が 来ることを 否定した。

（所有的人都要来，约翰否定[＝反对]这一点。）

c. ジョンは皆が 来ることを 否定した。

（大家都要来，约翰否定[＝反对]这一点。）

为什么日语的逆反性谓词“疑う、否定する”不能允准其宾语小句中的否定极项，Kato & Kato(1997)语焉不详，这里姑且存疑。对于不同语言的隐性否定动词对于否定极项在允准条件上有差别的具体原因，还有待于研究。

我们更加关心的问题是：在汉语中，为什么隐性否定动词允准疑问代词比允准副词更加容易？一个表层结构上的理由是：疑问代词处于隐性否定动词的管辖语域（governing domain）之中，自然也处于隐性否定的辖域之中，便于形成语义上的关联（association）；副词“从来、根本、压根儿”处于比隐性否定动词更高的 VP 节点，两者之间只能通过成分统制（c-command）来建立结构联系，①所以在语义上的关联也比较微弱。当然，确切的答案，还有待于跨语言比较的研究成果来支持。

第七节　结语

上文通过具体地分析相关的语言现象，讨论了隐性否定动词在语义推演和句法共现限制方面的有关特点。文章首先揭示了这种动词的词义结构中所包含的隐性否定的语义层次，考察了这些动词在叙实性方面的差别；并且，根据它们在推演其宾语所表示的命题的真值方面的能力，把它们分别归入叙实词或半叙实词、逆叙实词和非叙实词。文章还考察了这些动词跟否定极项副词和代词的共现限制，发现断言平面上包含否定意义的动词可以允准极项副词“从来”和/或“根本、压根儿”，断言或推论平面上包含否定意义的动词可以允准非疑问用法的疑问代词。文章最后还简介了隐性否定动词允准否定极项的跨语言比较研究。

① 本章对“成分统制”（c-command）的界定是：同一个母节点之下的姐妹节点互相成分统制，即对称性的成分统制（symmetric c-command）；姐妹节点还可以统制其姐妹的子节点（侄辈节点），但这些侄辈节点不能统制其姨辈节点，即非对称性的成分统制（asymmetric c-command）。本章对“管辖语域”（governing domain）的界定是：由核心谓词构成的最大投射，相当于描写语法中的一个 VP 短语。

第十章　“怀疑”的意义引申机制和语义识解策略

本章主要描写“怀疑”的不同义项在句法分布上接近互补又不完全互补的复杂表现，讨论“怀疑”的不同意义的引申机制及其概念结构基础，揭示听话人识解“怀疑”的各种意义所凭借的规则和策略。首先，说明“怀疑”的两种意义（“有点儿不相信”，记作“怀疑①”；“猜测”或“有点儿相信”，记作“怀疑②”）在分布上基本互补（“怀疑①”带名词性宾语，“怀疑②”带谓词性宾语），但又不完全互补（受“不、没有”修饰时，“怀疑①”也可以带谓词性宾语）；接着用“怀疑”在意义上的“反通常性”特点（不相信某种正面和积极的可能性，转而相信某种负面和消极的可能性；简称：疑善信恶），来说明听话人理解“不/没有＋怀疑＋宾语”结构的反向策略：否定“反通常性”就是回归“通常性”（信善疑恶）；具体表现为：(i)如果宾语小句是积极的，那么就把“不/没有＋怀疑”识解为‘相信’，相应地把“怀疑”诠释为‘不相信’（即“怀疑①”）；(ii)如果宾语小句是消极的，那么就把“不/没有＋怀疑”识解为‘不相信’，相应地把“怀疑”诠释为‘相信’（即“怀疑②”）。然后，比较和讨论关于“怀疑”的意义引申机制的三种理论模型，推荐其中“大伞加空调的跷跷板模型”：“怀疑”的意义结构中的隐性否定意义好像是撑开了一把否定的大伞，使整个句子的意义笼罩在否定的阴影之下：或者(i)不相信事情像表面上显现的或人们一般认为（或宣称）的那样（正面和积极）；使“怀疑”浮现出‘不相信’的意义，即形成义项“怀疑①”；或者(ii)猜测和相信事情不像表面上显现的或人们一般认为（或宣称）的那样（正面和积极），而是另外（甚至相反）的一种样子（负面和消极）；使“怀疑”浮现出‘猜测、相信’的意义，即形成义项“怀疑②”。这两种意义在具体语境中此消彼长，呈现出一种跷跷板效应。接着，指出“怀疑”的两种意义是通过对客体论元（表示怀疑对象）在句法（体词性 vs. 谓词性、旁格宾语 vs. 常规宾语）、语义（指称性 vs. 陈述性）和语用（正面 vs. 负面、旧信息 vs. 新信息）等多种层次上的选择限制，在具体的语境中实现的。最后，说明说话人对“怀疑”的使用、听话人对“怀疑”的意义识解，采取的是规则和策略相结合的方法：在无标记的情况下，“怀疑①”跟名词性宾语搭配，“怀疑②”跟谓词性宾语搭配；在有标记（“怀疑”受“不、没有、很”等修饰，或者带补语“到”）的情况下，“怀疑①”和“怀疑②”既可以跟名词性宾语搭配，又可以跟谓词性宾语搭配；区分“怀疑”的两种意义的实质性线索是宾语的评价色彩（正面 vs. 负面）：(i)当“怀疑”的客体论元是正面、积极或中性时，把“怀疑”识解为‘不相信’（即“怀疑①”）；(ii)当“怀疑”的客体论元是负面、消极或偏离中性时，把“怀疑”识解为‘猜测’或‘相信’（即“怀疑②”）；(iii)当“怀疑”的客体论元是两极并举时，把“怀疑”识解为‘不相信’正极，同时‘猜测’或‘相信’负极。通过这个案例，本章展示了一种基于语言运用的语法的研究范式。

第一节　“怀疑”的意义与分布的不完全对称性

“怀疑”有两种几乎相反的意义：(i)“有点儿不相信”（记作“怀疑①”），(ii)“猜测”或“有点儿相信”（记作“怀疑②”）。相对来说，“怀疑①”这种意义是基本的，具有比较广泛的分布；“怀疑②”这种意义是引申出来的，具有比较专门的分布。当说话人要表示“怀疑①”这种疑大于信的意义时，就把怀疑的对象置于动词“怀疑”之前，或者以名词短语形式置于动词“怀疑”之后；当说话人要表示“怀疑②”这种信大于疑的意义时，就把怀疑的对象以小句（或动词短语）形式置于动词“怀疑”之后。[①] 例如：[②]

(1) a. 他（笛卡尔）逐渐对宗教产生了怀疑。

b. 沙龙对利比亚与以色列接近的政策表示怀疑。

c. 切尔诺贝利核电站发生事故，引起一些人对核电站安全的怀疑。

d. 他们对转基因食品持怀疑态度。

e. 周一超因为没有收到体检合格通知书，遂对录用工作的公正

① 李兴亚（1987：114）指出：“怀疑”后头带体词性宾语或不带宾语时，“怀疑”是“不很相信”的意思；“怀疑”后头带谓词性宾语时，“怀疑”是“猜测”的意思。对于“怀疑”这种意义和分布的对应关系，沈家煊（1999：230～231）用“动态交际值”（degree of communication dynamism）的概念和“线性增量”（linear modification）原则，从功能上做出了一些解释。

② 除非特别说明，其他例句均来自北京大学中国语言学研究中心的 CCL 语料库。该语料库的现代汉语部分有 3 亿多字语料。

性产生怀疑,并迁怒于负责招录工作的经办人干根华,起意进行报复。

f. 因怀疑招录工作公正性而刺杀公务员的浙江一大学生被执行死刑。

(2)a. 人们怀疑许多不明飞行物和外星人有关,但这仅仅是猜测而已。

b. 很多科学家怀疑黄曲霉毒素也是人类其他疾病的病因。

c. 人们怀疑这名逃逸的警察很可能参与了这起案件。

d. 有关方面正在检测她是否感染非典病毒。目前只是怀疑这名妇女感染非典病毒。

e. 菲律宾卫生部一位官员5日说,一名菲律宾妇女被怀疑为非典型肺炎疑似病例,目前正在马尼拉一家医院接受隔离检查。

当听话人听到“怀疑”句时,如果发现其宾语是小句(或动词短语)形式(如例2所示),就可以把“怀疑”解读为“猜测”或“有点儿相信”,即“怀疑②”;在其他情况下,就可以把“怀疑”解读为“有点儿不相信”,即“怀疑①”。就此而言,引申义的“怀疑②”是有标记形式,所以分布较窄;基本义的“怀疑①”是无标记形式,分布较宽,还能以名动词形式出现(如例1a～e所示)。

如果情况像上文说的那样简单明了,那么可以说“怀疑①”和“怀疑②”在分布上是互补的;于是,可以把这两种意义概括为一种意义(疑惑、不能确定)和两种条件性意义变体:(i)在带谓词性宾语的情况下,这种疑惑和不能确定偏向于猜测和有点儿相信;(ii)在其他情况下,这种疑惑和不能确定偏向于有点儿不相信。显然,这种意义的义位(sememe)归纳和变体推导不符合语言使用者对“怀疑”的意义直觉;因为,我们真切地感觉到“怀疑”跟“相信”这两个动词语义相对,“怀疑”的基本的意义是:‘不相信’。并且,上述义位归纳也不完全符合“怀疑”的句法分布。事实上,在受否定词语“不、没有”修饰的情况下,上文所展示的互补分布的简单图景被打破了。令人不快和困惑的是,“不/没有+怀疑+宾语小句”中的“怀疑”有时表示有点儿不相信(即“怀疑①”),有时表示有点儿相信(即“怀疑②”)。例如:

(3)a. 国际奥委会对中国举办奥运会的能力并不怀疑。

b. 这些企业对果葡糖浆的市场前景并不怀疑。

c. 大多数美国观众并不怀疑这些学者言论的客观性。

d. 我并不知道老舍茶馆的花茶是怎么泡出来的,但是我不怀疑这里面的功夫,就是这样。

(4)a. 辛弃疾对义端也没有怀疑。

b. 他对这人认识真理的能力以及不行欺诈的正直胸怀都没有怀疑。

c. 他们从来没有怀疑过他的艺术才能。

d. 镇上的人不仅没有怀疑她的清白无辜,反而同情她的天真。

在例(3～4)中,“怀疑”表示‘不相信’的意义(即“怀疑①”)。怀疑的对象都是名词短语,出现于动词“怀疑”之前或之后;符合上文所述的“怀疑①”的意义和分布。也就是说,加上否定词语“不、没有”以后,不影响上文所述的“怀疑①”的意义和分布规律。再如:

(5)a. 如果一袋标有“天津加酶”的洗衣粉洗涤效果不好,她会敏锐地断定这是假货,而不怀疑“天津加酶”出了质量问题。

b. 以前我们总不怀疑我们的历史认识(特别是个人的历史认识)具有局限性,对得出的历史研究结论总是无比自信……

c. 我们并不怀疑有人从中做了手脚,但我们将对悬索或者是绷断的那一部分取样调查。

d. 没想到货来了,却无出厂日期。他们毫不怀疑商品会有问题,因为厂家是北京鼎鼎大名的企业。

e. 相关单位在处理这一事件中很难令人不怀疑有人推诿卸责,企图遮掩了事。

(6)a. 毛利一看孙振邦这个打扮儿,这个长相,不但没有怀疑他身上带着武器,也没把他放在心上。

b. 他们说话时的语调相当平静,就连最近处的旁观者都没有怀疑他们谈的不是割草,而是更危险的东西。

c. 看来,她好像并没有怀疑是我故意干的。

d. 他们并没有怀疑她在华盛顿。她是个聪明姑娘,她正在逃避麻烦,而不是奔向麻烦。

在例(5～6)中,“怀疑”表示‘猜测’‘相信’的意义(即“怀疑②”)。怀疑的对象都是动词短语(以下统称:宾语小句),出现于动词“怀疑”之后;符合上文所述的“怀疑②”的意义和分布。也就是说,加上否定词语“不、没有”以后,不影响上文所述的“怀疑②”的意义和分布规律。但是,在跟(5～6)相似的分布环境下,“怀疑”还可以表示‘不相信’的意义(即“怀疑①”)。例如:

(7)a. 我不怀疑我们有许多科学理论是真实的。

b. 所以我不怀疑中国会继续支持东亚经济合作。

c. 我并不怀疑我的生命和命运都受过他仁慈的扶助。

d. 他毫不怀疑中国将成为全世界音乐界的重要势力。

e. 我丝毫不怀疑正是批判给乌托邦思想家带来了有关乌托邦的灵感。

(8)a. 这些疲劳的人从来没有怀疑过胜修玛能够带领他们取得胜利。

b. 我并没有怀疑你所谓的时空转换器，也在其他时空看到你的同类。

c. 日本贸易顺差有增无减的现状几乎使人没有怀疑日元会继续升值。

在例(7～8)中，“怀疑”表示‘不相信’的意义(即“怀疑①”)，这跟例(3～4)相似。但是，“怀疑”的句法分布却跟(5～6)相似。这样，就带来一个非常严峻的理解问题：听话人是怎么识别“不/没有＋怀疑＋宾语小句”中“怀疑”的意义的？即例(5～6)和例(7～8)具有相似的句法、语义结构，听话人凭什么来断定例(5～6)中的“怀疑”表示‘猜测’‘相信’的意义(即“怀疑②”)，而例(7～8)中的“怀疑”则表示‘不相信’的意义(即“怀疑①”)？

第二节 “怀疑”意义的识解策略及其概念基础

根据我们初步的考察，听话人似乎有一种自上而下的(top-down)理解策略：听到“不/没有＋怀疑＋宾语小句”结构以后，首先检查宾语小句的评价意义是积极的还是消极的；(i)如果是积极的，那么就把“不/没有＋怀疑”识解为‘相信’，相应地把“怀疑”诠释为‘不相信’(即“怀疑①”)；(ii)如果是消极的，那么就把“不/没有＋怀疑”识解为‘不相信’，相应地把“怀疑”诠释为‘相信’(即“怀疑②”)。比如，§1例(7～8)中的“我们有许多科学理论是真实的、胜修玛能够带领他们取得胜利”等，都是人们通常给予正面评价的积极性事情；而例(5～6)中的“‘天津加酶’出了质量问题、他身上带着武器”等，都是人们通常给予负面评价的消极性事情。因此，例(7～8)中的“不/没有＋怀疑”被识解为‘相信’，其中的“怀疑”被诠释为‘不相信’(即“怀疑①”)；而例(5～6)中的“不/没有＋怀疑”被识解为‘不相信’，其中的“怀疑”

被诠释为‘相信’(即“怀疑②”)。

上述这种语义识解原则,可以简称为“信善疑恶”。至于否定结构“不/没有+怀疑+宾语小句”为什么要受到信善疑恶这种带有社会惯例性质的原则的约束,则需要从“怀疑”意义中的“反通常性”特征上解释。

“怀疑”的基本的意义是‘不相信’,正好跟“相信”的意义相反。“相信”的意义是:认为正确或确实而不加怀疑,[①]“怀疑”的意义则有一定的变化范围:(i)不能确定某种情况是否真实而不能有肯定的意见,这是“怀疑”的弱式意义;(ii)甚至认为某种情况不正确或不确实而不很相信,这是“怀疑”的强式意义;(iii)乃至于猜测或相信实际情况不是这种样子,而是另外的某种样子,这是“怀疑”的逆反式意义。在“怀疑”体现其弱式意义时,通常要求表示怀疑对象的动词短语中有“是否、能不能、什么”等疑问形式。例如:

(9)a. 贝延斯特兰德说,安娜·林德被谋杀后,安全警察局加强了对政府官员的保护力度。但萨林遇袭一事再次使公众对警方是否尽职产生了怀疑。(对警方已经尽职产生了怀疑 ～ *对警方没有尽职产生了怀疑)

b. 他目前的身体状况能否允许他在总理的宝座上再坐上5年,实在令人怀疑。(他目前的身体状况能允许他在总理的宝座上再坐上5年,实在令人怀疑 ～ *他目前的身体状况不允许他在总理的宝座上再坐上5年,实在令人怀疑)

c. 布什总统到底还有没有打赢这场公关战的良策,对此连政府官员都表示怀疑。(连政府官员都对布什总统有打赢这场公关战的良策表示怀疑 ～ *连政府官员都对布什总统没有打赢这场公关战的良策表示怀疑)

(10)a. 包括许多外商投资企业在内的制造类企业被迫拉闸限电,一些外商因此怀疑上海经济是否出现“过热”。(怀疑上海经济是出现了“过热” ～ *怀疑上海经济没有出现“过热”)

b. 雅典奥运会筹备工作严重拖延,人们甚至开始怀疑奥运会能否如期召开。(*怀疑奥运会能如期召开 ～ 怀疑奥运会不能如期召开)

c. 朝鲜不相信美国会放弃对朝的敌对政策,美国则怀疑朝鲜

① 释义主要依据中国社会科学院语言研究所词典编辑室编《现代汉语词典》(第5版),商务印书馆,2009年。下同。

能否会真正放弃核开发，问题的症结就在于此。(* 怀疑朝鲜能真正放弃核开发 ～ 怀疑朝鲜不会真正放弃核开发)

d. 有分量的经济学家倾向于促使中国增强汇率形成机制的渐进改革，并怀疑浮动汇率制对中国和世界经济到底有多大好处。(* 怀疑浮动汇率制对中国和世界经济有好处 ～ 怀疑浮动汇率制对中国和世界经济没有好处)

在例(9)中，怀疑的对象在动词“怀疑”之前；在例(10)中，怀疑的对象在动词“怀疑”之后。不管表示怀疑对象的动词短语在动词“怀疑”之前还是之后，其中都有“是否、能不能、什么”等疑问形式。这种句法分布中的“怀疑”似乎可以识解为弱式的‘不能确定[某种情况是否真实]’。如果是这样，那么这种弱式意义就是中性的、不带说话人偏向和猜测的。但是，从每个例句后面括号中的一对展开式(肯定式 vs. 否定式)来看，这种句子还是有偏向的：或者是对于肯定式的怀疑(＝不相信)，如例(9)各例所示，这些肯定式都是表示积极性评价意义的；或者是对于表示消极性评价意义的肯定式或否定式的怀疑(＝猜测或相信)，如例(10)各例所示。① 结果，这种用法的“怀疑”还是落入疑善信恶的语用俗套。

事实上，其中的道理并不深奥。因为，迫于种群进化和社会竞争的压力，人类已经养成了一种富有批判精神的怀疑意识。在面对朦胧模糊、不太确定甚至扑朔迷离的情况时，人们往往是有所偏向的：不相信事情像表面上显现的或人们一般认为(或宣称)的那样(正面和积极)，进而猜测和相信事情不像表面上显现的或人们一般认为(或宣称)的那样(正面和积极)，而是另外(甚至相反)的一种样子(负面和消极)。这就是“怀疑”具有强式和逆反式两种几乎对立的意义的概念和认知基础。比如，在例(9c)中，布什总统自称有公关良策；但是连政府官员都不相信他有公关良策，也就是说相信他没有公关良策。在(10b)中，雅典奥组委保证奥运会能够如期召开；但是人们鉴于其筹备工作的拖延，不相信奥运会能够如期召开，也就是说相信奥运会

---

① 李兴亚(1987：116)指出：有的句子中疑问形式的宾语实际上表示的都是否定判断，由于这些句子中否定的意思有不如人意之处，所以采用疑问形式来表达否定判断，以使语气委婉些；有的句子中疑问形式的宾语实际上表示的都是肯定判断，由于这些句子中肯定的意思有不如人意之处，所以采用疑问形式来表达肯定判断，使语气委婉。例如：

(1)副团长看了我一眼，对我的积极性表示满意，但又怀疑我会不会铡草。(王蒙《淡灰色的眼珠》)

(2)他怀疑自己的破表是不是已经停住。为什么才是十一点钟呢？(老舍《四世同堂》)

例(1)是说副团长猜测我不会铡草，例(2)实际上等于说“怀疑自己的破表已经停住”。

不能如期召开。从中可见,“怀疑”适合于(或者要求)这样的语用环境:在情况不太确定时,人们倾向于不相信某种正面和积极的可能性,更愿意相信某种负面和消极的可能性。例如:

(11)后来,他们又打过几次电话叫我去面试,每次面试都要交一笔钱。因总没有结果,我开始怀疑他们是否在欺骗我。不久,我的怀疑便得到了证实,他们的欺诈行为被电视曝了光,我只不过是众多受害者中的一员。

如果“怀疑”是弱式的、不带偏向的‘不能确定[是否在欺骗我]’,那么这种“怀疑”也就无法“得到了证实”。事实上,说话人是不相信一种积极的可能性(他们不在骗我),相信一种消极的可能性(他们在骗我)。因此,这种猜测可以“得到了证实”。

“怀疑”的这种意义和用法特点,可以简称为“反通常性”。因为在通常的情况下,人类是乐观主义者,更加倾向于奉行乐观主义原则,即 Boucher & Osgood(1969)通过心理实验所证明的人类心理的“乐观假设”(The Pollyanna Hypothesis):人总是乐于看到和谈论生活中光明的一面(好的事情、好的品质),摒弃坏的一面;因此,造成一种普遍的人类倾向:积极评价的词语比消极评价的词语用得更加频繁、多样和随意。① 而“怀疑”的意义却偏偏是不相信某种通常看起来是积极的情况,进而猜测和相信某种相反的实际上是消极的情况。

第三节　对“怀疑”意义的识解策略的验证

如果说“怀疑”的意义和用法具有“反通常性”的特点,表现为疑善信恶(宁信其恶,不信其善);那么我们就有理由期望:在用“不、没有”等去否定“怀疑”,从而构成“不/没有＋怀疑＋宾语小句”结构时,“不/没有＋怀疑”的意义反转到“通常性”上;于是,当宾语小句的评价意义是积极的时,就把“不/没有＋怀疑”识解为‘相信’,相应地把“怀疑”诠释为‘不相信’(即“怀疑①”);当宾语小句的评价意义是消极的时,就把“不/没有＋怀疑”识解为‘不

① Pollyanna 是 Eleanor Porter 的同名小说的女主人公,以特别乐观著称。详见沈家煊(1999),第 185、194 页。

相信’,相应地把“怀疑”诠释为‘相信’(即“怀疑②”)。这就是上文§1例(5～8)所说明的现象。其中,否定词“不、没有”超常规地跟动词“怀疑”优先组合;而不是常规地动词跟宾语先组合,再以述宾结构为整体受否定词修饰。上面说的是单重否定的情况,下面来推论和验证双重否定的情况。

基于跟上述单重否定相似的理由,我们可以期望:在用“不得不、不能不”等双重否定形式去修饰“怀疑”,从而构成“不得/能不＋怀疑＋宾语”结构时,“不得/能不＋怀疑”的意义又回到了“反通常性”上。于是,当宾语的评价意义是积极的时,就把“不得/能不＋怀疑”识解为‘只能不相信’,相应地把“怀疑”诠释为‘不相信’(即“怀疑①”);当宾语的评价意义是消极的时,就把“不得/能不＋怀疑”识解为‘只能相信’,相应地把“怀疑”诠释为‘相信’(即“怀疑②”)。例如:

(12)a. 在面试时,询问有关假期或弹性上班的事项,只会让人觉得你懒惰,而就某一专业议题陈述一些显而易见的观点,则使人不得不怀疑你的知识水平。

b. 日本过去二十多年失业率一直极低,现在也达到2.3%,使日本人也不能不怀疑“终身雇佣制”的未来。

(13)a. 说得更明确一些,我不能不怀疑顾先生的思路中存在着个没有解开的矛盾。

b. 但是我们写文章的人却不能不怀疑他们偏执,真正文章弄得全同说话了。

(14)a. 但今年5月以来接连曝光的虐囚事件,却让人不得不怀疑美军的司法制度形同虚设。

b. 这就叫人不得不怀疑他是有意搞错,以便让这位曾祖在苏轼十二岁那年死去。

(15)a. 他们虽然暂时走进了向往中的世界,但同时也不得不怀疑,这个世界是否和自己有“缘”。

b. 于是,我不得不怀疑他的所为,究竟是男子汉的大度,还是温柔的报复。

c. 从此次美军士兵肆无忌惮地虐待伊拉克战俘来看,人们不能不怀疑美国在践踏人权方面与萨达姆有何不同。

d. 然而,美方又在检查的具体安排上节外生枝,出尔反尔,设置障碍,人们不得不怀疑美方的居心何在?

(16)a. 却使人不得不怀疑后来那个善忘的王诺君,是否真的善忘。

b. 不过撇开他的创作才能不谈，他对这类故事情节的专注令人不得不怀疑他本人对幼小女孩是不是也含有垂涎觊觎的遐想。

例(12)是“不得/能不＋怀疑”带名词性宾语，宾语的评价意义是积极的；这里的“怀疑”表示‘不相信’(即“怀疑①”)。例(13～14)是“不得/能不＋怀疑”带动词性宾语，宾语的评价意义是消极的；这里的“怀疑”表示‘相信’(即“怀疑②”)。例(15～16)也是“不得/能不＋怀疑”带动词性宾语，其中有“是否、何”等疑问形式；跟上文§2的例(9～10)一样，“怀疑”表示‘相信’(即“怀疑②”)某种负面和消极的可能性，‘不相信’(即“怀疑①”)某种正面和积极的可能性。上文所揭示的疑善信恶这种使用“怀疑”的语用原则，依然有效；并且，在语义理解时还可以抄近路来直接使用。可见，某些强势词语是可以打破中规中矩的句法层次结构(canonical syntactic hierarchical structure)，进行局部性优先组合和语义识解的。

第四节 关于“怀疑”意义引申机制的三种理论模型

从上文§2和§3的讨论可以看出，“怀疑”基本上只有‘不相信’(即“怀疑①”)和‘猜测’或‘相信’(即“怀疑②”)两种意义。那么，“怀疑”是怎么从倾向于否定的‘不相信’意义引申出倾向于肯定的‘相信’意义的呢？或者说，义项“怀疑①”通过什么机制演化出义项“怀疑②”呢？为了回答这个问题，下面我们讨论和比较关于“怀疑”意义引申机制的三种理论模型。

第一种，乒乓球模型。① 因为，“怀疑”的基本意义是：不相信事情像表面上显现的或人们一般认为(或宣称)的那样(正面和积极)；所以，可以引申出猜测和相信事情不像表面上显现的或人们一般认为(或宣称)的那样(正面和积极)。因此，可以设想：“怀疑”[不相信]中的隐性否定成分‘不’像乒乓球一样弹跳出来，蹦到了后续的宾语小句中。可以表示和举例如下：

(17)a. “怀疑①”[不相信] ＋ S’(NP＋VP)→ b. “怀疑②”[相信]＋S’(NP＋不＋VP)

(18)a. 他怀疑①[不相信]日心说正确 → b. 他怀疑②[相信]日心说不正确

① 关于否定意义的乒乓球模型和大伞模型，详见Horn(1978)，p. 209。

(19)a. 他怀疑①[不相信]她说了实话 → b. 他怀疑②[相信]她没有说实话

从理论上看，这种模型是有缺陷的。因为，它把“怀疑”中隐性否定意义当作一个语言成分（即音义结合体），像否定词“不、not”一样，从母句下降到了宾语子句。例如：

(20)a. 我不相信地球是圆的。→ b. 我相信地球不是圆的。

(21)a. I do not believe the earth is round. → b. I believe the earth is not round.

显然，“怀疑”中隐性否定意义不是语素或词那样的语言单位。并且，这种隐性否定下降的模型还碰到一个经验上的困难，那就是像(18～19)b这种“怀疑②”带否定式宾语的例子，在真实文本中很少出现。在我们调查的500个“怀疑”句中只有下面两例：

(22)有人从词的内容和风格上提出疑问，认为《满江红》是一首激昂慷慨的英雄诗，与岳飞写词的格调和风格大不相同，因而怀疑《满江红》不是岳飞写的。

(23)民主党越抱怨布什在国家安全问题上做文章，选民们就会越怀疑民主党没有属于自己的严肃认真的反恐观点。

如果上文(17)这种引申途径的假设是正确的，那么可以预测：像(22～23)这种“怀疑②”带否定式宾语的实例应该非常普遍。但是，语言事实否定了这种预测。考虑到这种否定下降模型在理论上的缺陷和在语言事实方面的困难，袁毓林(2012)提出了隐性否定的语义溢出和倒灌假设。现在，我们略加修正，形成下面这种模型。

第二种，溢出-倒灌模型。就像江水泛滥流入大海，海潮涨起又倒灌江河一样；当“怀疑①”中的隐性否定意义溢出(overflow)到其所支配谓词性宾语上时，这种溢出的隐性否定意义会反过来倒灌(flooding-back)到动词“怀疑①”上。为了吸收(absorb)这个倒灌回来的否定意义（记作‘不’），“怀疑①”只得用其中的隐性否定意义跟它相对冲、抵消；结果，‘不’+“[有点儿+]不+相信”≈“[有点儿+]相信”。于是，“怀疑①”从表示“[有点儿+]不+相信”意义，逐步引申出新的意义“[有点儿+]相信”或“猜测”，即派生出了引申义“怀疑②”。可以表示和举例如下：

(24)a.“怀疑①”[不相信] ＋ S’(NP＋VP)→ b.“怀疑①”[不$_i$相信] ＋ S’(NP＋不$_i$＋VP)

→ c.“怀疑①”[不$_i$相信] ＋ S’(NP＋不$_j$＋VP)→ d.“怀疑②”[相信] ＋ S’(NP＋¬ VP)

(25)a. 他怀疑①[不相信]日心说正确 → b. 他怀疑①[不$_i$相信]日心说不$_i$正确

→ c. 他怀疑①[不$_i$相信] ＋日心说不$_j$正确 → d. 他怀疑②”[相信]日心说错误

(26)a. 他怀疑①[不相信]她说了实话 → b. 他怀疑①[不$_i$相信]她没有$_i$说实话

→ c. 他怀疑①[不$_i$相信]她没有$_j$说实话 → d. 他怀疑②[相信]她说了假话

也就是说，a 式“怀疑①”[不＋相信]中的否定意义可以溢出到宾语小句上，并且得到显性的词汇实现，形成冗余否定式 b；其中，宾语小句中的冗余否定词语“不$_i$”是动词中隐性否定意义‘不$_i$’的影子成分，所以用相同的下标来指明。然后，如 c 式所示，冗余否定词语“不$_i$”蜕变成真性否定词语“不$_j$”，所以用不同的下标来指明。最后，如 d 式所示，这种由真性否定词语“不$_j$”新生的否定意义产生双重效应：一方面这种否定意义倒灌到“怀疑①”[不＋相信]上，抵消和吸收掉“怀疑①”[不＋相信]中的隐性否定意义‘不$_i$’，促使“怀疑①”[不＋相信]演变成“怀疑②”[相信]；另一方面，这种否定意义又跟宾语小句中的谓语进行语义融合，催生出跟原来的谓语(VP)意义相反的谓语形式(记作：¬ VP)。这样，就可以解释为什么“怀疑②”虽然可以带但是一般不带否定式宾语这个问题。因为，跟原来的谓语 VP 意义相反的谓语形式¬ VP，可以是带否定词语的分析形式(如：正确～不正确、说了实话～没说实话)，也可以是不带否定词语的综合形式(如：正确～错误、说了实话～说了假话)。

从理论上看，这种隐性否定意义溢出-倒灌模型过于复杂，推导步骤纷繁。但是，这种假设是可以证伪的。猜想和反驳的步骤如下：假定上述语义引申机制是正确的，那么，如果先用“不、没有”等否定词语对“怀疑＋宾语小句”进行否定，“怀疑”中的隐性否定意义就会被“不、没有”抵消掉；于是，就不该再有隐性否定的语义溢出和倒灌效应。通过考察语料库实例，我们发现部分事实果然如此：在这种“不/没有＋怀疑＋宾语小句”否定格式中，“不/没有＋怀疑”的意思是‘相信’；所以“怀疑”的意思是‘不相信’（即“怀疑①”），而不是‘相信’（即“怀疑②”）。也就是说，“怀疑②”不能出现在这种否定格式中。例如：

(27)a. 王学贤说，我们毫不怀疑，非洲将继续承担实现其自身经济和社会发展的主要责任。

b. 此时，人们毫不怀疑，获得亚运会冠军不过是陈肖霞走向辉煌的开始，她的前途无量。

(28)a. 阿利雅丝毫没有怀疑谢胡是自杀的，他立即把这个消息告诉正在进早餐的霍查。

b. 从一开始她从来没有怀疑过不管他们俩做什么，至少她有一部分是可以保持超越于罗伯特·金凯之上的，那一部分属于她的家庭和麦迪逊县。

上例中的否定形式“毫不怀疑”的意思是‘坚信’，“丝毫/从来没有怀疑”的意思是‘一直相信’。因此，其中的“怀疑”的意思是‘不相信’（即“怀疑①”）。§1中的例(7～8)也属于这种情况。

上面这种事实对于语义溢出-倒灌假设很有利。但是，不幸的是，我们在真实文本语料中也发现了相反的事实：在这种“不/没有＋怀疑＋宾语小句”否定格式中，“不/没有＋怀疑”的意思也可以是‘不相信’；所以“怀疑”的意思是‘相信’（即“怀疑②”），而不是‘相信’（即“怀疑①”）。也就是说，“怀疑②”也能出现在这种否定格式中。例如：

(29)规矩好比游戏规则，只有维护了规矩的尊严，人们才不怀疑规矩是“人为的”。

(30)a. 他整天和陶阿毛在保全部做生活，别说不曾发现他的罪恶活动，根本没有怀疑陶阿毛是个特务，还怪汤阿英对陶阿毛过分警惕，疑神疑鬼地不相信人。

b. 他是一个很有威望的人，人民都很信任他，政府高层也没有怀疑，没有人想到他就是政变的主谋。

c. 他强调，送院的6人均没有被怀疑感染非典，只有一人需要留院接受治疗，现时情况稳定。

上例中的否定形式“毫不怀疑”的意思是‘不相信、不猜疑’，“没有怀疑”的意思是‘没有猜疑、没有猜测’。因此，其中的“怀疑”的意思是‘相信、猜测’（即“怀疑②”）。§1中的例(5～6)也属于这种情况。

上面这种事实对于语义溢出-倒灌假设很不利。当然，也可以辩解：“怀疑②”[相信、猜测]的意义一旦确立，成为一个独立的义项，也可以接受否定词语的修饰。

另外，上述两种模型都是以“怀疑①”[不相信]＋S’(NP＋VP)作为基础形式的。但是，在实际的语料中，“怀疑①”一般是不能带谓词性（小句）宾语的。因此，我们必须重新建构下面这种更加简单并且更加符合语料事实的模型。

第三种，大伞加空调的跷跷板模型。虽然人类有一种普遍的乐观主义倾向：乐于看到和谈论生活中光明的一面（好的事情、好的品质），摒弃坏的一面；但是，“怀疑”却反映人类意识中跟乐观主义相反的另一种思维特点：不相信事情像表面上显现的或人们一般认为（或宣称）的那样（正面和积极）。这就是日常语言中所谓的批判意识和怀疑精神。这造成了“怀疑”的概念结构中具有根深蒂固的反惯常性的特点，最终使“怀疑”的意义结构中具有内置性的(build-in)隐性否定意义。当“怀疑”进入句子以后，这种内在的隐性否定意义就撑开了一把否定的大伞，挡住了乐观主义和惯常性思维的阳光，使该句子的意义笼罩在否定的阴影之下；表现为：或者是直接的(i)不相信事情像表面上显现的或人们一般认为（或宣称）的那样（正面和积极）；使“怀疑”浮现出‘不相信’的意义，即形成义项“怀疑①”；或者是间接的、更进一步的(ii)猜测和相信事情不像表面上显现的或人们一般认为（或宣称）的那样（正面和积极），而是另外（甚至相反）的一种样子（负面和消极）；使“怀疑”浮现出‘猜测、相信’的意义，即形成义项“怀疑②”。虽然“怀疑①”（即‘不相信’）和“怀疑②”（即‘猜测’或‘相信’）两种意义近于相反和对立，但是它们都庇荫于否定的大伞之下。因此，“怀疑①”[不相信]就跟动词“相信”构成语义对立，后者的意思是：认为正确或确实而不怀疑。而“怀疑①”的意思是不相信事情像表面上显现的或人们一般认为（或宣称）的那样（正面和积极）。“怀疑②”[猜测或相信]也跟动词“猜测”和“相信”的意义不同。“猜测”的意思比较单纯，表示根据某种不明显的线索或凭想象来估计或寻找答案。而“怀疑②”的意思比较复杂，表示在否定了事情像表面上显现的或人们一般认为（或宣称）的那样（正面和积极）之后，反向估计和推测事情实际上很可能是另外（甚至相反）的一种样子（负面和消极）。简而言之，“猜测”的估计和推测意义是中性的，“怀疑②”的估计和推测意义是有负面和消极倾向的。

那么,在具体语境中,“怀疑”的意义是怎么实现为“怀疑①”或“怀疑②”的呢?或者说,“怀疑”的两种意义之一是靠什么来浮现出来的呢?答案是:依赖于具体的语境,特别是“怀疑”所针对的对象的评价意义。因为“怀疑”具有反惯常性的特点,所以当“怀疑”所针对的对象具有通常的正面和积极的评价意义时,“怀疑”便浮现出‘不相信’意义(即“怀疑①”);反之,当“怀疑”所针对的对象具有通常的负面和消极的评价意义时,“怀疑”便浮现出‘猜测’或‘相信’意义(即“怀疑②”)。这就像大伞底下安装了空调,当伞下温度超过 25℃时,空调的制冷系统工作,冷气徐徐吹来;当伞下温度低于 25℃时,空调的制热系统工作,暖气徐徐吹来。结果,当“怀疑”的一种意义得到实现时,另一种意义必然会受到压抑,从而呈现出一种跷跷板效应。

下面,需要讨论的是:词汇-语法结构怎么来保障这种语义表达和语义理解的实现。

第五节 “怀疑”的客体论元的评价意义和分布实现

根据上文的分析,“怀疑”的基本意义是‘不相信’(即“怀疑①”),怀疑的对象通常具有正面和积极的评价意义。从论元结构的角度看,动词“怀疑”的主体是感事(experiencer),客体是对象(target)。于是,按照汉语语义角色与句法成分之间通常的配位关系,“怀疑”的感事实现为主语,对象实现为宾语。例如:

(31)他们居然怀疑这个项目的可行性。

(32)人们开始质疑佩雷斯的大牌政策,开始怀疑明星组合的效果。

(33)1916 年 7 月,在一艘开往日本的船上,美国人莫特结识一个印度人,后者怨怒地向他谈起英国政府仍在操纵鸦片走私,损害印度人及其他亚洲人的身心健康和道德意识。莫特怀疑这个印度人的说法的真实性。(《中华读书报》2011 年 11 月 2 日,第 13 版)

(34)a. 当时如果有谁怀疑地心说,那就是亵渎神灵,大逆不道,要受到严厉制裁。

b. 这不能不使人怀疑地心说的正确性了。

(35)a. 调查显示国际社会普遍怀疑美国反恐动机。

b. 国际社会也普遍对美国进行的反恐战争的动机表示怀疑。

从例(33)和(34b)可见,"怀疑①"的对象论元通常是带有正面性的评价色彩的,哪怕这种积极的评价是表面的。从例(35b)可见,"怀疑①"的对象论元也可以实现为旁格宾语(oblique object);即用介词"对"引导,居于动词之前。

并且,来自真实文本的语料显示,旁格宾语的频率远远高于一般宾语。这是可以从"怀疑①"的对象论元的语义指称特点和汉语句子的信息结构特点上得到解释的。因为"怀疑①"的对象论元往往表示某种上文提及的事情(表面上显现的、人们一般认为或宣称的),通常是已知的旧信息。这跟汉语句子的宾语一般是重音位置,适宜于包装新信息的信息结构不太协调。因此,在介词"对"的引导下,置于动词前的状语位置,更便于对象论元跟其先行成分的回指和呼应。例如:

(36)他们对美金融市场的诚信表示怀疑,对自己的股票和养老金等金融投资的安全感到担忧。

(37)欧盟对俄国内事务的批评逐步升级,对俄民主进程和市场经济改革产生怀疑。

(38)虐俘事件,使人们对美国宣扬的自由民主产生了怀疑。

(39)媒体报道,2002年该基金会相继收到上百万美元捐赠。但基金会拒绝透露这些捐款人的姓名,由此导致舆论对捐款来源的正当性产生怀疑。

(40)其假设条件包括:美国在2004年后在伊拉克的维和行动不会让美国纳税人增加负担,严格控制除国防和国土安全以外的支出,税收收入将会大幅增长等。不过,国际货币基金组织的专家对此表示怀疑,认为布什政府提出的上述假设条件过分乐观。

从上面的例子可见,当"怀疑①"的对象论元以旁格宾语形式出现在动词之前时,"怀疑①"也往往随之降格为形式动词"表示、产生"等的宾语。如例(40)所示,当对象论元太复杂时,可以独立出来,以句子形式来实现;然后,在旁格宾语的位置上以代词来回指。

正因为"怀疑①"的对象论元是一个定指性(definiteness)很高的语义成分,所以也可以实现为主语。例如:

(41)a. 但沙龙的诚意仍然遭到许多人的怀疑。

b. 巴方对沙龙撤离犹太人定居点计划表示怀疑。

(42)岛内民调满天飞,民调的真实性早已引起[e]怀疑。

(43)朱佩的律师认为,南泰尔轻罪法庭证据的可信度值得[e]怀疑,判决是不公正的。

上面的例子充分地反映出“怀疑①”的对象论元是一个高定指性的指称性成分。

“怀疑”的引申意义是‘猜测’或‘相信’(即“怀疑②”),猜测的内容通常具有负面和消极的评价意义。从论元结构的角度看,动词“怀疑②”的主体也是感事,但客体是系事(relative)。于是,按照汉语语义角色与句法成分之间通常的配位关系,“怀疑②”的感事实现为主语,系事实现为宾语(通常为小句宾语)。例如:

(44)但若干年后,罗摩听信了谗言,怀疑悉多居魔宫时不贞,并将她遗弃。

(45)宰相在秘书伍尔牧的策划下布置阴谋,使斐迪南怀疑露易丝不忠。

(46)他们不相信陈水扁的解释、说词,怀疑他隐瞒真相。

(47)在出现3次有争议的判罚后,他开始怀疑主裁判“有所偏袒”。

(48)葡警方怀疑该船偷运毒品,因此出动海军拖船将该船拖至南部的莱雄伊什港。

(49)葡萄牙司法警察23日宣布,葡萄牙警方22日在葡海域拦截到一艘被怀疑运送毒品的“卡林达”号货船,并在船上发现25名非法移民。

(50)处在这么个偏僻而又十分敏感的地带,突然冒出三个来路不明之人,三人又是三样说法,其中还有穿警服的,这就不能不格外引起村民们$_i$的警觉。[e_i]怀疑这是一伙利用地理位置上的“优势”,乘着深更半夜冒充民警暗中打劫的刁徒。

(51)在1983年下半年开始准备硕士论文,研究价格改革的时候,我惊讶地发现,几乎所有的政府官员都认为正确的价格是可以计算出来的。神奇在什么地方呢?按照生产价值计算?很少有人怀疑价格本身不能计算。(张维迎《多数人无知少数人无耻 导致非常多灾难》,搜狐财经,2011年11月28日)

从例(44)～(51)可见,“怀疑②”的系事论元通常是带有负面性的评价色彩的,哪怕这种消极的评价只是说话人的错觉(如例50所示)。从例(49)可见，“怀疑②”可以构成“被”字句：用介词“被”来引导感事，剥夺其做主语的资格；同时，原本是主谓结构的系事论元分裂为两个成分——原本宾语小句中的小主语提升为整个“被”字句的主语，小谓语留在动词之后做宾语。

跟“怀疑①”的对象论元不同，“怀疑②”的系事论元往往表示某种出乎意料的情况，具有反预期性，通常是听话人未知的、具有陈述性的新信息。因此，它一般要用谓词性成分来实现，并且居于句子的宾语位置。

总之，“怀疑”的两种意义是通过对客体论元在句法、语义和语用平面上多层次的选择限制来实现的。句法选择包括范畴选择（体词性 vs. 谓词性）和位置选择（旁格宾语 vs. 常规宾语）两个方面，语义选择主要是表达功能上的对立（指称性 vs. 陈述性），语用选择主要指评价意义上的对立（正面 vs. 负面）和信息结构地位上的对立（旧信息 vs. 新信息）两个方面。

第六节　规则与策略相结合的意义识解路线

上文§4关于“怀疑”意义引申的“大伞加空调”的跷跷板模型，为§5关于“怀疑”的两种意义的句法、语义和语用差别提供了概念结构基础。综合上文§4和§5的讨论，可以发现：人们在识解“怀疑”的两种意义时，采用的是规则和策略相结合的方法。

从语义理解方面看，听话人可能会碰到四种情形：(i)听到“怀疑”的客体论元是名词性成分时，不管它处于直接宾语还是旁格宾语的位置，都把“怀疑”识解为‘不相信’（即“怀疑①”）；比如，§1中的例(1)(3)(4)，§3中的例(12)，§5中的例(31～43)。(ii)听到“怀疑”的客体论元是谓词性成分（宾语小句）时，看这宾语小句的评价色彩：[A] 如果是正面、积极的，或者是中性的，那么把“怀疑”识解为‘不相信’（即“怀疑①”）；并且，这种句子的“怀疑”前通常有“不、没有”等否定词语；比如，§1中的例(7～8)，§4中的例(27～28)。[B] 如果是负面、消极的，或者是偏离中性的，那么把“怀疑”识解为‘猜测’或‘相信’（即“怀疑②”）；比如，§1中的例(2)(5～6)，§3中的例(13～14)，§4中的例(11～23)(29～30)，§5中的例(44～50)。[C] 如果宾语小句中因为有疑问形式，所以在评价色彩上呈现出两极对立（正面 vs. 负面、积极 vs. 消极）和不确定；把“怀疑＋疑问宾语”识解为：‘不相信＋正面、积极的一极’，并且同时‘相信＋负面、消极的一极’；比如，§2中的例(9～11)，§3中的例(15～16)。

事实上，从真实文本中的例子来看，当“怀疑”的客体论元是名词性成分时，其评价色彩一般都是正面、积极的，至少是中性的。这样，上述理解策略可以简化为：(i)当“怀疑”的客体论元是正面、积极或中性时，把“怀疑”识解为‘不相信’(即“怀疑①”)；(ii)当“怀疑”的客体论元是负面、消极或偏离中性时，把“怀疑”识解为‘猜测’或‘相信’(即“怀疑②”)；(iii)当“怀疑”的客体论元是两极并举时，把“怀疑”识解为‘不相信’正极，同时‘猜测’或‘相信’负极。下面，我们用比较复杂的实例来验证上述策略：[①]

(52)a. 到了20世纪80年代，开始有人怀疑上述考古成果的准确性。

b. 曾几何时，各种说法在私下流传，甚至有人怀疑这份美国土地证的真实性。

(53)a. 在这次伟大的成功之后，很少有人怀疑牛顿理论的正确性。

b. 对深Ⅱ度烧伤必定疤痕愈合或植皮疤痕愈合的结论，也从未有人怀疑过。

(54)a. 尽管对于全球化有不同的评价，但没有人怀疑这个过程的必然性。

b. 没有人怀疑中国的体育实力，向高峰冲击，只是个时间问题。

从上面的例子可见，当“怀疑”的客体论元是名词性成分时，其评价色彩一般都是正面、积极的，至少是中性的。并且，“(很少/没)有人＋怀疑＋NP”一类格式中的“怀疑”必须识解为‘不相信’(即“怀疑①”)。再如：

(55)a. 但也有人怀疑，冲突发生在全国准备举行总统大选之际，背后可能有政治动机。

b. 有人怀疑用英语演出，可能不若中文蕴藉，因为中文的优点是含蓄。

(56)但是，很少有人怀疑他能在年底前克服重重困难达到这一目标。

(57)a. 没有人怀疑她是做了件好事，包括对她议论纷纷的人。

b. 比较北京和雅典，扎斯卡拉基夫人风趣地说：“没有人怀疑北京能够按时做好准备，但许多人都曾怀疑雅典能否按时做好准备。

(58)不过，这件事现在还没有上报纸，从这一点来看，我想还没有人怀疑那个女的被车轧死了，更何况肇事现场又不会有人知道。

---

① 例(52～59)中的部分例子有比较明显的翻译腔，可能受到外语表达的影响。

从上面的例子可见，当“怀疑”的客体论元是谓词性成分(宾语小句)时，(i)肯定式“有人＋怀疑＋VP”一类格式比较单纯，其中的“怀疑”必须识解为‘猜测’或‘相信’(即“怀疑②”)。并且，宾语小句的评价色彩一般都是负面、消极的，或者是偏离中性的。如例(55)所示。(ii)否定式“(很少/没)有人＋怀疑＋VP”一类格式比较复杂，其中的“怀疑”既可以识解为‘不相信’(即“怀疑①”)，又可以识解为‘猜测’或‘相信’(即“怀疑②”)。分别的条件是宾语小句的评价色彩。[A]如果是正面、积极的，或者是中性的，那么把“怀疑”识解为‘不相信’(即“怀疑①”)，如例(56～57)所示。[B]如果是负面、消极的，或者是偏离中性的，那么把“怀疑”识解为‘猜测’或‘相信’(即“怀疑②”)，如例(58)所示。

从上面的例子和说明来看，对于识解“怀疑”的意义来说，肯定式和否定式可以统一起来，都根据宾语小句的评价色彩来判决：(i)如果宾语小句的评价色彩是正面、积极或至少是中性的，那么可以把“怀疑”识解为‘不相信’(即“怀疑①”)，如例(56～57)所示；(ii)如果宾语小句的评价色彩是负面、消极的，或者是偏离中性的，那么把“怀疑”识解为‘猜测’或‘相信’(即“怀疑②”)，如例(55)(58)所示。

当然，有时候宾语小句的评价色彩要从上下文中寻找，或者要根据语句所述的主题事物的背景知识来推知。例如：

(59)a. 曾有人怀疑汉语语法有词类、有词这种语法单位、有复句这种句子形式。

b. 曾有人怀疑汉语语法无词类、无词、无复句等。实际上，应该有的汉语语法都有，不过，要从汉语的特点情况来认识，来理解。(李临定《汉语语法理论要略——走进字形词语法》，商务印书馆，2013年)

从(59b)的下文和背景知识来看，一般认为人类语言都得有词这种语法单位、有词类这种语法范畴、有复句这种复杂的句子形式；一种语言如果没有词、词类和复句，那么就似乎是不完美的。据此，(59a)中“怀疑”的宾语小句的评价色彩是正面、积极的，“怀疑”应该识解为‘不相信’(即“怀疑①”)；(59b)中“怀疑”的宾语小句的评价色彩是负面、消极的，“怀疑”应该识解为‘猜测’或‘相信’(即“怀疑②”)。这两个句子的宾语小句的理性概念意义和感性评价意义相反，其中核心动词“怀疑”的语义解释也相反；最终，两个句子的语义表达基本相同。

现在，我们来看宾语小句的评价色彩是两极对立和不确定的例子：

(60)a. 世界上有人怀疑一旦现在中国这些领导人不在了，中国的政策是不是会变。(有人不相信中国的政策不会变 ～ 有人相信/猜测中国的政策会变)

b. 尽管如此，还是有人怀疑，这样的警察能否在道路不平的地方或上下楼梯时抓住罪犯。

c. 有人赞许，说谭淑珍是个女强人，一定能挑得起这副重担；也有人怀疑：女人家掌权，岭西东乡经济能上新台阶吗？

d. 有人怀疑，林清玄平均每个月出版一本书，还要不时做演讲，他哪来的体力与题材呢？

例(60)的宾语小句的评价色彩是两极对立(正面 vs. 负面、积极 vs. 消极)的，因而是不确定的。于是，只能把“怀疑＋疑问宾语”识解为：‘不相信＋正面、积极的一极’，并且同时‘相信＋负面、消极的一极’。可见，宾语的评价色彩可以决定“怀疑”的意义识解。

通过语料调查，我们发现：上文关于“(很少/没)有人＋怀疑＋NP/VP”格式中“怀疑”的意义识解原则，也适用于“(很少/没)有理由＋怀疑＋NP/VP”格式。例如：[①]

(61)a. 阿尔贝特对自杀行为是深恶痛绝的，他甚至常常以平时他个性中所没有的极其敏感的方式声称，他完全有理由怀疑那种意图的严肃性，甚至对此开过几次玩笑，并且把自己的怀疑告诉过绿蒂。

b. “元帅”，他粗暴地说，“我完全有理由怀疑你在回答中含蓄地表达的忠诚。”

c. 可是，在我们还不能确定我们已经能以完全真确的形式把它们加以说明之前，我们对于一切都有理由怀疑，并且所有这些都需要有许多次审慎的讨论。

(62)a. 她从来也没有读到过这么好的信，她没有理由怀疑写信人的诚恳。

b. 美国没有理由怀疑以色列对“路线图”计划的承诺。

(63)a. 既然萨达姆还控制在美国人手中，那么人们就有理由怀疑“审萨”实际上只是美国人导演的一出大戏。

b. 国家副检察长索尔韦格·里贝尔达赫尔女士对新闻界说，

① 例(9～14)中的大部分例子有十分明显的翻译腔，显然是受到外语表达的影响。

有理由怀疑萨林夫人犯有滥用政府信用卡罪和欺骗罪。

(64)a. 既然古巴这个仅有800万人口的小国，通过先进的选材和科学的管理创造出了优异的成绩，就没有理由怀疑拥有12亿人口的中国也能达到同样甚至更高的水平。

b. 没有理由怀疑，大多数欠发达国家如果愿意的话，是可以大大增加资本形成的。

c. 由于除开人类以外便没有任何宗教的迹象或其成果，所以我们就没有理由怀疑宗教的种子也只存在于人类身上；它存在于某种特殊品质之中，这种品质在任何其他生物身上都找不到，至少其突出的程度是在其他生物身上找不到的。

(65)a. 可能有那么一天我会被杀死……但是没有理由怀疑我现在就——就会被杀死。我冒的险并不比别人大。

b. 迪茨说，中国今年初成功控制了广东出现的小规模非典疫情，没有理由怀疑中国不能同样控制可能出现的新疫情。

(66)a. 但是，这跟人们的经验相去太远，人们有理由怀疑这是不是生活。（人们有理由不相信这是生活 ～ 人们有理由相信这不是生活）

b. 由此人们完全有理由怀疑，日本平时自诩的“法制健全的国家”到底是谎话，还是吹牛？

c. 因此，应该说日本宪法是一个界限。一旦这个界限被突破，人们就有理由怀疑日本在所谓“防卫”的道路上还会走多远。

例(61)跟例(52)相对应，例(62)跟例(54)相对应；它们分别是“怀疑”在肯定式和否定式中带名词性客体论元，这个客体论元的评价色彩是正面、积极的，或者是中性的，“怀疑”必须识解为‘不相信’（即“怀疑①”）。例(63)跟例(55)相对应，“怀疑”在肯定式带谓词性客体论元，这个客体论元的评价色彩是负面、消极的，或者是偏离中性的，“怀疑”也必须识解为‘猜测’或‘相信’（即“怀疑②”）。例(64)(65)分别跟例(56～57)(58)相对应，都是“怀疑”在否定式中带谓词性客体论元；根据这个谓词性客体论元的评价色彩的正面vs.负面而分别识解为‘不相信’（即“怀疑①”）和‘猜测’或‘相信’（即“怀疑②”）。总之，不管这个客体论元是名词性的还是谓词性的，也不管是肯定式还是否定式；“怀疑”的意义识解取决于其客体论元的评价色彩：[A] 如果是正面、积极的，或者是中性的，那么把“怀疑”识解为‘不相信’（即“怀疑①”）；如例(52～54)(56～57)(61～62)和(64)所示。[B] 如果是负面、消极的，或者是偏离中性的，那么把“怀疑”识解为‘猜测’或‘相信’（即“怀疑

②”)；如例(55)(58)(63)和(65)所示。例(66)跟例(59)相对应，客体论元的评价色彩是两极对立(正面 vs. 负面、积极 vs. 消极)的；“怀疑+疑问宾语”可以识解为：‘不相信+正面、积极的一极’，并且同时‘相信+负面、消极的一极’。可见，从客体论元的评价色彩上去把握“怀疑”的意义识解比较简单、快捷和有效。

第七节　“怀疑”的语义侧面被语境突显和塑造

下面，我们考察“怀疑”在受程度副词“很、非常”修饰时，上文关于“怀疑”的意义识解策略是否依然有效，讨论程度副词跟“怀疑”的有关语义侧面的互动关系。例如：①

(67)a. 伊朗始终很怀疑美国发动伊拉克战争的目的。最新公布的美军士兵虐待伊拉克战俘的照片证实，伊朗的怀疑是有道理的。

b. 警备部队碌碌无能，他非常怀疑这支部队的忠诚。

c. 这种人能在企业界长期存在的可能性，我很怀疑。

d. 和我一样，玛丽也非常怀疑那个使她的女主人离开洛桑的陌生人。

(68)a. 把一本读过的书留给别人，本是做了一件善事；但我很怀疑自己真有这么善良。

b. 我很怀疑一个整天想着当元帅的士兵会真正在战斗中奋不顾身。

c. 所以，别让有关我的梦幻来充满你的头脑。我要离开了，而且，我非常怀疑我还会有回来的机会，哪怕是一次拜访的机会。

(69)a. 整个神剑山庄都充满了诡异，甚至于连那个谢小玉都有点问题，我很怀疑她不是谢大侠的女儿。

b. 常听得人家说，有些文章百读不厌，常读常新，细想起来，很怀疑这话儿里其实混合了对坏记性的自我陶醉。

c. 我们非常怀疑敌人正计划夺取这些岛屿，用作潜艇和飞机的基地。

d. 他想，雄鹅莫顿一辈子都不知道这件事那才好哪，不过同时

① 例(1～10)中的大部分例子有十分明显的翻译腔，显然是受到外语表达的影响。

他又非常怀疑白雄鹅竟然硬得起心肠,丢下灰雁不管而一走了之了。

(70)a. 我实在很怀疑你是不是有这个能力?

b. 我非常怀疑,俄国人这样做是否明智。

c. 有一个问题我还没想明白,就是我们国家50年代提出过捍卫语言文字的纯洁性,这个口号到底好不好我也很怀疑。

d. 有许多人家都有房间可以租给您,如果他们乐意出租的话,不过我非常怀疑他们乐意不乐意。事实上,我想,他们不会乐意的。

例(67)是“很/非常+怀疑”带名词性客体论元,这种成分带有正面、积极的评价意义;“怀疑”必须识解为‘不相信’(即“怀疑①”)。例(68)是“很/非常+怀疑”带具有正面、积极意义的谓词性客体论元,“怀疑”也必须识解为‘不相信’(即“怀疑①”)。例(69)是“很/非常+怀疑”带具有负面、消极意义的谓词性客体论元,“怀疑”必须识解为‘猜测’或‘相信’(即“怀疑②”)。总之,不管这个客体论元是名词性的还是谓词性的;“怀疑”的意义识解取决于其客体论元的评价色彩:[A] 如果是正面、积极的,或者是中性的,那么把“怀疑”识解为‘不相信’(即“怀疑①”);如例(67~68)所示。[B] 如果是负面、消极的,或者是偏离中性的,那么把“怀疑”识解为‘猜测’或‘相信’(即“怀疑②”);如例(69)所示。例(70)是“很/非常+怀疑”带具有两极对立(正面 vs. 负面、积极 vs. 消极)意义的谓词性客体论元;“很/非常+怀疑+疑问宾语”可以识解为:‘很不相信+正面、积极的一极’,并且同时‘很相信+负面、消极的一极’。可见,也是从客体论元的评价色彩上去把握“怀疑”的意义识解比较简单、快捷和有效。

但是,上述“很/非常+怀疑”跟客体论元的选择限制及其意义识解给我们带来了一个比较严峻的问题:如§1所述,单独的“怀疑①”是不能带谓词性宾语(客体论元)的,为什么例(68)中的“很/非常+怀疑①”可以带谓词性宾语(客体论元)呢?在这一点上,为什么“很/非常+怀疑①”跟“不/没有+怀疑①”一样呢?如果说这种观察和描写是成立的:单独的“怀疑①”是不能带谓词性宾语的,当“怀疑①”受副词“不、很/非常”修饰后又可以带谓词性宾语了;那么,这种现象对结构主义的层次分析观念会不会带来挑战?因为,对于“不/很/非常+动词+宾语”这种形式,一般的层次切分是“不/很/非常 | 动词 || 宾语”。一个不合格的“动词+宾语”组合是无法再跟“不/很/非常”组合,从而造成合格的“不/很/非常 | 动词 || 宾语”结构体的。

另外,“怀疑”的语义在程度上是比较和缓的。比如,“怀疑①”的‘不相信’其实是‘有点儿不相信’,而不是‘完全不相信’;同样,“怀疑②”的‘相信’

其实是‘有点儿相信’，而不是‘完全相信’。现在，当“怀疑”受程度副词“很、非常”修饰以后，其本身内含的程度浅的意义侧面（‘有点儿’）被外加的状语的程度深（‘很、非常’）所压倒和覆盖。于是，“很/非常＋怀疑①”就是‘完全不相信’，“很/非常＋怀疑②”就是‘完全相信’。

下面，我们考察述补结构“怀疑＋到”跟客体论元的选择限制和意义识解。[①] 例如：

(71)a. 很多同学入学以后由于学习成绩的相对下降以及其他各方面表现得相对不如以前突出，往往会产生强烈的自卑感，甚至会怀疑到自己的能力。（→ 怀疑到自己的能力不够／*怀疑到自己的能力很高）

b. 少林寺从此家喻户晓，但人们对电影中的武打设计不服，进而怀疑到少林功夫的真实程度。（→ 怀疑到少林功夫的真实程度不高／*怀疑到少林功夫的真实程度很高）

c. 凡是看见过你们俩在一起的人，都不会怀疑到他的感情。→（怀疑到他的感情是假的／*怀疑到他的感情是真的）

d. 4 月 3 日我电报中所谈的不是诚实和可信赖的问题。我从未怀疑到你的诚实和可信赖，也从未怀疑到丘吉尔先生。→（怀疑到你的诚实和可信赖是假的／*怀疑到你的诚实和可信赖是真的）

e. 但人们不能不从“柑橘互助会”事件怀疑到日本国会议员的资质，从泉井事件中看到了“官商勾结”的实态。→（怀疑到日本国会议员的资质不好／*怀疑到日本国会议员的资质很好）

f. 关于我们所假定的各种不同部分和器官的无用性，甚至在最熟知的高等动物里，还有许多这样的构造存在着，它们是如此发达，以致没有人怀疑到它们的重要性，然而它们的用处还没有被确定下来，或者只是在最近才被确定下来。→（怀疑到它们的重要性不高／*怀疑到它们的重要性很高）

(72)a. 我的看法如下：属于多数的穆斯林负责人士坚决认为，在没有拟订出穆斯林印度的宪法以前，英国必须继续支撑大局。他们已经怀疑到印度教徒的亲日倾向，按照预定的方针制定的宪法将把权力交到印度教徒手中，这必然会使他们感到不安。

b. 尽管当时并无人怀疑到滨中的账外交易问题，但此次事发

① 关于由“到”字做补语组成的述补结构，详见朱德熙(1982)，第 130～132 页。

后，人们似乎找到了滨中可能操纵市场的动机——掩盖并弥补损失。

c. 但是这种内心的反省并没有使他们怀疑到制度本身——资本主义的贪婪本质。

d. 这种权的滥用要不是他们根本没有怀疑到，便是他们从中得到了好处。

(73)a. 说起来真是骇人听闻，一个人居然怀疑到自己亲妹妹会不顾体面，不顾贞操！

b. 我不要被人看作无经验，太年轻，或是太幼稚，我不要他们怀疑到我这是第一次出庭为人辩护，我不要……

c. 而且，体面人喜欢维护他们的体面，他们一起过了数年幸福的婚姻生活，也许根本不会怀疑到你曾经是最耸人听闻轰动一时的杀人案中一位声名狼藉的人物，根本不会怀疑你的孩子会是一个著名杀人犯的亲骨肉。

d. 咱在自己村边的停牛场下手，人家不就怀疑到本村有坏人了？

e. 我想弗斯脱上校没有到这儿以前，你们谁都没有怀疑到他们不会正式结婚吧？

f. 万万不能让嬷嬷怀疑到出了什么事呀！

例(71～72)是“怀疑＋到”带名词性宾语，但“怀疑”的意义识解可以不同：例(71)中的宾语是具有正面、积极意义的客体论元，“怀疑”可以识解为‘不相信’(即“怀疑①”)；例(72)中的宾语是具有负面、消极意义的客体论元，“怀疑”必须识解为‘猜测’或‘相信’(即“怀疑②”)。例(73)是“怀疑＋到”带具有负面、消极意义的谓词性客体论元，“怀疑”必须识解为‘猜测’或‘相信’(即“怀疑②”)。总之，不管这个客体论元是名词性的还是谓词性的；“怀疑”的意义识解取决于其客体论元的评价色彩：[A] 如果是正面、积极的，或者是中性的，那么把“怀疑”识解为‘不相信’(即“怀疑①”)；如例(71)所示。[B] 如果是负面、消极的，或者是偏离中性的，那么把“怀疑”识解为‘猜测’或‘相信’(即“怀疑②”)；如例(72～73)所示。可见，也是从客体论元的评价色彩上去把握“怀疑”的意义识解比较简单、快捷和有效。值得注意的是，例(71)(73)中的补语“到”是可以删除的，而例(72)中的补语“到”是不可删除的。另外，从例句后面括号中的扩展表达来看，例(71)中的宾语也可以看作某种具有负面、消极意义的谓词性成分的紧缩形式；在这种情况下，“怀疑”必须识解为‘猜测’或‘相信’(即“怀疑②”)。

其实，许多“怀疑＋到”后面表示中性意义的客体论元，在上下文中隐含了某种负面、消极的，或者是偏离中性的评价意义。例如：

(74)a. 他们很快的怀疑到王举人，由怀疑而很快的给王举人判了罪：王举人是汉奸！

b. 公孙大娘道：“从那时候开始，陆小凤才怀疑到我。”

c. 陈一平从她的态度中确信马恒建死的事真没有怀疑到自己，稍稍松了口气。

d. 以至于到晴雯死了以后，首先他就怀疑到她，是她打小报告了。老实说，虽然曹雪芹没明写出来，我也是怀疑。

e. 你讲了那么多事情，说了那么多问题，又怀疑到那么多领导，是你的感觉？还是你的猜测？啊？

f. 宝珠一直心情紧张，害怕高太太会查究艾莉小产的原因，如果查到药堡，自然就会发觉并非十二太保，虽然发现不是十二太保，是毒药，也不会怀疑到宝珠，大不了就把罪名落在亚桂的身上。……不过艾莉并非傻瓜，她一定会怀疑到那是宝珠干的好事。

g. 我早已怀疑到这一点——由于某种利害关系，您就有某种东西需要加以隐藏。

(75)a. 姜是老的辣，他不动声色，在心里揣摸哪个是小夫人的相好。他很快怀疑到我的身上。

b. 警方几乎是立即怀疑到一位已被通缉了五年的罪犯身上，他的全名叫约翰·维克多·博伯。

c. 是哪个缺德的老婆子自告奋勇给爱伦写了信呢？有那么一阵她怀疑到皮蒂帕特身上，可是立即打消了这种想法。

d. 没有人会怀疑这些都是赵中和干的，要怀疑只能怀疑到他头上。

e. 我当时还不相信你会这么做，我也根本没有怀疑到你身上。

f. 于是，自然而然地，人们又怀疑到了孙布袋头上……孙布袋有前科呀！

g. 他尽可以坐在远离事故现场的地方，喝酒看电视，就算是当局怀疑到他身上，也绝对找不出他杀人的证据。

h. 另外再组织些群众去向敌人请愿：要求重新建立村公所，要求敌人保护……这样敌人就不会怀疑到搬家的事上了。

例(74～75)也是“怀疑+到”带名词性宾语，但宾语的结构和语义角色不同：例

(74)中的宾语是人名等一般性的名词性成分，其语义角色为对象；例(75)中的宾语是处所结构，其语义角色为范围性对象。从评价意义上看，它们都本该是中性的；但是，在特定的上下文中，它们往往代表某种负面、消极意义的事情。比如，例(74a)中的“怀疑到王举人”实际上指“怀疑到王举人是汉奸”，例(75a)中的“怀疑到我的身上”实际上指“怀疑到我是小夫人的相好”。因此，例(74～75)“怀疑”必须识解为‘猜测’或‘相信’(即“怀疑②”)。值得注意的是，例(75)中的补语“到”是可以删除的，而例(74)中的补语“到”是不可删除的。

至于“怀疑＋到＋疑问宾语”格式，因为这种谓词性客体论元具有两极对立(正面 vs. 负面、积极 vs. 消极)的评价意义，所以“怀疑＋到＋疑问宾语”可以识解为：‘不相信＋正面、积极的一极’，并且同时‘相信＋负面、消极的一极’。例如：

(76)a. 她现在再也不用为了和姐妹们争妍比美而操心了，因此她父亲不禁怀疑到，她这种改变是否出于心甘情愿。

b. 会不会怀疑到他的人格，甚至怀疑到他是不是出卖了你，欺骗了你？

c. 说真的，他差不多已经忘了草房与草垛的危险，而怀疑到一家三口的性命是否能保得住！

例(76a)的意思是：她的父亲不相信她的这种改变是出于心甘情愿，同时相信或猜测到她的这种改变不是出于心甘情愿。例(76)中的补语“到”是可以删除的。

总之，“怀疑＋到＋宾语”中的“怀疑”一般可以识解为‘猜测’或‘相信’(即“怀疑②”)。这样，“怀疑＋到”就相当于“猜到”。也就是说，在结果宾语“到”的作用下，否定性的‘不相信＋正面、积极的一极’的意义层面被弱化，而‘猜测/相信＋负面、消极的一极’的意义层面被强化。纵观上面例(71～76)这些“怀疑＋到＋宾语”例子，可以发现补语“到”能否删除的一个规律：凡是宾语是积极或中性意义的名词性成分、消极或两极意义的谓词性成分，补语“到”可以删除；凡是宾语是消极或处所性意义的名词性成分，补语“到”不可删除。因为，前者没有突破“怀疑”跟宾语的选择限制，后者突破了“怀疑”跟宾语的选择限制。可见，补语“到”一方面扩大了“怀疑”对宾语的选择范围，另一方面又限定了“怀疑”及其宾语的意义识解：倾向于把“怀疑”识解为‘猜测’或‘相信’(即“怀疑②”)，把其宾语的评价色彩识解为具有负面、消极意义。

第八节 “怀疑”的使用规则和偏误分析

从表达方面看,“怀疑”的使用可能有四种情形:(i)要表达不相信某种听说双方已知或共享的情况时,说话人就用名词性成分来包装这种高定指性的旧信息,让它做“怀疑”的直接宾语或旁格宾语;如§1的例(1)(3～4),§3的例(12),§5的例(21～43),§6的例(52～54)(60～61),§7的例(67)(71)。(ii)只有用否定式或强调式(让“怀疑”受“不、没有”等否定词或“很、非常”等程度副词修饰),才可以表达不相信某种说话人知道但是听话人不知的新情况;这时,用谓词性成分来包装这种陈述性的新信息,让它做“怀疑”的小句宾语;如§1的例(7～8),§4的例(27～28),§6的例(56～57)(63),§7的例(68)。不管是哪一种情形(名词性宾语 vs. 谓词性宾语),这种“怀疑”的客体论元(对象)在评价意义上都是正面、积极的,至少是中性的。相应地,听话人把这两种情况下的“怀疑”识解为‘不相信’(即“怀疑①”)。(iii)要表达猜测、相信某种说话人知道但是听话人不知的新情况时,就用谓词性成分来包装这种陈述性的新信息,让它做“怀疑”的小句宾语;如§1的例(2)(5～6),§3的例(13～14),§4的例(22～23)(29～30),§5的例(44～50),§6的例(55)(58),§7的例(69)(73)。(iv)只有在使用述结式(让“到”做“怀疑”的补语)时,才可以用体词性成分来包装这种陈述性的新信息,让它做“怀疑”的名词性宾语;如§7的例(72)(75)。不管是哪一种情形(谓词性宾语 vs. 名词性宾语),这种“怀疑”的客体论元(系事)在评价意义上都是负面、消极的,至少是偏离中性的。相应地,听话人把这种情况下的“怀疑”识解为‘猜测、相信’(即“怀疑②”)。(v)要同时表达不相信某种情况像表面上所显示(或一般人通常所认为)的那种样子,并且猜测、相信某种情况实际上是另外一种样子时,就用是非问、反复问等疑问小句来包装这种正反对立的信息,让它做“怀疑”的小句宾语。这种“怀疑”的客体论元在评价意义上是两极对立(正面 vs. 负面、积极 vs. 消极)的,说话人不相信的一面是正面、积极的,说话人相信的一面是负面、消极的。相应地,听话人把这种情况下的“怀疑”识解为:‘不相信＋正面、积极的一极’(即“怀疑①”),并且同时‘相信＋负面、消极的一极’(即“怀疑②”);如§2的例(9～11),§3的例(15～16),§6的例(59)(65),§7的例(70)。

也就是说,人们在使用“怀疑”时,采取的是语法规则和语用策略相结合的方法。既要考虑到“怀疑”之前有无否定、强调等修饰性成分,又要考虑到其客体论元实现的词类范畴和句法位置,还要考虑到客体论元的社会评价意义等语用约束。人们通常相信积极的事情，不相信消极的事情；这是一种社会性惯例和规约。而"怀疑"恰恰是反惯常的，即是疑善信恶的，具体地表现为：不相信事情像表面上显现的或人们一般认为（或宣称）的那样（正面和积极），进而猜测和相信事情是另外（甚至相反）的一种样子（负面和消极）。但是，当"怀疑"处于否定式中时，又从反惯常性逆转到惯常性，使得"不/没有＋怀疑＋宾语小句"结构的语义表达受到信善疑恶这种社会惯例的约束。无论是反惯常性的疑善信恶，还是惯常性的信善疑恶，这些都是"怀疑"使用的社会约束，这种约束是在句法、语义之上的语用约束。所以，使用"怀疑"，尤其是在否定式中，对于说话人的心力（psychological efforts）有相当高的要求。但是，说话人或者是由于表达能力的不足，或者是由于精神涣散、心理紧张等偶然的原因，有时会造出违背上述句法、语义和语用约束的"怀疑"句；结果，给听话人的语义理解带来莫大的困难。例如：

(77)否则不消五十年，我们幸存者自己的后代之中就会有人怀疑中国曾经发生过"文化大革命"。（→ ……有人不相信中国曾经发生过"文化大革命"）或者（→ ……有人对中国曾经发生过"文化大革命"表示怀疑）

(78)当时已经有人怀疑这些原子终究不是不可分割的（→ 有人怀疑到这些原子终究不是不可分割的）或者（→ 有人怀疑这些原子终究是不可分割的观点）

(79)虽然瑞恰慈为基本英语付出很多，也取得了很多成绩，但是世界对基本英语的成败评价不一，普遍认为它跟帝国主义的文化政治关系密切，这使得他们失去了政府的支持，民间对此也不无怀疑，所以可以说此时基本英语已经基本失败。（《"心灵是我们真实的自我"——瑞恰慈其人其事》，《中华读书报》2011 年 11 月 23 日，第 17 版）

(80)他"非常怀疑"国际市场油价会持续攀升。（→ 他对国际市场油价会持续攀升"非常怀疑"）或者（→ 他不相信国际市场油价会持续攀升）

(81)今年搞调整，乡里 30 多名干部又把风险金抵押到农户，农民没有理由怀疑干部是"瞎折腾"。（→ 农民有理由怀疑干部是"瞎折腾"）

(82)到底美在什么地方，这个美产生了什么效果，那大家在读了以后呢，没有人怀疑秦罗敷是不美的。（→ 没有人怀疑秦罗敷是美的）

例(77)是肯定式，"怀疑"的宾语小句是负面和消极意义的；按照规则(iii)，其中的“怀疑”将被识解为‘猜测、相信’(即“怀疑②”)。但是,作者实际上要表达的意思是‘不相信’(即“怀疑①”)。因此,应该把例(77)中的“怀疑”改成“不相信”这种分析形式。例(78)也是一般的肯定式,“怀疑”的宾语小句是中性意义的;按照规则(ii)和(iii),其中的“怀疑”将被识解为‘不相信’(即“怀疑①”)。但是,作者实际上要表达的意思是‘猜测、相信’(即“怀疑②”)。因此,应该把例(78)中的“怀疑”改成述补结构“怀疑到”,或者把宾语小句改为“这些原子终究是不可分割的观点”这种名词性成分。例(79)也是双重否定式,相当于强调式肯定式,“怀疑”的旁格宾语“此”的回指对象(即先行语)不明确;如果是“基本英语的成败”,那么它是两极性的,句子可以接受;如果是“它跟帝国主义的文化政治关系密切”,那么它是消极性的,其中的“怀疑”将被识解为‘猜测、相信’(即“怀疑②”)。但是,这将违反规则(ii)和(iii)。例(80)是强调式肯定式,“怀疑”的宾语小句是负面和消极意义的旧信息;但是作者实际上要表达的意思是‘不相信’(即“怀疑①”)。因此,应该把“很怀疑”的宾语小句改成旁格宾语形式。例(81~82)是否定式,“怀疑”的宾语小句都是负面和消极意义的;按照规则(iii),其中的“怀疑”将被识解为‘猜测、相信’(即“怀疑②”)。但是,作者实际上要表达的意思是‘不相信’(即“怀疑①”);“没有理由怀疑(不相信)= 有理由相信”,“没有人怀疑(不相信)=人人相信”。因此,应该把例(81)中的否定式“没有理由怀疑”改成肯定式“有理由怀疑”,其中“怀疑”的意思是‘猜测、相信’(即“怀疑②”);应该把例(82)中的否定式、消极意义的宾语改成肯定式、积极意义的宾语,其中“怀疑”的意思是‘不相信’(即“怀疑①”)。

第九节 结语

从上文的讨论可见,如果不分层面,单纯地直接从句法上考察,那么“怀疑”的两种意义(‘有点儿不相信’,即“怀疑①”;‘猜测’或‘有点儿相信’,即“怀疑②”)的分布表现和句法功能基本相同:都是既可以带名词性宾语,又可以带谓词性宾语;于是,我们无法凭借句法线索来识解这两种几乎相反的意义。如果区分由“怀疑”构成的相关句子的层面,那么我们可以发现:(i)在无标记的情况下,这两种意义在分布上基本互补;即“怀疑①”跟名词性宾语搭配,“怀疑②”跟谓词性宾语搭配;(ii)在有标记(“怀疑”受“不、没有、很”等修饰,或者带补语“到”)的情况下,“怀疑①”和“怀疑②”都是既可以跟名词性宾语搭配,又可以跟谓词性宾语搭配;结果,还是无法凭借句法线索来识解这两种几乎相反的意义。但是，当我们跳出句法的框框，通过分析真实文本的语料后，就可以发现，区分“怀疑”的这两种意义的实质性线索是宾语的评价色彩（正面 vs. 负面）；具体地表现为：(i)当“怀疑”的客体论元是正面、积极或中性时，把“怀疑”识解为‘不相信’(即“怀疑①”)；(ii)当“怀疑”的客体论元是负面、消极或偏离中性时，把“怀疑”识解为‘猜测’或‘相信’(即“怀疑②”)；(iii)当“怀疑”的客体论元是两极并举时，把“怀疑”识解为‘不相信’正极，同时‘猜测’或‘相信’负极。而这种语用约束又是基于“怀疑”本身的语义和概念结构特点的，因为“怀疑”的意义结构中的隐性否定意义好像是撑开了一把否定的大伞，使整个句子的意义笼罩在否定的阴影之下：或者(i)不相信事情像表面上显现的或人们一般认为（或宣称）的那样（正面和积极）；使“怀疑”浮现出‘不相信’的意义，即形成义项“怀疑①”；或者(ii)猜测和相信事情不像表面上显现的或人们一般认为（或宣称）的那样（正面和积极），而是另外（甚至相反）的一种样子（负面和消极）；使“怀疑”浮现出‘猜测、相信’的意义，即形成义项“怀疑②”。结果，使得这两种意义在具体语境中此消彼长，呈现出一种跷跷板效应。并且，“怀疑”的这两种意义最终是通过对客体论元（表示怀疑对象）在句法（体词性 vs. 谓词性、旁格宾语 vs. 常规宾语）、语义（指称性 vs. 陈述性）和语用（正面 vs. 负面、旧信息 vs. 新信息）等多种层次上的选择限制，在具体的语境中实现的。这为人们识解“怀疑”的意义提供了多层面的线索。因此，说话人对“怀疑”的使用、听话人对“怀疑”的意义识解，可以利用“怀疑”的语义和概念结构特点，采取规则和策略相结合的、有序地使用多层面线索的方法。比如，根据“怀疑”在意义上具有“反通常性”特点（不相信某种正面和积极的可能性，转而相信某种负面和消极的可能性；简称：疑善信恶），听话人在理解“不/没有＋怀疑＋宾语”结构的意义时，可以采取一种自上而下的反向策略：对“怀疑”的否定就是否定“反通常性”，否定“反通常性”就是回归“通常性”（信善疑恶）；具体表现为：(i)如果宾语小句是积极的，那么就把“不/没有＋怀疑”整体性地识解为‘相信’，相应地把其中的“怀疑”诠释为‘不相信’（即“怀疑①”）；(ii)如果宾语小句是消极的，那么就把“不/没有＋怀疑”整体性地识解为‘不相信’，相应地把其中的“怀疑”诠释为‘相信’（即“怀疑②”）。显然，这比机械地从局部到整体的识解方式要简单和有效。

可见，语句意义的理解，是一个句法、词汇、语义、语用等多平面知识互动的过程。这也多少证明了心理语言学家的下列观点：人类进化的压力，使得语言成为一个机会主义的系统（oppotunistic system），表现为：(1)用词语标引或映射（index or map）世界上的事物及其感觉符号；(2)从所指物上推导出各种可资利用的因素；(3)在句法的限定下组合(咬合)各种可资利用的因素。而这种机会主义的系统的运作，依赖于人类精细的行为规划系统。①

通过这个研究案例，我们希望实践一种基于语言运用的实际情形的语法研究的范式。② 我们的目标是：让语法研究根植于人们使用和理解话语的实际情形，从活生生的语言运用的现实中发现语法研究的对象和素材；我们的信念是：语法不仅是一种人类种系进化所得的内在禀赋，而且是一种人类个体在社会交往中锻炼成就的文化技艺，更是一种程式化的以他人为指向的社会性智力；语法不仅体现为一套静态的由原则与参数等组成的规则系统，也体现为一种动态的由建构与猜测等智力行为组成的博弈程序。

① 详见 Glengberg(2009)，pp. 365～368。

② 关于语言运用层面的语法与语言能力层面的语法之差别，详见 Givón(1978)，pp. 72～79。

第十一章　隐性否定溢出实例的合格性调查和博弈论分析

本章首先列举文献上经常提到的由隐性否定显性实现造成的冗余否定句，考察和讨论从真实文本中检索到的动词内隐性否定语义溢出和词汇实现的例子。然后展示母语和二、三语被试对于有关隐性否定冗余实现句的合格性的判断结果，并且进行初步的数据分析，指出近半数的句子被半数以上的被试认为可以接受。接着用博弈论上均衡的概念来分析隐性否定是否冗余实现可能造成的五种博弈结果（好/[最]坏的[不]均衡），从而揭示隐性否定是否冗余实现具有随机性的原因。最后说明人们使用和理解隐性否定冗余实现句的有关策略。

第一节　隐性否定的语义溢出和冗余否定

袁毓林（2012）和本书第八章，曾经把“防止、避免、差、欠、拒绝、否认、抵赖、小心、后悔、责怪、怀疑”等包含隐性否定意义的动词称为“隐性否定动词”，还用动词内隐性否定的语义溢出来解释相关句子中冗余性的多重否定，尝试确定动词内隐性否定的语义溢出和词汇实现的句法语义条件。其实，这个问题前贤早有讨论。比如，吕叔湘（1985）§2.4.3提及“否定作用的模糊化”问题，指出：“有些词语的否定形式跟肯定形式是一个意思”。例如：

(1)a.好容易 ＝ 好不容易　| b.好不热闹 ＝ 好热闹

(2)a.差点儿没/不 ＝ 差点儿 | b.就差没 ＝ 就差

(3)难免不 ＝ 难免

(4)小心 ＝ 小心别

(5)怀疑……不 ＝ 怀疑

(6)除非……才 ＝ 除非……不

(7)没……以前 ＝ ……以前

其中,(2)～(5)涉及动词"差、难免、小心、怀疑"中隐性否定语义的溢出和词汇实现问题。吕叔湘先生说:"等号后边的是比较容易从字面理解的,但这不等于说等号前边的不通,事实上是同样通用,并且多半也能有合乎情理的解释的。"还在附记中说:"由于有这些否定等于不否定的熟语,有些消极意义或者说多少沾上点儿否定味道的词语在使用上有时候出现混乱现象。"他还举了下面这些例子:

(8)以免在教学工作上少受一些影响。

(9)只有这样才能避免不使学生的思想发生混乱。

(10)为了避免今后工作中不发生错误……

(11)谁也不能否认这些戏没有教育意义吧?

(12)总不免有个别地方会拒绝不执行。

(13)美国国务院被迫发表声明,抵赖美国政府并不知情。

(14)史蒂文森一面又抵赖美国对柬埔寨没有进行侵略或怀有侵略意图。

(15)他怀疑甚至最严密的防御能否防止一切轰炸机不飞进来。

对于(12),吕先生说:"'拒不执行'在文言中已成定型,现代文字似仍以'拒绝执行'为好"。

可见,吕先生似乎不太愿意承认(8)～(15)一类句子是合格的。我们的态度则是:只要有人用,并且有一定的出现频率,我们就要去关注和研究,分析说话人为什么要采用这种冗余否定形式,有没有造成听话人误解;如果听话人没有误解说话人的意思,那么他是怎么(凭什么)正确地理解了说话人的真实意思的呢?为此,下面先考察真实文本中的这种冗余否定的例子,调查被试(母语者和第二、三语言者)对这种句子的合格性和可接受性的反应,分析说写者使用这种句子和听读者理解这种句子(包括被试反应)的博弈策略和过程;最后,尝试揭示听读者理解这种句子的意义的心理机制。

第二节　隐性否定语义溢出的真实文本例句分析

我们在CCL语料库中，[①]检索动词中否定语义溢出并且词汇实现的例子。发现了“防止……不……”5例，“避免……不……”4例，“抵制……不……”2例，“拒绝……不……”8例，“就（只）差没（有）……”63例，“抵赖……没有……”2例，“否认……没有……”多例。例如：

(16)a. 我双手紧紧按住我的脑袋，防止不要炸裂。

b. 脂肪组织，具有很好的弹性，当人体受到碰撞时，有缓冲作用，可以防止内脏和骨骼不受外界的直接侵害。

c. 研究人员据此认为，为防止受精卵移植不受影响以确保成功治疗不孕，应开发新的方法。

d. 他想：说服山木或者还是小事，更要紧的倒是怎样防止学生们不上日本教官的，与伪报纸的宣传的当。怎样才不教学生们上当呢？

e. 国际社会必须庄严承诺和合作，以防止世界上不再发生类似卢旺达那样的大屠杀。

f. 请事假回京，还须领到学部的证明，医院才准挂号。这大约都是为了防止干校人员借回京看病，不再返回干校。

(17)a. 毛主席不说话了，考虑了十几分钟后，又问我：“能不能避免不打到美国人？”

b. 这样，既能避免未入岛的内地民工不再盲目涌入海南，又让已入岛……

c. 怎样避免1975年那样的事件不再发生……

d. 我怎样能够避免不再做一个骗子……

e. 为了避免出现新的冷战格局，不再使欧洲分裂，俄罗斯赞成在“和平伙伴关系”计划内合作……

(18)a. 1980年莫斯科奥运会，由于美国等许多向来拥有大量巨人的队抵制不参加，使2米以上的巨人数有所减少。

b. 我看大明气数已尽，应该归顺清朝，洪承畴还是态度强烈，非常抵制不投降……

(19)a. 只要双方理化指标都能满足，就不能拒绝不要。

① 北京大学中国语言学研究中心的CCL语料库，现代汉语部分有3亿多字语料。

b. 你有权利拒绝不干。

c. 当初之所以拒绝不当魔术师，就是因为他对骑士怀着憧憬。

d. 最后她干脆拒绝不去了。

(20) a. 自己不需要的就拒不接收。

b. 官僚地主贪婪地兼并土地并隐瞒起来，拒不纳税。

c. 许多省份，拒不行用。

d. 冯骥在案件查办过程中拒不承认受贿。

(21) a. 邹新华激动地指着李秋鸿，只差没把指头戳到对方的鼻子上。

b. 他的手已经举起来，就差没有打下去。

c. 当着我们的面，就还差没叫这些人给他磕头罢了！

d. 范博文的脸色又立刻变了，只差没有转身就走。

(22) a. 知道自己前生欠了人命债没有还……

b. 他欠我的情，还没有报。

(23) a. 徐义德还不死心，仍然企图抵赖："我们沪江纱厂从来没有卖过次泾阳的花衣给信孚记花行，这有账……"→ 徐义德抵赖说："我们沪江纱厂从来没有卖过次泾阳的花衣给信孚记花行……"

b. 杜善人还是抵赖着："确实没有枪……妈呀……你们冤屈好人。"→ 杜善人还是抵赖道："确实没有枪……"

在上面的例子中，(16a～e)是冗余否定格式"防止……不……"的实例，(16f)是流水句，"不再返回干校"虽然在"防止"的辖域之中，但这个"不"不是冗余否定，而是真性否定。(17a～d)是冗余否定格式"避免……不……"的实例，(17e)也是流水句，"不再使欧洲分裂"既可以解读为处于"避免"的辖域之中，"不"是冗余否定；也可以解读为处于"避免"的辖域之外，"不"是真性否定。(18a)是冗余否定格式"抵制……不……"的实例，不能把其中的"抵制不参加"看作正反连用式连谓结构(如：抓住不放、坐着不起来)；因为相应的肯定形式"抵制参加"一定是述宾结构，所以"抵制不参加"最好也看作述宾结构。(18b)中的"非常抵制不投降"应该看作"非常抵制投降"的冗余否定形式，即"抵制"中的隐性否定意义溢出并且词汇实现；如果写者认为它是连谓结构，那么一般会用逗号断开为"非常抵制，不投降"。(19a～d)是冗余否定格式"拒绝……不……"的实例，不能把其中的"拒绝不当魔术师"看作正反连用式连谓结构；因为相应的肯定形式"拒绝当魔术师"一定是述宾结构，所以"拒绝不当魔术师"最好也看作述宾结构。一个重要的结构测试依据是：述宾结构的谓词性宾语可以有否定形式，而正反重复式连谓结构的否定式后段一般没有相应的肯定形式。例如：

(24)a. 同意参加竞选 ～ 同意不参加竞选
b. 希望带铺盖来 ～ 希望不带铺盖来
c. 准备在家里做 ～ 准备不在家里做

(25)a. 抓住不放 ～ *抓住放
b. 坐着别动 ～ *坐着动
c. 坐地上没起来 ～ *坐地上起来

因为“抵制不参加”和“拒绝不当魔术师”等跟正反重复式连谓结构没有这种平行性，所以把它们看作连谓结构的理由并不充分。(20a～d)是冗余否定格式“拒不……”的实例，“拒不”差不多已经成为一个合成词了，尽管《现代汉语词典》等辞书没有收录。(21a～d)是冗余否定格式“就(只)差没(有)……”的实例，这种冗余否定几乎是没有争议的。(22a～b)是正反连用式连谓结构。“欠没”式冗余否定格式在语料库中没有发现，但是在我们对母语被试的调查中，这种格式的可接受性为90%，高于“差没”格式的84%。[①] 其中原因，还不清楚。例(23)是直接引语格式，其中的“抵赖”相当于一个言说动词(表示言语引用，包括直接引用和间接引用)，并且其后可以出现真正的言说动词“说、道”等；直接引语中的“没有”是真性否定。如果把这种直接引语改为间接引语，那么“抵赖”仍然是言说引用动词，其中的“没有”就是冗余否定。例如：

(26)a. 徐义德还不死心，仍然抵赖他们沪江纱厂从来没有卖过次泾阳的花衣给信孚记花行。→ 徐义德抵赖他们沪江纱厂卖过次泾阳的花衣给信孚记花行的事实。

b. 杜善人还是抵赖他确实没有枪。→ 杜善人还是抵赖他有枪的事实。

这种冗余否定是强制性的，即“抵赖”的宾语小句不能变换为相应的肯定形式。如上面的变换式所示，只有当“抵赖”的宾语是名词性成分(通常由宾语小句名词化而来)时，才能删除这种冗余否定。不过，这种情况下的“抵赖”表示一种言说行为，表示言语引用。[②]

① 详见下一小节的统计数据和相关讨论。

② 关于言语引用和言语行为的差别，详见袁毓林(2011)§2。

“否认”句的情况比较复杂，下面先分类举例，再略做讨论：

(27)a. 蒲田胜还否认从没有过从军“慰安妇”，而只是有过“公娼”。→ 蒲田胜还否认有过从军“慰安妇”，说只是有过“公娼”。

b. 大量的伪劣字画竟相充斥市场……爱新觉罗·敏先生否认本家族中没有毓龙、兆裕此人，至于他们的字画，纯系伪造……“本家族中没有毓龙、兆裕此人”，没有就是没有了，可又加以“否认”，那么究竟是有还是没有呢？→ 爱新觉罗·敏先生否认本家族中有毓龙、兆裕此人……

(28)a. 巴政府对此坚决否认，称没有任何政府机构参与核技术的泄露。

b. 他们决定让他否认说自己没有砸过……

c. 透过门口的对讲机问宫泽理惠的妈妈有无这件传闻时，宫泽的妈妈否认说，她没有听说过这件事情。

d. 陶伶娣一听伤心了，一口否认，根本就没有这种事情，是几个恶毒的老太婆存心编造的。

(29)a. 销售处长万振民等立即赶到辽宁电视台打听，哪知电视台矢口否认：“没有这回事！”

b. 驹子吓了一跳，连忙否认：“没有，二爷，小的没杀过人……”

c. 朱延年抬起头来，接连摇头否认，“从来没有过，从来没有过。”

d. 等丈夫转了背，柔嘉盘问李妈。李妈否认道：“我什么都没有说，只说姑爷脾气躁得很。”

e. 他急急忙忙地否认道：“没有这回事！不，我完全不晓得！”

(27a～b)是单纯的间接引语格式“否认……没(有)……”的实例，其中的“没(有)”是冗余否定，“否认”的宾语小句能变换为相应的肯定形式。(28a～c)是插入言说动词的间接引语式格式“否认＋说/称……没(有)……”的实例，其中的“没(有)”是真性否定；(28d)省略了言说动词，而代之以逗号。(29)是直接引语式“否认(＋说/称)：‘……没(有)……’”的实例，言说动词有无皆可，其中的“没(有)”也是真性否定。

从上面的讨论可见，只有单纯的间接引语格式中的否定词语是冗余否定；插入了言说动词的间接引语式格式和直接引语格式中的否定词语是真性否定。这种规律，在“否认”前有“不(可)、无法”时依然有效。例如：

(30)a. 最后的结局不外是：有情人终成眷属。我们并不否认现实生活中没有这样的事例。有，但却不像小说中塑造的那么多，那么强烈……

b. 但另外一个事实谁都无法否认，中华人民共和国至今没有国花。

c. 但是，也不可否认，有一些企业一直没有摆脱等靠要的观念束缚，使企业难上加难。

(30a)是否定式的单纯间接引语格式，“否认”的宾语小句中的“没有”是冗余否定，(30b～c)中的“没有”是真性否定。

第三节　隐性否定冗余实现句的合格性调查与分析

为了了解语言使用者(主要是听读者)对于隐性否定溢出实现句的态度，我们选取了15个跟隐性否定的冗余实现相关的句子，向语言学专业研究生进行合格性判断调查。其中，以汉语为母语的被试50个，以汉语为第二(或第三)语言的留学生被试12个，他们分别来自韩国、日本和泰国。为了简明扼要，在统计分析时，又把原先的5点式合格性等级量表，折合成3点式可接受性等级量表。为了节省篇幅，下面把5点式量表和3点式量表合在一起，并且把留学生被试的调查表及其统计数字放在文末的附录中。

句子合格性判别的统计

(一)母语者被试，A. 五点式量表、B. 三点式量表

提示：请判断下列句子b在表达跟a相似的意义的情况下的合格性。每一个句子下面的合格性量表各有5个等级，请在你认可的等级上画圈。谢谢！

被试信息：50人；国籍：中国；汉语为第一语言

调查时间：2011年9月28日；调查地点：北京大学；调查对象：语言学研究生

标记说明：

a：合格	b：倾向于合格	c：不能确定	d：倾向于不合格	e：不合格
a+b：可以接受		c：不能确定	d+e：不可接受	

(31)a. 防止再次发生病虫害 ≈ b. 防止不再发生病虫害

a:10 人,20%	b:14 人,28%	c:0 人,0%	d:7 人,14%	e:19 人,38%
a+b:24 人,48%		c:0 人,0%	d+e:26 人,52%	

(32)a. 防止这类交通事故再次发生 ≈ b. 防止这类交通事故不再发生

a:6 人,12%	b:13 人,26%	c:2 人,4%	d:12 人,24%	e:17 人,34%
a+b:19 人,38%		c:2 人,4%	d+e:29 人,58%	

(33)a. 怎样才能避免今后犯错误？≈ b. 怎样才能避免今后不犯错误？

a:9 人,18%	b:15 人,30%	c:0 人,0%	d:8 人,16%	e:18 人,36%
a+b:24 人,48%		c:0 人,0%	d+e:26 人,52%	

(34)a. 如何防止悲剧再次发生？≈ b. 如何防止悲剧不再发生？

a:11 人,22%	b:16 人,32%	c:1 人,2%	d:8 人,16%	e:14 人,28%
a+b:27 人,54%		c:1 人,2%	d+e:22 人,44%	

(35)a. 我就差写一篇序了。≈ b. 我就差没写一篇序了。

a:24 人,48%	b:18 人,36%	c:2 人,4%	d:1 人,2%	e:5 人,10%
a+b:42 人,84%		c:2 人,4%	d+e:6 人,12%	

(36)a. 我就欠打他一顿了。≈ b. 我就欠没打他一顿了。

a:27 人,54%	b:18 人,36%	c:3 人,6%	d:2 人,4%	e:0 人,0%
a+b:45 人,90%		c:3 人,6%	d+e:2 人,4%	

(37)a. 部分地区拒绝实施调控政策。≈ b. 部分地区拒绝不实施调控政策。

a:2 人,4%	b:6 人,12%	c:2 人,4%	d:6 人,12%	e:34 人,68%
a+b:8 人,16%		c:2 人,4%	d+e:40 人,80%	

(38)a. 个别单位抵制执行国家法令。≈ b. 个别单位抵制不执行国家法令。

a:6 人,12%	b:11 人,22%	c:1 人,2%	d:8 人,16%	e:24 人,48%
a+b:17 人,34%		c:1 人,2%	d+e:32 人,64%	

(39)a. 约翰逊否认使用了违禁药品。≈ b. 约翰逊否认没有使用违禁药品。

a:1 人,2%	b:3 人,6%	c:0 人,0%	d:10 人,20%	e:36 人,72%
a+b:4 人,8%		c:0 人,0%	d+e:46 人,92%	

(40)a. 谁也不否认这些戏有教育意义吧？≈ b. 谁也不否认这些戏没有教育意义吧？

a:6 人,12%	b:4 人,8%	c:4 人,8%	d:6 人,12%	e:30 人,60%
a+b:10 人,20%		c:4 人,8%	d+e:36 人,72%	

(41)a. 他们抵赖盗用过公司的名义。≈ b. 他们抵赖没有盗用过公司的名义。

a:3 人,6%	b:16 人,32%	c:4 人,8%	d:9 人,18%	e:18 人,36%
a+b:19 人,38%		c:4 人,8%	d+e:27 人,54%	

(42)a. 难道你还要抵赖你参与了闹事?≈ b. 难道你还要抵赖你没有参与闹事?

a:16 人,32%	b:17 人,34%	c:0 人,0%	d:6 人,12%	e:11 人,22%
a+b:33 人,66%		c:0 人,0%	d+e:17 人,34%	

(43)a. 大家都猜测王刚的法语水平不高。≈ b. 大家都怀疑王刚的法语水平不高。

a:21 人,42%	b:20 人,40%	c:1 人,2%	d:3 人,6%	e:5 人,10%
a+b:41 人,82%		c:1 人,2%	d+e:8 人,16%	

(44)a. 大家都猜测王刚不拥有法国国籍。≈ b. 大家都怀疑王刚不拥有法国国籍。

a:16 人,32%	b:22 人,44%	c:2 人,4%	d:2 人,4%	e:8 人,16%
a+b:38 人,76%		c:2 人,4%	d+e:10 人,20%	

(45)a. 大家都猜测王刚没有获得博士学位。≈ b. 大家都怀疑王刚没有获得博士学位。

a:24 人,48%	b:23 人,46%	c:1 人,2%	d:0 人,0%	e:2 人,4%
a+b:47 人,94%		c:1 人,2%	d+e:2 人,4%	

(二)留学生被试,A. 五点式量表、B. 三点式量表

提示:请判断下列句子 b 在表达跟 a 相似的意义的情况下的合格性。每一个句子下面的合格性量表各有 5 个等级,请在你认可的等级上画圈。谢谢!

被试信息:12 人;国籍:韩国、日本、泰国;汉语为第二、三语言

调查时间:2011 年 9 月 28 日;调查地点:北京大学;调查对象:语言学研究生

标记说明:

a:合格	b:倾向于合格	c:不能确定	d:倾向于不合格	e:不合格
a+b:可以接受		c:不能确定	d+e:不可接受	

(31′)a. 防止再次发生病虫害。≈ b. 防止不再发生病虫害。

a:1 人,8.3%	b:5 人,41.7%	c:0 人,0%	d:2 人,16.7%	e:4 人,33.3%
a+b:6 人,50%		c:0 人,0%	d+e:6 人,50%	

(32′)a. 防止这类交通事故再次发生。≈ b. 防止这类交通事故不再发生。

a:0 人,0%	b:8 人,66.7%	c:1 人,8.3%	d:2 人,16.7%	e:1 人,8.3%
a+b:8 人,66.7%		c:1 人,8.3%	d+e:3 人,25%	

(33′)a. 怎样才能避免今后犯错误？≈ b. 怎样才能避免今后不犯错误？

a:3 人,25%	b:1 人,8.3%	c:3 人,25%	d:1 人,8.3%	e:4 人,33.3%
a+b:4 人,33.3%		c:3 人,25%	d+e:5 人,41.7%	

(34′)a. 如何防止悲剧再次发生？≈ b. 如何防止悲剧不再发生？

a:1 人,8.3%	b:5 人,41.7%	c:2 人,16.7%	d:2 人,16.7%	e:2 人,16.7%
a+b:6 人,50%		c:2 人,16.7%	d+e:4 人,33.3%	

(35′)a. 我就差写一篇序了。≈ b. 我就差没写一篇序了。

a:2 人,16.7%	b:5 人,41.7%	c:2 人,16.7%	d:0 人,0%	e:3 人,25%
a+b:7 人,58.3%		c:2 人,16.7%	d+e:3 人,25%	

(36′)a. 我就欠打他一顿了。≈ b. 我就欠没打他一顿了。

a:0 人,0%	b:3 人,25%	c:1 人,8.3%	d:4 人,33.3%	e:4 人,33.3%
a+b:3 人,25%		c:1 人,8.3%	d+e:8 人,66.7%	

(37′)a. 部分地区拒绝实施调控政策。≈ b. 部分地区拒绝不实施调控政策。

a:0 人,0%	b:1 人,8.3%	c:3 人,25%	d:5 人,41.7%	e:3 人,25%
a+b:1 人,8.3%		c:3 人,25%	d+e:8 人,66.7%	

(38′)a. 个别单位抵制执行国家法令。≈ b. 个别单位抵制不执行国家法令。

a:0 人,0%	b:1 人,8.3%	c:2 人,16.7%	d:3 人,25%	e:6 人,50%
a+b:1 人,8.3%		c:2 人,16.7%	d+e:9 人,75%	

(39′)a. 约翰逊否认使用了违禁药品。≈ b. 约翰逊否认没有使用违禁药品。

a:1 人,8.3%	b:1 人,8.3%	c:2 人,16.7%	d:3 人,25%	e:5 人,41.7%
a+b:2 人,16.7%		c:2 人,16.7%	d+e:8 人,66.7%	

(40′)a. 谁也不否认这些戏有教育意义吧？≈ b. 谁也不否认这些戏没有教育意义吧？

a:2 人,16.7%	b:1 人,8.3%	c:2 人,16.7%	d:3 人,25%	e:4 人,33.3%
a+b:3 人,25%		c:2 人,16.7%	d+e:7 人,58.3%	

(41′)a. 他们抵赖盗用过公司的名义。≈ b. 他们抵赖没有盗用过公司的名义。

a:0 人,0%	b:2 人,16.7%	c:4 人,33.3%	d:3 人,25%	e:3 人,25%
a+b:2 人,16.7%		c:4 人,33.3%	d+e:6 人,50%	

(42′)a. 难道你还要抵赖你参与了闹事？≈ b. 难道你还要抵赖你没有参与闹事？

a:0 人,0%	b:4 人,33.3%	c:3 人,25%	d:4 人,33.3%	e:1 人,8.3%
a+b:4 人,33.3%		c:3 人,25%	d+e:5 人,41.7%	

(43′)a. 大家都猜测王刚的法语水平不高。≈ b. 大家都怀疑王刚的法语水平不高。

a:3 人,25%	b:2 人,16.7%	c:3 人,25%	d:1 人,8.3%	e:3 人,25%
a+b:5 人,41.7%		c:3 人,25%	d+e:4 人,33.3%	

(44′)a. 大家都猜测王刚不拥有法国国籍。≈ b. 大家都怀疑王刚不拥有法国国籍。

a:3 人,25%	b:2 人,16.7%	c:2 人,16.7%	d:2 人,16.7%	e:3 人,25%
a+b:5 人,41.7%		c:3 人,25%	d+e:4 人,33.3%	

(45′)a. 大家都猜测王刚没有获得博士学位。≈ b. 大家都怀疑王刚没有获得博士学位。

a:1 人,8.3%	b:4 人,33.3%	c:2 人,16.7%	d:2 人,16.7%	e:3 人,25%
a+b:5 人,41.7%		c:2 人,16.7%	d+e:5 人,41.7%	

从上面的统计可见,母语被试对于跟隐性否定的冗余实现相关的句子的认可程度还是比较高的。具体地说,15 句中,有 2 句 90%以上的被试认为可以接受,有 2 句 80%以上的被试认为可以接受,有 1 句 70%以上的被试认为可以接受,有 1 句 60%以上的被试认为可以接受,有 1 句 50%以上的被试认为可以接受,有 2 句 40%以上的被试认为可以接受,有 3 句 30%以上的被试认为可以接受,有 3 句 20%以下的被试认为可以接受。粗略地说,近半数的句子被半数以上的被试认为可以接受。

由于不同的隐性否定动词所造成的冗余否定句的合格性和可接受性是不同的,下面我们以动词为项目进行统计,并且把留学生被试的反应也合并进来。

句子合格性判别的比较。

我们把母语被试和留学生被试两张关于可接受性的三点式量表简化合并成下表。其中,A 代表母语者被试,B 代表留学生被试。

句子类型＼反应类型	可以接受	不能确定	不可接受
“防止”句 3 个	A:38～54% B:50～66.7%	A:2～4% B:0～16.7%	A:44～58% B:33.3～50%
“避免”句 1 个	A:48% B:33.3%	A:0% B:25%	A:52% B:41.7%
“差”句 1 个	A:84% B:58.3%	A:4% B:16.7%	A:12% B:25%
“欠”句 1 个	A:90% B:25%	A:6% B:8.3%	A:4% B:66.7%
“拒绝”句 1 个	A:16% B:8.3%	A:4% B:25%	A:80% B:66.7%
“抵制”句 1 个	A:34% B:8.3%	A:2% B:16.7%	A:64% B:75%
“否认”句 2 个	A:8～20% B:16.7～25%	A:0～8% B:16.7%	A:72～92% B:58.3～66.7%
“抵赖”句 2 个	A:38～66% B:16.7～33.3%	A:0～8% B:25～33.3%	A:34～54% B:41.7～50%
“怀疑”句 3 个	A:76～94% B:41.7%	A:2～4% B:16.7～25%	A:4～20% B:33.3～41.7%

可见，就母语被试来说，有 84～90%的被试认为“差、欠”类冗余否定句可以接受，有 76～94%的被试认为“怀疑”类冗余否定句可以接受，有 48%的被试认为“避免”类冗余否定句可以接受，有 38～66%的被试认为“抵赖”类冗余否定句可以接受，有 38～54%的被试认为“防止”类冗余否定句可以接受，有 34%的被试认为“抵制”类冗余否定句可以接受，16%的被试认为“拒绝”类冗余否定句可以接受，8～20%的被试认为“否认”类冗余否定句可以接受。并且，跟母语者相比，大致是留学生被试要保守一些，他们不大敢认定这种冗余否定句的合格性和可接受性。

第四节　隐性否定是否溢出实现的博弈论分析

从§2 和§3 的讨论可以看出，对于隐性否定的语义溢出所造成的冗余性否定句的合格性，人们的认识和判断相差极大。这在一定程度上可以从这种句子产生的交际动因上找到解释。因为，隐性否定的语义溢出和词汇实现，它本来就是说话人与听话人互相博弈的结果：在说话人方面，他因为担心听话人忽略动词中的隐性否定意义，所以想在隐性否定动词后面的谓词性宾语中加上一个否定词，来强调这种全局性的否定意义；但是，他又担心听话人不能体会到这个否定是前面动词中的隐性否定的冗余表达，担心听话人把这个冗余否定解读成一个实在的否定（即真性否定），从而造成语义矛盾（即跟他要表达的断言意义相反）。比如，§1中的例(10)“为了避免今后工作中不发生错误……”，在“避免”的宾语小句中加一个否定词“不”，来强调说话人希望不发生错误。在听话人方面，他要猜测说话人的真实的表达意图是什么，说话人真正想表达的意思是肯定还是否定；从而断定这个谓词性宾语中的否定词表达的是真性的否定，还是冗余的否定。比如，§1中的例(11)“谁也不能否认这些戏没有教育意义吧？”听话人可能不容易了解说话人想说这些戏有教育意义（肯定），还是没有教育意义（否定）。在句法形式线索不足的情况下，听话人就得根据语境所提供的信息，求助于有关的语用原则来猜测。因此，谓词性宾语所表示的事件的如意与否等语言之外的信息就显得尤为重要。这一点，我们将在下一节§5展开讨论。

可以想见，在说话人和听话人双方信息不对称的情况下，这种合作性博弈的结果是不确定的；至少会有下列五种状态：

(i)**好的均衡**：说话人以为听话人能够明白动词中的隐性否定意义，所以没有在后面的谓词性宾语中加上一个否定词；而且，听话人的确理解并且注意到了动词中的隐性否定意义。比如，“怎样才能防止学生厌学呢？”听话人完全能够理解说话人想表达的意思是：“怎样才能使学生不厌学呢？”这既遵循了语言表达的经济原则，又符合了语言表达的明确原则。听说双方在理解和表达上达到了最佳的均衡(equilibrium)。

(ii)**坏的均衡**：说话人以为听话人不能明白动词中的隐性否定意义，所以在后面的谓词性宾语中加上一个否定词；而且，听话人也的确没有注意到动词中的隐性否定意义，全靠那个冗余否定词才得以正确地理解了整个句子的否定意义。比如，§2中的例(16e)“国际社会必须庄严承诺和合作，以防止世界上不再发生类似卢旺达那样的大屠杀”。这虽然违背了语言表达的经济原则，但是符合语言表达的明确原则，并且保证了交际的基本成功。

(iii)**好的不均衡**：说话人以为听话人不能明白动词中的隐性否定意义，所以在后面的谓词性宾语中加上一个否定词；但是，听话人其实理解并且注意到了动词中的隐性否定意义，所以那个冗余否定词完全是不必要的。比如，§2中的例(16c)“为防止受精卵移植不受影响以确保成功治疗不孕”。这虽然违背了语言表达的经济原则，显得啰唆和拖沓，但是符合语言表达的明确原则，没有对交际带来损害，只是一种无大害的浪费而已。

(iv)**坏的不均衡**：说话人以为听话人能够明白动词中的隐性否定意义，

所以没有在后面的谓词性宾语中加上一个冗余的否定词；但是，听话人却没有注意到动词中的隐性否定意义，不能正确地理解整个句子的否定意义。比如§1中的例(14)“史蒂文森一面又抵赖美国对柬埔寨(没有)进行侵略或怀有侵略意图”，如果去掉括号中的“没有”就有可能使人误解。在这种情况下，如果不用冗余否定；那么虽然遵循了语言表达的经济原则，但是违背了语言表达的明确原则，造成了交际的失败，这是一种有害的节约。

(v)**最坏的不均衡**：说话人以为听话人不能明白动词中的隐性否定意义，所以在后面的谓词性宾语中加上一个否定词；但是，听话人注意到了动词中的隐性否定意义，并且把那个冗余否定词理解为真性否定，误解了说话人的意思，把整个句子理解为多重否定。比如，§1中的例(11)“谁也不能否认这些戏没有教育意义吧？”作者的本意是这些戏有教育意义，谁也不能说它们没有教育语义；但是，听话人完全可以解读为：作者的意思是这些戏没有教育意义，谁也不能否认这一事实。结果既违背了语言表达的经济原则，又违背了语言表达的明确原则，对交际带来了损害，是一种有大害的浪费。

可见，加与不加冗余否定词两种决策，都有好与坏两种可能的结果，都不能确定地达到收益(payoff)最大化；所以，说话人不容易形成一种确定性的最优决策或严格的占优策略(strictly dominant strategy)。因此，在符合袁毓林(2013)§3所论列的隐性否定的语义溢出条件的情况下，隐性否定是否会语义溢出和词汇实现，仍然带有很大的随机性。这也正好可以解释：为什么这种句子始终不能形成一种明确的语法化的表达惯例。也正因为如此，人们在面对这种冗余否定表达时，就不容易判定其合格性和可接受性。

第五节　隐性否定溢出句的使用和理解策略

从上文§1和§2的实例来看，隐性否定溢出并且造成冗余否定句的动词，主要是“防止、避免、差、欠、拒绝、抵制”和“抵赖、否认”等。其中，“防止、避免、差、欠、拒绝、抵制”是逆叙实词，可以推演其宾语所表示的命题是假的；即宾语所说的情况，通常是可能发生或将要发生但是尚未发生的事件，也是说话人不希望它发生的。于是，当说话人要强调这种否定性意义时，直接在宾语中加入否定词语“不、没有”，形成冗余否定。例如：①

① 下面的例(46～50)分别是§2的例(16b)、(17a)、(18d)、(19c)、(18a)。

(46)脂肪组织，具有很好的弹性，当人体受到碰撞时，有缓冲作用，可以防止内脏和骨骼不受外界的直接侵害。

(47)毛主席不说话了，考虑了十几分钟后，又问我："能不能避免不打到美国人？"

(48)范博文的脸色又立刻变了，只差没有转身就走。

(49)当初之所以拒绝不当魔术师，就是因为他对骑士怀着憧憬。

(50)1980年莫斯科奥运会，由于美国等许多向来拥有大量巨人的队抵制不参加，使2米以上的巨人数有所减少……

当听话人听到这种逆叙实词构成的句子时，直接把宾语所表示的命题解读为假的(尚未发生的事件)。如果碰到例(46～50)那种宾语中有否定词语"不、没有"的句子，就径直把它们识解(construe)为冗余否定，即把否定词语看作逆叙实性的冗余性标记。

"抵赖、否认"的情况稍微复杂一点儿，因为它有叙述和逆叙实两种用法。根据袁毓林(2011)的研究：表示言语行为的"抵赖、否认"(不承认某事是事实)是叙实词，可以推演出其宾语所表示的命题是真的；表示言语引用的"抵赖、否认"(声称某事不是事实)是逆叙实词，可以推演出其宾语所表示的命题是假的。于是，当说话人要强调言语行为动词"抵赖、否认"的宾语所指的某事是事实时，不会在宾语中加入冗余性否定词语，如下面的(51～52)a所示；当说话人暂时站在言语行为动词"抵赖、否认"的主语的立场，模拟主语的口气来声称宾语所指的某事不是事实时，就必须在宾语中加入否定词语"不、没有"，如下面的(51～52)b所示。言语行为动词"抵赖、否认"的这种移情(empathy)用法，推动着它们从叙实词逐步转变为逆叙实词，最终引申出言语引用的用法和意义，如下面的(51～52)c所示。例如：

(51)a. 徐德明还在那儿抵赖他们走私过电器(之事)。
b. 徐德明还在那儿抵赖(说)他们没有走私过电器。
c. 徐德明还在那儿抵赖(说)："我们没有走私过电器。"

(52)a. 宫泽的妈妈否认她听说过这件事情。
b. 宫泽的妈妈否认(称)她没有听说过这件事情。
c. 宫泽的妈妈否认(称)："我没有听说过这件事情。"

当听话人听到"抵赖、否认"句时，如果发现其宾语中没有否定词语[如(51～52)的a]，就把"抵赖、否认"识别为叙实词，直接把宾语所表示的命题解读为真的。即尽管主语不承认某事是事实,但是听话人认为,说话人的意思是:某事就是一个事实。如果发现其宾语中有否定词语[如(51～52)的 b、c],则把"抵赖、否认"识别为逆叙实词,直接把宾语所表示的命题解读为假的。即尽管主语声称某事不是事实,但是听话人认为,说话人的意思是:某事就是一个事实。也就是说,宾语中的否定词语可以看作触发逆叙实解读的标记。

但是,当"否认"之前有"不、没有"等否定词语时,就把"否认"识别为叙实词;于是,直接把宾语所表示的命题解读为真的,而不管这个宾语中有没有否定词语。例如:

(53)a. 王娟没有否认她喜欢齐秦的歌曲。

b. 王娟没有否认她不喜欢齐秦的歌曲。

(54)a. 该国不否认他们有能力制造核武器。

b. 该国不否认他们没有能力制造核武器。

上面(53～54)的 a 跟 b 的真值一定是相反的。可见,否定式"否认"句的宾语中的否定词语是真性否定。道理并不复杂,因为"否认"的意思是"不承认";否定式"不/没有否认"的意思是"不/没有＋不承认"≈"承认"。而"承认"是叙实词,可以推演其宾语所表示的命题是真的。

"抵赖"也可以受否定词语修饰,如"并不抵赖、不容抵赖"。但是,这种否定式一般不能带宾语。所以,在这里就不做讨论。

另外,"怀疑"的情况更加复杂,我们有另文做专门的讨论;详见袁毓林(2014)和本书第十章。

肆　隐性否定副词的语义分析

第十二章 “差点儿”和“差不多”的意义同异之辨

本章考察“差点儿”和“差不多”中所含的隐性否定的语义层次，比较这两个副词在语义结构诸层面（断言、推论、预设、情态）上的同异，得出结论：(i)“差不多 VP”和“差点儿 VP”的预设意义相同，都是“接近 VP”；(ii)“差点儿 VP”的推演意义是“没有 VP”，断言意义是其预设和推演的合取；整个格式的语义区间由预设标定下限，由推演标定上限；(iii)“差不多 VP”的推演意义是“不一定正好是 VP”(包括“没有达到 VP”“超过了 VP”“正好是 VP”)，断言意义也是其预设和推演的合取；(iv)“差点儿 VP”表示道义情态(庆幸/ 遗憾)，“差不多 VP”表示认识情态(不确信/委婉)。最后，说明“差点儿”和“差不多”不仅是有关构式的关键词，而且是多重概念空间的建造者；还对比分析了它们在叙实性方面的差别。

第一节 副词内含的隐性否定及其语法效应

在现代汉语中，否定这一语义范畴往往跟其他情态范畴有着千丝万缕的联系和纠缠。比如，否定副词“不”在表示否定的时候，多少跟主观意志(volition)相关；例如，“我不去”的意思是“我不打算/愿意/准备去”。而否定副词“没有”只用于否定已经发生的动作、状态，[①]更像是一种客观的叙述，[②]但跟时体(tense or aspect)发生了关系。跟否定副词包含否定以外的时体或情态意义相反，有的情态、语气副词的意义中却包含着否定意义。这

---

① Chao(1968:666)把谓词性成分前的“没有”看作助动词。朱德熙(1982)指出：谓词性成分前的“没有”跟体词性成分前的“没有”的语法功能在许多方面都是平行的，把谓词性成分前的“没有”看作动词是合理的。(第 70～71 页)本章为了从俗和方便，把谓词性成分前的“没有”看作副词。

② 关于“不”和“没有”的意义差别，参考吕叔湘(2001)，第 383 页。

可以从有关词语的词典释义中约略看出。例如：①

差点儿：表示某种事情接近实现而没有实现，或几乎不能实现而终于实现：～摔倒｜～没考上大学。

差不多：相差很少；接近；几乎：学期～要结束了｜等了～两个小时｜头发～全白了。

几乎：①表示十分接近：今天到会的人～有五千人｜这个结论，～没有人相信。②差点儿：要不是你提醒，我～忘了这事儿｜他两腿一软，～摔倒在地。

险些：差点儿(发生不如意的事情)：马往旁边一闪，～把我摔下来｜～被人暗算。

粗略地说，“差点儿、差不多、几乎、险些”等的意义可以概括为：“某种事情接近于发生，但是最终没有发生。”不管这些词语的构成成分中有没有否定语素，它们直接或间接地包含着某种否定性意义。当它们进入句子(修饰谓词性成分 VP)时，往往可以像“不、没有”等显性的否定副词一样，直接改变或逆转(reverse)句子的真值条件意义。例如：

(1)a. 李萍上了北大。～ b. 李萍差点儿上了北大。～ c. 李萍没有上北大。

a. 同事们全来了。～ b. 同事们差不多全来了。～ c. 同事们没有全来。

a. 电影票买到了。～ b. 电影票几乎买到了。～ c. 电影票没有买到。

a. 小渔船翻了底。～ b. 小渔船险些翻了底。～ c. 小渔船没有翻底。

在上面的例子中，b 句的意思近似于 c 句；因此，如果 a 句是真的，那么 b 句就是假的，反之亦然。

① 对于词语的意义解释，主要依据吕叔湘(2001)；中国社会科学院语言研究所词典编辑室编《现代汉语词典》(第 5 版)，商务印书馆，2009 年。但是，对部分释义和举例，我们做了调整和补充。下同。

跟“差点儿、差不多”意义相近的副词有“差一点(儿)、差不点(儿)、几乎、几近、近乎、近于、险(～遭不测)、险些”等。

正是这些副词中所包含的隐性否定(implicit negation)意义,使得由它们修饰谓词性成分所造成的格式,跟某些显性的否定格式有同义互释(paraphrase)关系。例如:

(2)a. 差点儿成功 ≈ 接近成功,但是没有成功。
b. 差不多完工 ≈ 接近完工,但是没有完工。

那么,这种隐性否定意义在这些词语及相关句子的语义结构中,分别处于什么样的语义层次呢?具体地说,它们到底处于断言(assertion)层面,还是推演(entailment)层面,还是预设(presupposition)层面呢?这是本文要讨论的一个问题。并且,本文正是希望从这种隐性否定的语义层次和语法效应入手,来分析隐性否定副词“差点儿”和“差不多”在语义上的同异,①更清晰地解释这两个副词在用法上的同异。

第二节 “差点儿”与“差不多”的预设意义

虽然“差点儿”和“差不多”都包含“接近”和“没有”两种意义,但是这些意义的语义层次是不同的,并且不同的副词之间还有一些差别。下面,我们着重分析“差不多”和“差点儿”的意义差别及其在句法上的表现。因为,作为副词的“差不多”和“差点儿”都只能做状语修饰谓词性成分;所以,我们通过比较“差不多 VP”和“差点儿 VP”在预设、推演和断言以及情态意义方面的同异,②来揭示“差不多”和“差点儿”的意义同异。

“差不多 VP”和“差点儿 VP”的预设意义相同,③都是“接近 VP”。例如:

---

① Givón(1978:89)指出:从历时的角度看,语言中的否定标记大多源于否定性动词,最通常的是“refuse、deny、reject、avoid、fail、lack”等。更加详细的讨论,见 Givón(1973)。关于汉语中的这类隐性否定动词,详见袁毓林(2012)。本文讨论的两个副词,都包含有隐性否定意义的动词性语素(“差”≈缺少、不够)。

② 严格地说,这里的 VP 狭义的指“差不多”和“差点儿”之后的谓词性成分,广义的指包含“差不多”和“差点儿”的句子中,除了这种副词之外的成分。这种广义的 VP 往往是一个主谓结构,而“差不多”和“差点儿”是插在这种主谓结构之间的。

③ 一般地说,如果 p 推演 q,并且¬p 也推演 q;那么 q 是 p 的预设。直观地说,预设 q 是使命题 p 为真的真值条件。详见 Allwood et al.(1977),pp. 149～153,中译本第 175～178 页;Leech(1981),p. 74,中译本第 106 页;详见 Levinson(1983)Chap. 4:Presupposition,pp. 167～223。另外,关于推演的定义,见下文附注。

由于像(3a、4a)这种带“差不多/差点儿”的句子没有相应的否定形式,因而我们只能用由于跟预设矛盾而造成的语义反常和语用否定等比较迂回的方式,来证明“差不多/差点儿”的预设意义。

(3)a. 爸爸的头发差不多全白了。

b. * 爸爸的头发差不多全白了,还有不少黑头发呢。

c. 爸爸的头发差不多全白了,不,还有不少黑头发呢。

(4)a. 爸爸的头发差点儿全白了。

b. * 爸爸的头发差点儿全白了,还有不少黑头发呢。

c. 爸爸的头发差点儿全白了,不,还有不少黑头发呢。

(3a、4a)为真的前提条件是:“爸爸的头发接近全白”;但是,(3b、4b)的后续小句“还有不少黑头发呢”跟先行小句的预设相矛盾;结果整个句子出现了语义反常(semantically anomalous)。[①] (3c、4c)则通过“不”来进行语用否定(pragmatic negation):[②]否定“爸爸的头发差不多/差点儿全白了”这种说法的合适性(felicity),从而把它的预设“爸爸的头发接近全白”也否定掉了。结果,由于“不”对先行小句的预设的取消和纠正,因而整个句子在语义上没有问题。

第三节　“差点儿”的推演意义和断言意义

“差点儿 VP”的推演意义是“没有 VP”。[③] 也就是说,如果“差点儿 VP”为真,那么“没有 VP”一定为真;如果“没有 VP”为假,那么“差点儿 VP”也一定为假。例如:

(5)a. 小明差点儿考上清华大学。

b. 小明没有考上清华大学。

c. 那年高考,小明差点儿考上清华大学。他当年虽然没有考上清华大学,但是七年以后居然考上了清华大学的博士生。

d. * 那年高考,小明差点儿考上清华大学。他当年虽然考上了清华大学,但是四年以后居然最终没有拿到毕业证书。

如果(5a)是真的,那么(5b)也一定是真的;如果(5b)是假的(即“小明考上了

---

① 关于预设矛盾和语义反常,详见 Leech(1981),pp. 74～75,中译本第 105～106 页。

② 语用否定又叫元语言否定(metalinguistic negation),详见 Horn(1985)。

③ “推演”的定义为:如果“语句(或命题)p 为真,则语句(或命题)q 一定为真;语句(或命题)q 为假,则语句(或命题)p 一定为假”;那么“p 推演 q”。参考 Leech(1981),p. 74,中译本第 106 页。

清华大学”），那么（5a）也一定是假的（说错了、表达不当或者说了假话）。有时候，“差点儿 VP”的推演意义“没有 VP”可以在后续句中表达出来（如 5c 所示），①并且后续句中不能有跟推演意义相矛盾的小句（如 5d 所示）。

根据推演的逻辑定义和逻辑特点：前件（implican）真，后件（implicatum）一定真；后件假，前件一定假；后件真，前件不一定真（即可真可假）。于是，即使（5b）是真的（即“小明没有考上清华大学”），也不能保证（5a）一定是真的（因为小明的考分可能离考上清华大学还差得远呢，而不是只差一点儿）。因此，“差点儿 VP”的断言意义应该是其预设意义和推演意义的合取式（conjunction）：“接近 VP”，但是“没有 VP”。② 其中，“没有 VP”是对“接近 VP”的上限（upper-end）的限制，即再接近也不能达到或实现 VP；“接近 VP”是对“没有 VP”的下限（lower-end）的限制，即虽然没有达到或实现，但也不能远离 VP 这个参照目标。换句话说，“差点儿 VP”的断言意义的语义区间（semantic interval），是由其预设意义标定下限（lower-bounded by presupposition），由其推演意义标定上限（upper-bounded by entailment）的。

这样看来，“差点儿”中的隐性否定意义，首先是其语义结构中推演层面上的否定。但是，因为“差点儿”的断言意义是其预设和推演的合取，所以这种原先是推演层面上的否定也上升（投射）到了断言层面，并且受到了“接近”这种肯定意义的限制。

另外，我们调查了 CCL 语料库中所有的“差点儿（没）VP”句式，刨除述宾短语的“差点儿”（如：条件～），得到“差点儿（没）VP”格式 415 例；其中，表示庆幸意义的 385 例，占 92.38%；表示遗憾意义的 1 例，占 0.24%；表示庆幸还是遗憾不明确的 27 例，占 6.51%；并且，还发现：整个句式的评价意义是庆幸还是遗憾，基本上是由其中 VP 的评价意义是积极还是消极来决定的，而不是简单地由说话人的期望与否来决定的。③ 因此，可以说，“差点儿（没）VP”是一种表示道义情态（deontic model）的格式；对其表达内容的正面还是负面评价，受到汉语使用者社团一般公认的道德规范和行为准则的约束，涉及公众（而不只是说话人）对于有关事件或行为的好还是坏、是否

---

① 类似（5c）的真实文本中的例子是：“不是朱预道痛哭流涕地忏悔和张普景政委及时赶到，那个青年女学生差点儿就被岳秀英毙了——虽然最终没毙，但是岳秀英还是在那位女学生的脚下开了几枪，吓得那个女学生成了稀泥一摊”，搜自北京大学 CCL 语料库。

② 断言指一个表达式（命题或语句）直接陈述的意义，可以通过否定来颠倒其真值：如果它原来是真的，那么其否定式便是假的；反之亦然。因此，可以用否定操作来测试一个表达式的某种意义是不是其断言。

③ 具体的分项统计和分析，详见袁毓林（2013）和本书第十三章。

应该期望等的社会性评价。

第四节　“差不多”的推演意义和断言意义

“差不多 VP”的推演意义则相对复杂一些，在不同的语境条件下，可以分别是“没有达到 VP”“超过了 VP”“正好是 VP”。例如：

(6)a. 小明的身高差不多有 1.85 米。

b. 小明的身高不到/超过/正好 1.85 米。

c. 小明的身高差不多有 1.85 米，稍微不到一点儿，所以 1.85 米的门框应该碰不着他的头。

d. 小明的身高差不多有 1.85 米，稍微超出一点儿，所以 1.85 米的门框一定会碰着他的头。

e. 小明的身高差不多有 1.85 米，还正好是 1.85 米，所以 1.85 米的门框可能会碰着他的头。

(7)a. 小芳差不多学了十年钢琴。

b. 小芳学钢琴不到/超过/正好十年。

可见，“差不多 VP”的推演意义可以抽象地概括为：“不一定正好是 VP”。在其预设意义“接近 VP”的限制下，这种抽象的推演意义可以在不同的语境中具体地实现为：(i)“没有达到 VP”，如(6c)所示；或者(ii)“超过了 VP”，如(6d)所示；甚至(iii)“正好是 VP”，如(6e)所示。并且，这三种推演意义的优先性是不同的；一般的顺序是：(1)“没有达到 VP”＞(2)“超过了 VP”＞(3)“正好是 VP”，①越是前面的意义，其表达形式越是无标记；越是后面的意义，其表达形式越是有标记。例如：②

(8)古代的玉器户啊，差不多大概都是他们回民多。

(9)a. 印度队平均年龄比香港队小 10 岁，差不多是所有球队中最年轻的。

b. 我现在主要开发环保产品，差不多成为一个环保主义者了。

---

① 在这里，大于号“＞”读作：“优先于”。

② 下面这些例句均搜自 CCL 语料库。

c. 据这名官员自己供认，这笔巨额公款差不多已被挥霍殆尽。

d. 欧盟各国都有差不多平等的投票权利来通过决议。

(10) a. 他差不多终日倒骑着椅子面对墙上的地图。

b. 古代的兵器差不多都是用青铜做的。

c. 拱手将差不多已经到手的胜利又送了回去。

d. 水流到弯曲的铜管底部时，差不多要沸腾了。

正因为“差不多 VP”的推演意义中含有“不一定”这种概略、估计、不确定的情态意义，所以可以跟“大概”等模糊词语共现(如例 8 所示)。也正是由于“不一定正好是 VP”是对“正好是 VP”的必然性的弱势否定，所以“正好是 VP”这种推演意义的出现概率是极小的，除非有特定的上下文语境和显性词汇标记的帮助。比如，像(9)中的语句，本来可以不用“差不多”，通过 Grice 的合作原则(Co-operative Principle)之下的量的准则(Maxim of Quantity)来表达“正好是 VP”这种会话含义(conversational implicature)；但是，说话人为了留有余地，不把话说得太满，就用“差不多”来模糊其词。[①] 这样，“差不多 VP”的推演意义“正好是 VP”鲜有其实现的机会。并且，由于“差不多 VP”中 VP 所表达的事件或状态，有时是有终点来封顶的。比如，在例(10)中，“终日、都、已经到手”已经把事件或状态的上限封死了，超出其上限的情形是不可想象的；因而“差不多 VP”的推演意义中的“超过了 VP”无法实现，只有“没有达到 VP”的意义可以实现。这样，在一般的情况下，可以默认“差不多 VP”的推演意义就是“没有达到 VP”；除非有特别的声明，才需要调用“超过了 VP”或“正好是 VP”这种推演意义。因此，可以像沈家煊(1999：79～80)那样，把“没有达到 VP”看作“差不多 VP”的会话含义，它具有通常情况下的默认性(default)和特殊情况下的可取消性(defeasibility)的特点。比如，(6d、e)中的后续小句，强制性地取消了“没有达到 VP”这种本来具有优先性的会话含义。

“差不多 VP”的断言意义也是其预设意义和推演意义的合取式：“接近 VP”，但是“不一定正好是 VP”。其中，“不一定正好是 VP”是对“接近 VP”的程度或数量(不到、超过、恰好)的语气限制，即这是一种语义范围模糊的表达方式：“差不多 VP”通常是接近但没有达到或实现 VP，在特殊情况下也可以是超过甚至正好是 VP。换句话说，“差不多 VP”的断言意义的语义

---

① 就像在联合结构中，即使已经完全地列举了各个项目后，仍然可以用“等”来煞尾。比如：“中国古代有造纸、活字印刷、火药和指南针等四大发明。”详见吕叔湘(2001)，第 167 页。

区间比较模糊，通常的情况下是在数量或程度上接近但不一定达到或实现 VP。因此，“差不多”被用以对所限定的命题的真值（或情况）的可能性的说明。

这样看来，“差不多”中的隐性否定意义（“不一定”），首先也是其语义结构中推演层面上的否定，并且这种否定带有元语言（meta-linguistic）和主观化（subjectivization）的特性，是说话人对其所传递的信息在数量上的确切性的否定性评价，或者传达一种委婉语气。但是，因为“差不多”的断言意义是其预设和推演的合取，所以这种原先是推演层面上的否定也上升到了断言层面，成为对“接近”这种肯定意义的认识性（epistemic）语气限制。

第五节　“差点儿”与“差不多”的意义同异

正是因为“差不多”跟“差点儿”在预设意义上相同、在推演意义和断言意义上相近，所以它们在有些句子中可以互相替换。例如：

(11) a. 我这一手牌，黑桃差不多全了。
　　b. 我这一手牌，黑桃差点儿全了。
(12) a. 他乐得差不多找不着北了。
　　b. 他乐得差点儿找不着北了。
(13) a. 我当时差不多要发疯了。
　　b. 我当时差点儿要发疯了。
(14) a. 比分差不多就要超过对手了。
　　b. 比分差点儿就要超过对手了。

虽然“差点儿 VP”的推演意义只有“没有 VP”一种可能性，而“差不多 VP”的推演意义有“没有达到 VP”“超过了 VP”“正好是 VP”三种可能性；但是，由于世界知识（一手牌中同一种花色的 13 张牌全落在一个人手中几乎是不可能的）、修辞知识（“找不着北”是夸张的表达，实际上是不可能的）、语法知识（“要 VP 了”一定是“还没有 VP”）等的作用，这些句子中“差不多 VP”的推演意义只能是“没有达到 VP”。这样，这些句子中“差不多 VP”和“差点儿 VP”的意义差别就在一定程度上被语境中和（neutralize）了。

但是，“差点儿 VP”和“差不多 VP”的断言中的否定意义，其性质是极为不同的：“没有 VP”这种意义（即对 VP 实现的否定），决定“差点儿”差不多成为一个否定性的词语；“不一定正好是 VP”这种意义（即说话人对 VP 实现程度的精确性或确信性进行否定，但并不对 VP 的实现进行否定），决定“差不多”差点儿成为一个否定性的词语，但仍不失为一个肯定性的词语。① 两者的这种意义差别，有时是十分明显的。例如：②

(15)a. 我跟她差点儿撞了个满怀。

b. 我跟她差不多撞了个满怀。

(16)a. 乌黑油亮的头发差点儿齐肩。

b. 乌黑油亮的头发差不多齐肩。

(17)a. 一年的血汗钱差点儿全搭了进去。

b. 一年的血汗钱差不多全搭了进去。

(18)a. 那一次他差点儿剃了一个光头。

b. 那一次他差不多剃了一个光头。

(19)a. 三杯酒下肚，他差点儿把正事给忘了。

b. 三杯酒下肚，他差不多把正事给忘了。

(20)a. 朱预道当时差点儿都不敢认她了。

b. 朱预道当时差不多都不敢认她了。

其中，“差点儿撞了个满怀”的意思是“没有撞了个满怀”，而“差不多撞了个满怀”的意思是“基本上可以说是撞了个满怀”；“差点儿都不敢认她了”的意思是“没有不敢认”（即“最终还是认了”），而“差不多都不敢认她了”的意思是“基本上可以说是不敢认”。

并且，正是因为“差不多”所包含的隐性否定强调的是数量上的模糊和不确切，“差不多 VP”的 VP 中一般都包含数量或程度词语，③至少 VP 所表示的事件或事态是可以从数量或程度上衡量的；④而“差点儿”所包含的隐性否定强调的是 VP 所表示的事件或事态没有实现（即是对于实现的否定），所以“差点儿 VP”的 VP 所表示的事件或事态必须是可以实现的，⑤即具有某种内在的终结点（intrinsic terminal point）。例如：⑥

① 参考沈家煊(1999)，第 86～89 页。

② 下面这些例句中的 a 例，均搜自 CCL 语料库，但做了精简处理。

③ 详见吕叔湘(2001)，第 112 页。

④ 详见沈家煊(1999)，第 86 页。

⑤ 详见沈家煊(1999)，第 86 页。

⑥ 下面这些例句中的 a 例，均搜自 CCL 语料库，但做了精简处理。

(21)a. 我等他差不多等了两个小时。

b. *我等他差点儿等了两个小时。

(22)a. 他们兄弟四个差不多一样壮。

b. *他们兄弟四个差点儿一样壮。

(23)a. 广州跟南美的哈瓦那差不多在同一纬度上。

b. *广州跟南美的哈瓦那差点儿在同一纬度上。

(24)a. 空气阻力的影响差不多可以忽略不计。

b. *空气阻力的影响差点儿可以忽略不计。

(25)a. 重庆这地方差不多天天有雾。

b. *重庆这地方差点儿天天有雾。

(26)a. 莱比锡的居民差不多都会演奏乐器。

b. *莱比锡的居民差点儿都会演奏乐器。

(27)a. 那次世锦赛,他差点儿吃了个大“鸭蛋”。

b. *那次世锦赛,他差不多吃了个大“鸭蛋”。

(28)a. 想当年,你爷爷差点儿闹出人命来。

b. *想当年,你爷爷差不多闹出人命来。

(29)a. 他在深山老林中迷了路,差点儿被老虎吃掉。

b. *他在深山老林中迷了路,差不多被老虎吃掉。

(30)a. 爸爸迷恋赌博,差点儿把我们家给毁了。

b. *爸爸迷恋赌博,差不多把我们家给毁了。

(31)a. 她高兴得差点儿失声喊叫起来。

b. *她高兴得差不多失声喊叫起来。

例(21～26)中的句子,侧重在表达某种达到一定数量或程度的静态的状态(non-dynamic state),像上例中“等待、壮实、有雾、会演奏”等所表示的状态,一般来说没有明显的终结点,谈不上有没有实现;因此,通常不能把这里的“差不多”换成“差点儿”。相反,例(27～31)中的句子,侧重在表达某种有明显的终结点的动态性的事件(dynamic event),像上例中“吃鸭蛋(得零分)、闹出人命、被吃掉、喊叫”等所表示的事件,一般不能用数量或程度来衡量;因此,通常不能把这里的“差点儿”换成“差不多”。

第六节　“差点儿”中的隐性否定跟其后的否定的抵消和叠加

在“差点儿 VP”格式中,“差点儿”中的隐性否定可以跟 VP 中的显性

否定互相抵消，并且跟 VP 中的隐性否定互相叠加（而不是互相抵消）。例如：[①]

(32)她手里的碗差点儿没托稳。（最终托稳了）

(33)我今天差点儿不能跟你见面。（最终能跟你见面）

(34)上一回他差点儿上不了夜班。（最终上得了夜班）

(35)我差点儿要冲进去。（最终没有冲进去）

(36)我差点儿要流下眼泪了。（最终没有流下眼泪）

(37)乐梅差点儿就仰后跌落水池。（最终没有跌落水池）

(38)她鼻子一热，差点儿就哭出了声。（最终没有哭出声）

(39)十七年前，我们差点儿就走到一起来了。（最终没有走到一起来）

(40)他身子差点儿就要摔倒在船舱里。（最终没有摔倒在船舱里）

(41)我差点儿就要当众承认错误了。（最终没有当众承认错误）

例(32)～(34)的 VP 中有显性否定词语，这种 VP 可以记作：“～VP′”。“差点儿”中的隐性否定意义跟 VP 中的显性否定意义互相抵消，结果“差点儿＋～VP′”的意思是肯定性的 VP′。并且，由于“差点儿”中的隐性否定意义（没有）在时态（tense）上是终极性的（terminal），它在对～VP′进行否定的时候，不仅抵消了～VP′中的否定意义，而且还表示最终实现了 VP′这种终极性时态意义。例(35)～(41)的 VP 中有表示将来时的词语“就/要……（了）”，这种 VP 可以记作：“就/要 VP′（了）”。这种 VP 中的将来时意义（将要 VP′了），隐含着否定性的现在时意义（现在还没有 VP′呢）。也正是由于“差点儿”中的隐性否定意义（没有）在时态上是终极性的，因而它跟 VP 中的否定性的现在时意义（现在还没有呢）不仅不冲突；而且这两种否定性的时态意义还可以叠加在一起，形成“最终没有”这种终极性时制意义（即是对于 VP′最终实现的否定）。结果，这种“差点儿＋就/要 VP′（了）”的意思是否定性的“最终没有 VP′”。“最终没有”是一种卷积性的（cirro-cumulative）时态意义，渐次打开来的话，在其前面有“现在还没有呢”“此前曾经将要”等被它隐含的时态意义。

① 下面这些例句均搜自 CCL 语料库，但做了精简处理。

第七节　“差点儿、差不多”是多重空间的建造者

从上文的讨论可以看出，“差不多 VP”和“差点儿 VP”是一种由关键词“差点儿”和“差不多”造成的构式(construction)，包装进了比较复杂和微妙的多重语义内容(预设、推演、断言、情态)；它们已经成为一种相对固定的“形式-意义”配对，储存在汉语使用者的长期记忆中，[①]使人们在特定语境中可以不假思索地生成和理解。这也正好印证了美国作家、超验主义代表人物亨利·梭罗(Henry David Thoreau，1817～1862 年)的一句名言：“我们仅仅听到和理解我们已经知道一半的东西。”[②]这就是构式的力量。

为了醒目，可以把“差不多 VP”和“差点儿 VP”的意义差别列表对比如下：

格式\语义	预　设	推演	断言	情　态
差不多 VP	接近 VP	不一定正好是 VP	接近 VP∧不一定正好是 VP	认识(不确信、委婉)
差点儿 VP	接近 VP	没有 VP	接近 VP ∧ 没有 VP	道义(庆幸/遗憾)

值得注意的是，“差不多 VP”和“差点儿 VP”构式中都含有“接近 VP”和“没有 VP”两种意义。也就是说，这两种构式的概念结构都涉及作为参照标准的“VP 了”和实际上的“没有 VP”两种空间；并且，作为假想的概念空间“VP 了”和作为现实的概念空间“没有 VP”是互相对立的。[③] 说话人正是利用这种理想与现实、假定的反事实与事实的对比，来表达自己的主观评价(庆幸、遗憾、不确信、委婉)等语用意义和会话蕴含。因此，可以说“差点儿”和“差不多”是多重概念空间的建造者(space builder)。[④]

正因为如此，所以“差不多”和“差点儿”这两个副词的叙实性(factivity)也就十分复杂和微妙。一般地说，动词的叙实性指动词能否推演其宾语所

---

① 关于构式和记忆的关系，详见 Ungereer & Schmid(2006)，中译本第 284～285 页。

② 见 Calvin(1996)，中译本第 144 页。

③ 正是因为“差点儿 VP”的概念结构中有“已经 VP 了”这种参照性的假想空间，所以说话人有时可以把“差点儿 VP”的预设意义“接近 VP”夸大成“已经实现了 VP”这种假想的参照意义。例如：你差点儿把做人的道德丢了！现在，拣回来了。(《中国青年》1980 年第 12 期)。说“拣回来”，其前提是“已经丢了”；显然，这跟“差点儿 VP”的推演意义“没有 VP”相悖。但是，凭借着“差点儿”能够建造多重概念空间(包括假想空间)的功能，可以消弭这种语义乖违。[参考沈家煊(1999)，第 84 页，例子也转引自此]可见，“差点儿/差不多 VP”除了预设、推演和断言意义之外，还有参照意义。

④ 关于构式中的空间建造者，详见 Ungereer & Schmid(2006)，中译本第 317 页。

表示的命题的真值的能力。如果从一个动词能够推演其宾语所表示的命题是一个事实，那么它是叙实动词（factive verbs）；如果从一个动词能推演其宾语所表示的命题不是一个事实，那么它是逆叙实动词（counter-factive verbs）；如果从一个动词不能推演其宾语所表示的命题是（或不是）一个事实，那么它是非叙实动词（non-factive verbs）。[①] 依此类推，副词的叙实性指副词能否推演其修饰的谓词性成分所表示的命题的真值的能力。如果从一个副词能够推演其受修饰成分所表示的命题是一个事实，那么它是叙实副词（factive adverbs）；如果从一个副词能推演其受修饰成分所表示的命题不是一个事实，那么它是逆叙实副词（counter-factive adverbs）；如果从一个副词不能推演其宾语所表示的命题是（或不是）一个事实，那么它是非叙实副词（non-factive adverbs）。下面，我们以此为参照标尺，来考察隐性否定副词“差不多”和“差点儿”的叙实性。

先看“差不多 VP”的情况，因为它的断言意义是“接近 VP，但是不一定正好是 VP”；所以“差不多”的语义介于叙实和逆叙实之间；“差不多 VP”意义的三种具体表现对应于两种叙实性：(i)表示“恰好 VP”时，“差不多”是一个叙实性副词，因为从“差不多”可以推演 VP 所表示的命题是一个事实；(ii)表示“不到 VP”或“超过 VP”时，因为从“差不多”可以推演 VP 所表示的命题不是一个事实，所以这种“差不多”好像是逆叙实性的；但是，由于有“接近 VP”这种意义的约束，因而“差不多”实际上是一个弱叙实性副词，而不是完全的逆叙实性副词。接下来看“差点儿 VP”的情况，因为它的断言意义是“接近 VP，但是没有 VP”；所以，“差点儿”似乎跟“差不多”一样，也应该是一个弱叙实性副词。但是，在实际的语言使用中，由于它们的推演意义不同；因而它们的叙实性也是不同的：“差不多”的推演意义是“不一定正好是 VP”，肯定性大于否定性，所以“差不多”表示的是一种近于叙实的弱叙实；而“差点儿”的推演意义是“没有 VP”，否定性大于肯定性，所以“差点儿”表示的是一种近于逆叙实的弱逆叙实。另外，必须指出的是：当“差点儿”用在“差点儿（没有）摔断了腿”一类冗余否定句中时，由于冗余否定词“没有”把“差点儿”中的隐性否定（体现为逆叙实性）意义显性地实现出来了，结果使得“差点儿”蜕化为一个叙实性副词；比如，在“奶奶差点儿（没有）摔断了腿”中，从“差点儿”的叙实性上，可以推演出“奶奶没有摔断了腿”是一个事实。

---

① 参考 Kiparsky & Kiparsky（1970）、Leech（1981）、Levinson（1983）和沈家煊（1999）等。

第十三章　“差点儿”中的隐性否定及其语法效应

本章尝试用“差点儿”中隐性否定的语义溢出，来解释“差点儿没(有)VP”格式中冗余否定的形成机制；用句式的“肯定 vs. 否定”和其中 VP 的“积极 vs. 消极”的配置方式，来推导整个句式评价意义的“正面 vs. 反面”(庆幸 vs. 遗憾)；进而用“乐观原则”来解释“差点儿 VP”格式三缺一格局的语用动因，以便用句式缺位来说明“差点儿 VP”格式中隐性否定的语义溢出的条件。本章还基于对真实文本中 400 多个“差点儿 VP”实例的分析和统计，说明在语言运用层面的语法中，对于歧义句式“差点儿没(有)VP”，以至于所有的“差点儿 VP”格式，语言使用者都有可能采用概率性的处理策略，来自上而下地获取其语义解释。文章还指出，“差点儿(没有)VP”格式的使用受到社会道义的约束，这保证了概率语法的实施。

第一节　从隐性否定看“差点儿 VP”格式的不对称性

本章打算从副词“差点儿”所包含的隐性否定的角度，来观察和讨论这种隐性否定意义溢出的有关语法效应，特别是“差点儿(没有)VP”格式中形式与意义之间复杂的对应关系。着重回答下面三个问题：(1)为什么“差点儿考上”(=没有考上)的否定式“差点儿没有考上”(=考上了)是合格的，但是“差点儿摔倒”(=没有摔倒)的否定式“差点儿没有摔倒”(=摔倒了)是不合格的？(2)为什么“差点儿摔倒”(=没有摔倒)可以有冗余否定形式“差点儿没有摔倒”(=没有摔倒)，但是“差点儿考上”(=没有考上)却没有冗余否定形式“差点儿没有考上”(=没有考上)？(3)“差点儿(没有)VP”格式的形式与意义之间的对应关系是如此不对称，甚至乖违吊诡，以至于语法学家都不堪忍受；那么，在实时的语言交际中，言语大众为什么能够快速而准确地理解这种格式的意义？

第二节 “差点儿”中隐性否定的语义溢出及其条件

13.2.1 “差点儿VP”句式中的形式和语义因素

袁毓林(2011)已经证明,“差点儿VP”格式的断言意义是其预设和推演的合取:“接近VP,但是没有VP”,“差点儿”是一种否定性的副词。由于“差点儿VP”中的VP又可以是否定形式“～VP′”,因而“差点儿＋～VP′”的意思便是肯定性的“VP′”。这种复杂的、带有转折性的,有时甚至是双重否定式的语义结构,使得这种格式易于成为一种主观化的表达形式,可以表达说话人的对于VP(或VP′)所表示的事态的实现与否的心理评价。例如:

(1)a. 范进差点儿考中。(没考中)
b. 范进差点儿没考中。(考中了)
c. 范进差点儿落榜。(没落榜)
d. *范进差点儿没落榜。(落榜了)
e. 范进差点儿没落榜。(没落榜)
(2)a. 金融改革差点儿成功。(没成功)
b. 金融改革差点儿没成功。(成功了)
c. 金融改革差点儿失败。(没失败)
d. *金融改革差点儿没失败。(失败了)
e. 金融改革差点儿没失败。(没失败)
(3)a. 公牛队差点儿赢了这场比赛。(没赢)
b. 公牛队差点儿没赢这场比赛。(赢了)
c. 公牛队差点儿输了这场比赛。(没输)
d. *公牛队差点儿没输了这场比赛。(输了)
e. 公牛队差点儿没输了这场比赛。(没输)

经过朱德熙(1959、1980b)、吕叔湘(2001/1980)、毛修敬(1985)、石毓智(2001/1992)和沈家煊(1999)等的一系列研究,我们可以知道这样的事实:“差点儿VP”格式的成立与否及其语义解释,跟其中的VP是肯定形式还是否定形式有关,还跟说话人对于VP(或VP′)所表示的事情的期望还是不期望有关。具体地说:

(1)肯定形式的“差点儿VP”差不多总是成立的,其语义解释是否定性的“接近 VP，但是没有 VP”，如例(1～3)的 a 和 c 所示。

(2)否定形式的“差点儿 VP”(即“差点儿＋～VP′”)能否成立跟说话人的期望有关，如果 VP′所表示的事情是说话人所期望的，那么“差点儿＋～VP′”可以成立，其语义解释是肯定性的“接近～VP′，但是 VP′了”，如例(1～3)的 b 所示；反之，如果 VP′所表示的事情是说话人不期望的，那么“差点儿＋～VP′”不能成立，如例(1～3)的 d 所示。

(3)说话人的期望 vs. 不期望这种语言之外的意思(extra-linguistic force)，往往通过选择具有积极 vs. 消极意义的词语来传达，比如例(1～3)中的“考中 vs. 落榜、成功 vs. 失败、赢 vs. 输”；这种积极意义的词语可以记作“VP＋”，这种消极意义的词语可以记作“VP－”；这样，不能成立的“差点儿＋～VP′”可以改写为“差点儿＋～VP′－”。

(4)虽然表示肯定意义“VP′－了”的“差点儿＋～VP′－”是不能成立的，如例(1～3)的 d 所示；但是，表示否定意义“没有 VP′－”的“差点儿＋～VP′－”是可以成立的，如例(1～3)的 e 所示。这样，这种否定形式的“差点儿＋～VP′－”跟肯定形式的“差点儿＋VP－”成为同义异形句式；也就是说，“差点儿＋～VP′－”是一种冗余性的否定格式。

(5)肯定形式的“差点儿 VP＋”表示说话人希望实现的事情接近实现而最终没有实现，含有遗憾的意思，如例(1～3)的 a 所示；肯定形式的“差点儿 VP－”表示说话人不希望实现的事情接近实现而最终没有实现，含有庆幸的意思，如例(1～3)的 c 所示；否定形式的“差点儿＋～VP′＋”表示说话人希望实现的事情接近没有实现而最终实现了，含有庆幸的意思，如例(1～3)的 b 所示；冗余否定形式的“差点儿＋～VP′－”也表示说话人不希望实现的事情接近实现而最终没有实现，含有庆幸的意思，如例(1～3)的 e 所示。

13.2.2　“差点儿 VP”句式中有关语义因素的配置格局

在上述现象中，有两个事实特别重要，需要从理论上做出解释：(1)为什么(1～3)d 这种表示肯定意义“VP′－了”的“差点儿＋～VP′－”格式是不能成立的？(2)为什么会出现(1～3)e 这种表示否定意义“没有 VP′－”的冗余否定格式“差点儿＋～VP′－”？显然，这两个问题有某种内在的相关性；但是，为了简单和方便，下面我们还是依次分别讨论。

对于上面第(1)个问题，江蓝生(2008)从有没有“实际的交际意义”的角度进行了解释，大意是：如果不希望的事情已经不幸发生了，还从反向计量它离没有发生有多少距离，通常是没有什么实际意义的。比如，一个人既然已经感冒了，再说“差点儿没感冒”是毫无意义的。(第 492 页)这种基于交际价值的功能主义解释有一定的道理，但是比较模糊，不容易给出明确的证伪性条件。比如，一个人丢了钱包和装在里边的火车票，差点儿不能乘火车；碰巧车站的工作人员捡到了那个钱包，通过车站广播招领，使得他终于坐上了那趟火车。但是，不幸的是那趟火车在途中发生了脱轨事故，使他最终赶上了那场车祸。陈述这个差点儿就可以躲过一劫（即没有遭遇车祸）的事情，应该是有实际的交际意义的。但是，对于这种相同的真值条件，不同的表达形式的合格性和可接受性却是很不一样的。例如：

(4)王光明差点儿躲过这场车祸。

(5)?王光明差点儿免遭这场车祸。

(6)??王光明差点儿就可以没有赶上这场车祸。

(7)*王光明差点儿没有赶上这场车祸。

在上面这些例子中，虽然“躲过这场车祸”跟“免遭这场车祸、没有赶上这场车祸”的真值条件意义相同，但是前者是一种比较积极、主动和正面的表达方式，后者是一种比较消极、被动和负面的表达方式。因此，我们猜测：“差点儿＋～VP′－”格式不能成立的原因，可能不是单纯的表达内容，而是表达内容跟表达方式之间的组配关系；特别是句子的语气形式（肯定 vs. 否定）、说话人的心理期望（希望 vs. 不希望）及其所用的词语的价值取向（积极 vs. 消极）和说话人最终的主观评价（正面 vs. 负面）这几种语义因素之间的配置和推导关系；也就是说，隐性否定副词“差点儿”之后的谓词性成分是肯定形式（VP）还是否定形式（～VP′）、所表示的事情是说话人希望发生的（VP＋或 VP′＋）还是不希望发生的（VP－或 VP′－），以及由前面这两对因素的不同配置方式而造成的说话人的主观评价意义的正面（庆幸）还是负面（遗憾），这些语义因素之间的配合关系有特定的选择限制。可以列表举例如下：

评价（正面 z，负面－z）	希望［积极词语（y）］	不希望［消极词语（－y）］
肯定形式 ［单重否定：“差点儿”为隐性否定（－x）］	A：差点儿 VP＋ “差点儿考上北大” （－x）×（y）→（－z：遗憾）	B：差点儿 VP－ “差点儿摔断大腿” （－x）×（－y）→（z：庆幸）
否定形式 ［双重否定：隐性否定（－x）×显性否定“没”（－y）］	C：差点儿～VP′＋ “差点儿没考上北大” （－x）×（－y）→（z：庆幸）	D：*差点儿～VP′－ “*差点儿没摔断大腿” （－x）×－（－y）→（－z：遗憾）

在 A 型格式“差点儿 VP＋”（差点儿考上北大）中，隐性否定意义跟积极的希望意义互动，负乘以正得负，希望实现的事情接近实现而最终没有实

现，从而得出负面的评价意义“遗憾”——对人的好梦难成、事不遂愿表示同情或可惜；在B型格式“差点儿 VP－”（差点儿摔断大腿）中，隐性否定意义跟消极的不希望意义互动，负乘以负得正，不希望实现的事情接近实现而最终没有实现，从而得出正面的评价意义“庆幸”——为了人的幸免于难、侥幸脱祸而感到高兴；在C型格式“差点儿～VP′＋”（差点儿没考上北大）中，隐性否定意义跟显性否定意义互动，负乘以负得正（两种否定意义相互抵消），再跟积极的希望意义互动，正乘以正得正，希望实现的事情接近不能实现而最终居然实现了，从而得出正面的评价意义“庆幸”——为人的出乎意料的成功或意外地得到好的结局而感到高兴；在D型格式“差点儿～VP′－”（差点儿没摔断大腿）中，隐性否定意义跟显性否定意义互动，负乘以负得正（两种否定意义相互抵消），再跟消极的不希望意义互动，正乘以负得负，似乎可以得出负面的评价意义“遗憾”——对人的最终没有逃脱不幸遭遇或事物的最终还是不如人意表示同情或可惜。但是，这最后一种（即D型格式）却是不合格的，结果造成表达形式（肯定 vs. 否定）、心理预期（希望 vs. 不希望）和评价意义（庆幸 vs. 惋惜）互相关联的三缺一的配置格局。

13.2.3　“差点儿 VP”句式三缺一格局的语用动因

为什么D型格式不合格、不可接受呢？我们可以通过它跟其他几种格式的比较来寻找答案。拿D式跟A式来比较，A式是为希望之事的未成而遗憾，十分自然；D式是为不希望之事的成而遗憾，相对折绕一点儿，但也说得过去。拿D式跟C式来比较，C式是用双重否定这种比较复杂的强调性肯定表达形式，来表达为希望之事的成而庆幸，虽然山重水复、峰回路转，但是柳暗花明、风景绮丽，结果很正面、很积极、很给力，这种表达十分自然；相反，D式是用双重否定这种比较复杂的强调性肯定表达形式，来表达为不希望之事的成而遗憾，虽然峰回路转、云山雾罩，但是依然不见柳暗花明、小桥人家，结果很负面、很消极，这种表达十分不自然。也就是说，双重否定这种强调性肯定表达形式，适宜于表达正面的、积极的评价意义，不适于表达负面的、消极的评价意义。尤其在句子的时态意义中有“最终”意义的时候。①这种语言表达的组配限制的理据是人类心理的乐观原则，即 Boucher & Os-

① 一个旁证是，副词“终于”表示经过较长过程最后出现某种结果，较多地用于希望达到的结果。例如：

(1)a. 反复试验，～成功了。～ b. * 反复试验，～失败了。

(2)a. 等了很久，他～来了。～ b. * 等了很久，他～没来。

详见吕叔湘(2001)，第 687 页。

good(1969)通过心理实验所证明的“乐观假设”(The Pollyanna Hypothesis):人总是乐于看到和谈论生活中光明的一面(好的事情、好的品质),摒弃坏的一面;因此,造成一种普遍的人类倾向:积极评价的词语比消极评价的词语用得更加频繁、多样和随意。既然最终的结果是消极的,那么就不必兜一个圈子,用双重否定这种强调性肯定表达形式来表达了。这种语用法的语法化,使得D式“差点儿～VP′－”(差点儿没摔断大腿[＝摔断了大腿])成为不合格的构式。

现在,我们讨论第二个问题:为什么会出现“差点儿＋～VP′－”(差点儿没摔断大腿)这种表示否定意义“没有VP′－”(没摔断大腿)的冗余否定格式(简称E型格式,或E式)?事实上,当我们说E式是冗余否定格式时,就已经假定其基础形式是B式“差点儿VP－”(差点儿摔断大腿[＝没摔断大腿])。这样,问题就变成:为什么B式中的隐性否定意义要在表层结构上表达出来,从而造成冗余否定格式E呢?这也可以用乐观原则来解释:因为B式“差点儿VP－”(差点儿摔断大腿[＝没摔断大腿])的断言意义是正面的“接近VP－,但是最终没有VP－”,评价意义是积极的“庆幸最终没有发生不希望的事情”。为了强调甚至夸大这种人们乐于见到的“好的一面”,不惜在负面词语VP－前加上显性的否定词“没(有)”,把B式“差点儿VP－”的推演意义“没有VP－”显性地表达出来。正好,在“差点儿VP”的句式矩阵中,没有D式“差点儿～VP′－”(差点儿没摔断大腿[＝摔断了大腿]);于是,冗余否定的E式“差点儿～VP′－”(差点儿没摔断大腿[＝没摔断大腿])就可以填补这个句式空缺,又不至于造成歧义(一种形式“差点儿～VP′－”,同时表示“VP′－了”和“没有VP′－”两种意义)。也就是说,E式这种冗余否定句式的出现,既有语用上强烈的表达动机作为促动因素,又有语法上合适的句式空位提供可能性。

如果上面这种解释是合理的,那么可以预测:A式“差点儿VP＋”(差点儿考上北大[＝没考上北大])中的隐性否定意义一定不能在表层结构上表达出来,从而造成冗余否定格式F:“差点儿没VP＋”(差点儿没考上北大[＝没考上北大])。因为,这种表达方式,首先缺少语用上的表达动机。正是“差点儿”中的隐性否定,逆转了“VP＋”的评价意义,使得“差点儿VP＋”(差点儿考上北大)表示消极的评价意义“惋惜事不遂愿、好梦难成”。在这种情况下,强调甚至夸大人们不乐于见到的“坏的一面”,大大地违背了人类的乐观原则。其次也缺少句式矩阵的支持。因为F式“差点儿没VP＋”(差点儿没考上北大[＝没考上北大]),跟C式“差点儿～VP′＋”(差点儿没考上北大[＝考上了北大]),将是同形异义(一种形式“差点儿～VP＋”,同时表示“没有VP＋”和“VP＋了”两种意义），造成了歧义句式。事实也正好是这样，F：“差点儿没VP＋”（差点儿没考上北大［＝没考上北大］）是不合格和不可接受的句式。这说明，冗余否定格式的成立，以不造成歧义句式、不引起误解为前提条件。

第三节　冗余否定格式“差点儿没VP”的形成机制

13.3.1　“差点儿没VP”形成机制的省略与叠加假设

上面讨论了格式E：“差点儿＋～VP′－”（差点儿没摔断大腿［＝没摔断大腿］）的语用动机和句式条件。下面，讨论这种冗余否定格式形成的语法机制（grammatical mechanism）。

沈家煊（1999：81）婉转地提出了一种推演意义追加的假设，可以通过例子来说明：

（8）a. 黑桃差点儿全了，（但）没全。

b. *黑桃差点儿，（但）没全。

c. 差点儿，没全。

d. 黑桃差点儿没全。

沈先生的思想大致是：（8d）中的“没全”是“黑桃差点儿全了”的一个追加的推演意义。虽然推演意义一般不可追加，追加了会产生语义重复；但是，在特殊情形下也可以追加。这个特殊情形是推演意义是一种消极意义，或者是说话人不希望发生的事情；这时，说话人感到有强调事情没有发生的必要。我们发现，沈先生对于（8d）这种冗余否定格式的产生条件的描述和例析，可能容易使人产生误解。从真实文本的语料来看，只有当“差点儿VP”（差点儿淹死）的推演意义“没VP”（没淹死）是积极的［其中的VP（淹死）倒的确是消极的］。这种情况下，说话人才会强调“没有VP－”这种推演意义，才会造成冗余否定格式E：“差点儿＋～VP′－”［差点儿没淹死（＝没淹死）］。[①] 并且，（8d）也不可能是由完整的基础形式（8a）省略为（8c）这种简

① 沈家煊（1999：81）似乎也意识到这一点，所以有一个说明：“就8c，d而言，是说话人不希望黑桃全了。”

略形式，再拼合成(8d)这种紧缩形式的。因为，在(8d)这种紧缩形式中可以出现主语“黑桃”，但是在(8c)这种简略形式中却不能出现主语；即(8b)这种省略形式是不合格的。于是，无论是(8b)还是(8c)，都不能成为推导出(8d)的基础形式。因此，推演意义的追加假设，不能解释(8d)一类冗余否定格式的形成机制。

江蓝生(2008:486～487)受到“瞎混＋胡混→瞎胡混｜果然＋不出所料→果不然｜难道＋不成→难不成”这类构词层面的同义概念叠加紧缩现象的启发，认为“差点儿没 VP”这类句式的生成也可以用同义概念的叠加和构式整合来解释：说话人为了达到加强语义强度、突显主观情态等交际意图，有意识地把“差点儿 VP”的推演意义“没 VP”明示到句法平面上来，从而整合为否定式“差点儿没 VP”。可以图示于下：

差点儿 VP ＋ 没 VP →(差点儿＋没)VP → 差点儿没 VP

江先生指出，在叠合句“差点儿没 VP”中，“没”跟“差点儿”先叠加在一起，再共同去修饰 VP。(第 491 页)这就是说，“差点儿没”是一个隐性否定和显性否定叠合在一起造成的结构成分。她还以此从结构层次上说明：为什么这种否定式的“差点儿没＋VP”会跟肯定式的“差点儿 VP”句式语义相同，从而导致否定式与肯定式的不对称。显然，这种叠合成一个成分的假设多少是特设的(ad hoc)，不能解释同类的冗余否定格式“避免……(不)VP”[避免今后(不)犯错误]、“(在)……(没有)VP 前”[在(没有)下雨前赶回了家]等。

13.3.2 “差点儿没 VP”形成机制的影子成分假设

我们认为，这种否定式的层次构造应该是“差点儿＋没 VP”。这样，不仅可以从层次构造上解释这种句式所明示的强调性意义“没 VP”的结构来源，而且还可以解释当这种句式的 VP 是“把”字结构时，一种可能的省略形式是“没 VP”。例如：①

(9)a. 差点儿没把我累死。

b. 没把我累死。

(10)a. 差点儿没把姑娘急疯了呢！

b. 没把姑娘急疯了呢！(《红楼梦》第 43 回)

---

① 下面 4 例的 b，转引自江蓝生(2008:496)附注 4。

(11)a. 好太太,你别说我了,差点儿没把个妹妹急疯了呢?

b. 好太太,你别说我了,没把个妹妹急疯了呢?(《儿女英雄传》第35回)

(12)a. 我的菩萨!差点儿没把我唬(吓)煞了!

b. 我的菩萨! 没把我唬(吓)煞了!(《儿女英雄传》第10回)

(9)是现代北京话的例子,(10~12)是稍早一些时候的书面用例。显然,从形式结构上看,"差点儿+没VP→没VP"这种省略一个直接成分的方式,要优于"(差点儿+没)+VP→没VP"这种省略一个间接成分(直接成分中的直接成分)的方式。

关于冗余否定格式"差点儿没VP"的形成机制,我们的假设是:由于强调乐观、积极的推演意义"没有VP"等语用动机的促动,"差点儿"中的隐性否定意义发生语义溢出,实现为显性的否定词语"没(有)",并且寄生和黏附到"差点儿"所修饰的VP上;结果,造成"差点儿没VP"这种冗余否定格式。其中,"没(有)"作为一个后来加入的冗余性否定词,不影响原来句子的结构格局和句法语义限制。因此,VP中可以出现表示实现体意义的"了",尽管真正的否定词"没"和"了"是不能共现的。① 例如:②

(13)a. 他的脑袋搬了家。~ *他的脑袋没有搬了家。

b. 他的脑袋差点儿搬了家。~ 他的脑袋差点儿没搬了家。

(14)a. 韩秋云叫了起来。~ *韩秋云没有叫了起来。

b. 韩秋云差点儿叫了起来。~ 韩秋云差点儿没叫了起来。

(15)a. 门上的锁弄断了。~ *门上的锁没有弄断了。

b. 门上的锁差点儿弄断了。~ 门上的锁差点儿没弄断了。

(16)a. 家长们急疯了。~ *家长们没有急疯了。

b. 家长们差点儿急疯了。~ 家长们差点儿没急疯了。

虽然"没有+VP-了"格式是不合格的,但是"差点儿+没有+VP-了"是合格的;因为,它是从"差点儿+VP-了"格式上衍生出来的冗余否定格式。这种冗余否定成分只是隐性否定副词"差点儿"的一个影子,可以称为影子成分(shadow forms)。影子成分依赖于主体成分(subject forms),并且显

---

① 参考朱德熙(1980b),第190页。

② 下面这些"差点儿+没有+VP-了"格式的例句,搜自CCL语料库,但做了精简处理。

性地标示(indicate)主体成分的某种隐性的语义。

在语义溢出思想的照耀下,可以假设冗余否定格式“差点儿没 VP”的如下句法组合和语义演算步骤:(i)冗余否定词“没(有)”首先跟“VP(-了)”组合,通过否定操作,得出局部意义“～VP”;(ii)“差点儿”再跟“没(有)+VP(-了)”组合,当隐性否定形式后面出现否定形式时,触发并启动某种核查机制(详见§4.4),以确定“没(有)”是不是“差点儿”的影子成分:如果不是,在语义组合时进行双重否定的抵消和归零操作;如果是,在语义组合时作吸收和归一处理,得出全局意义“接近 VP & ～VP”;(iii)对于冗余否定这种特殊表达进行语用推理,得出会话含义:否定意义“～VP”是一种强调性的意义,强调对负面的“VP－”的否定,从而突出对于“～VP－”的庆幸这种乐观的情绪。显然,隐性否定的影子成分这种假设,对于同类的冗余否定格式“避免……(不)VP”[避免今后(不)犯错误]、“(在)……(没有)VP 前”[在(没有)下雨前赶回了家]等也是适用的。

第四节 如何消解否定格式“差点儿没 VP”的歧义?

13.4.1 说话人的期望与“差点儿没 VP”的语义解读

其实,不管怎样假设冗余否定格式“差点儿没 VP”的形成机制,都面临着一个无法回避的问题:听话人怎样(凭什么)识别他所听/读到的语言符号串“差点儿没 VP”,是 C 式“差点儿～VP′+”[差点儿没考上北大(=考上北大)],还是 E 式“差点儿～VP′－”[差点儿没摔断大腿(=没摔断大腿)]?如果出现在“差点儿没 VP”的 VP 位置上的词语的评价色彩十分鲜明,不是积极、希望、乐观的,就是消极、不希望、悲观的;那么,可以据此断定:积极类词语的句子是真正的否定格式“差点儿～VP′+”[差点儿没中了头奖(=中了头奖)],消极类词语的句子是冗余性否定格式“差点儿～VP′－”[差点儿没暴尸街头(=没暴尸街头)]。但是,当出现在“差点儿没 VP”的 VP 位置上的词语的评价色彩是中性的时候,就不可避免地要产生歧义。例如:

(17)差点儿没踢进去。[=a. 踢进去了;b. 没踢进去]

(18)差点儿没跟他结婚。[=a. 跟他结婚了;b. 没跟他结婚]

对于诸如此类的“差点儿(没)VP”句式,朱德熙(1980b)给出的规则是:

> [1] 凡是说话的人企望发生的事情,肯定形式表示否定意义,否定形式表示肯定意义;[2] 凡是说话的人不企望发生的事情,不管是肯定形式还是否定形式,意思都是否定的。

但是,企望不企望往往因人而异。比如,甲乙两方比赛足球,球踢进甲方球门这件事是乙方企望实现的,甲方可不希望它实现。因此甲方说"差一点踢进去了"或"差一点没踢进去",两句话意思一样,都是说没有踢进去。同样两句话由乙方来说,意思就不一样:"差一点踢进去了"是说没有踢进去,"差一点没踢进去"倒是说踢进去了。像(18)这样的情况,可以理解为说话的人想跟"他"结婚,事实上也跟"他"结婚了;也可以理解为说话的人不想跟"他"结婚,事实上也跟"他"结婚了;还有一种可能是说话的人觉得跟不跟"他"结婚都无所谓,不过事实上没有跟"他"结婚。因此"差一点+没+VP"可以有三重歧义。从这些句式的结构本身,是无法把它们分化为单义句式的。[见朱德熙(1980a),第188～192页]

情况真的是这样毫无希望吗?果真如此,语言使用者又是怎样做到应付裕如的呢?

13.4.2　句子的语音形式与"差点儿没VP"的语义解读

李小玲(1986)指出,朱德熙先生引入"企望与否"这种"语言以外的"因素是为了帮助判断书面上的"差点儿(没)VP"句式的歧义;但是,朱先生又把这种"企望与否"当作句子本身的意义,说"差点儿跟他结婚"有三重歧义(说话人想跟"他"结婚,或不想,或无所谓);这种把说话人的各种态度当作句子的歧义的做法是没有根据的;并且,从"差点儿(没)VP"句式不一定能推求出说话人的态度。(第6页)她通过调查北京话口语,尝试从停顿、轻音等语音形式上,来分化"差点儿没VP"句式的歧义:真性否定格式"差点儿没VP"(差点儿ˇ没咽下去[=咽下去了]),在"差点儿"与"没VP"之间有停顿(记作:ˇ);冗余否定格式"差点儿没VP"(差点儿·没ˇ咽下去[=没咽下去]),在"差点儿没"与"VP"之间有停顿,这种"羡余成分"的"没"读轻音(记作:"·没")。(第7页)于是,我们在足球场上如果听到"差点儿·没ˇ踢进去",就知道球没进;如果听到"差点儿ˇ没踢进去",就知道球进了。而不必像朱先生假设的那样,要预先知道说话人是甲队的拉拉队,还是乙队的"拥趸"。其实,我们倒是能从这两个不同[语音形式]的句子中,听出说话人在为哪个队加油。由于引进了语音形式,我们不仅推知语义,而且还能推知说话人的态度。(第10页)

王还(1990)认为可以从重音和轻声上来区分两种“差点儿(没)VP”格式:真性否定格式“差点儿没 VP”[差点儿没踢进去(=踢进去了)],VP 最后的“去”要重读;冗余否定格式“差点儿没 VP”[差点儿没踢进去(=没踢进去)],VP 中居先的“踢”要重读,后面的“进去”要读轻声;即使没有这个羡余的“没”,读法也不变。(第 12 页)

句子的语音形式和语义解释的关系,要是果真像她们两位所说的那么理想和整齐,就再好也不过了。但是,朱德熙(1982:128)说“趋向补语总是读轻声”。吕叔湘(2001:39)也说“动趋式里的趋向动词读轻声”。可见,四位先生对于有关格式的韵律模式意见不同。因此,要依靠“踢进去”的重音模式来区分歧义,恐怕有点难办。同样,要依靠“没”的轻读与否、是向前附着(后有停顿)还是向后附着(前有停顿),也不太现实。因为,口语交际的环境是嘈杂的,也就是说,信道(channel)中充满着噪声;尤其是在足球比赛现场那种疯狂的场合,对于句内停顿和轻读等语音线索,再训练有素的耳朵恐怕也是无能为力的。

13.4.3 语言运用语法中的“差点儿(没)VP”格式

既然听话人无法从形式上识别“差点儿没 VP”(差点儿没踢进去)的意义究竟是“VP 了”(踢进去了),还是“没有 VP”(没踢进去);那么,受制于语言交际的合作原则及其方式准则,说话人只得或者尽可能地让听话人了解他的期望(希望或不希望进球),或者避免使用这种容易使人误解的句式。无数个语言使用者的决策选择的结果,应该呈现出某种总的倾向和趋势,显示出说话人是怎样为听话人正确地理解这种歧义格式而提供有关的线索;并且,这种语言运用的趋势在大规模的真实文本中应该可以明确地统计出来。为了确切地了解这种语言运用的结果,我们调查了 CCL 语料库中所有的“差点儿(没)VP”句式,得到如下的统计数据:

[1] 刨除述宾短语的“差点儿”(条件~),得到“差点儿(没)VP”格式 415 例。

[2] 肯定式的“差点儿 VP”343 例,占 82.65%。其中,(a)VP 为积极意义的 1 例(~获胜),确定地属于表示遗憾意义的 A 型“差点儿 VP+”格式,占 0.24%。(b)VP 为消极意义的 317 例,确定地属于表示庆幸意义的 B 型“差点儿 VP-”格式,占 76.39%。其中,肯定形式 301 例(~急疯/流产/掉泪/送命/被挤翻/忘了/落水/翻脸/枪毙/被打倒/割破了手腕/错怪),占 72.53%;否定形式 16 例(~认不出/不那么平和/喘不过气/没喘过气来/找不着北/使他没走出老爷岭/不敢冒险通过/不能和你见面),占 3.86%。

(c)VP 为中性意义的 25 例(～跳起来/把电话挂上/以为她生来如此/告诉尹小帆/走到一起/雇个挑夫/走过来/发现了他们的秘密/为之倾倒/就接着说),占 6.02%;不能确定它们到底属于表示遗憾意义的 A 型格式,还是属于表示庆幸意义的 B 型格式;不过,这些例句的 VP 前都可以加上“没(有)”,转变成表示庆幸意义的冗余否定式 E“差点儿没(有)VP”;可见,它们倾向于表示庆幸意义。

[3] 否定式的“差点儿没(有)VP”72 例,占 17.35%。其中,(a)VP 为积极意义的 2 例(～没托稳/吃好),确定地属于表示庆幸意义的 C 型“差点儿没(有)VP+”格式,占 0.48%。(b)VP 为中性意义的 2 例(～没有把她抓住/跑成),占 0.48%;不能确定它们到底表示庆幸意义或遗憾意义,还是无所谓;显然,这些例句中的“没(有)”是真性否定,而不是冗余否定。(c)VP 为消极意义的 66 例(～没(有)背过气去/晕过去/给炸死/误会/摔跟斗/叫他们把你捕了去/掉下泪来/笑死/哭起来/拉断/打起来/大叫起来/把它丢掉/给憋死),确定地属于表示庆幸意义的冗余否定的 E 型“差点儿没(有)VP－”格式,占 15.9%。(d)VP 为中性意义的 2 例(～没在画廊中央跳起舞来/乐出声儿来),占 0.48%;也属于表示庆幸意义的冗余否定的 E 型格式,其中的“没(有)”是冗余否定。

[4] 总计起来,“差点儿(没)VP”句式表示庆幸意义的 385 例,占 92.38%;表示遗憾意义的 1 例,0.24%;表示庆幸还是遗憾不明确(但倾向于表示庆幸)的 27 例,占 6.51%。其中,VP 为消极意义的 383 例,占 91.99%;VP 为积极意义的 3 例,占 0.72%;VP 为中性意义的 27 例,占 6.51%。可见,句式的评价意义与 VP 的评价意义有着极高的相关度。

这样看来,听话人如果不管“差点儿(没有)VP”格式中的“没(有)”是真性否定还是冗余否定,甚至不管其中有没有否定词“没(有)”;听到“差点儿VP”格式以后,只是孤注一掷地把宝押在表示庆幸意义上;那么,它胜算的概率居然高达 98.8%以上。

13.4.4　理解“差点儿(没)VP”格式意义的概率语法模型

上面假设的这种定向猜测的语言理解模型是自上而下(top-down)的,带有较大的概率性;并且,可以通过辨认“差点儿 VP”中有没有否定副词“没(有)”和 VP 的评价意义是积极还是消极来提高其正确性。具体地说,听话人可以先默认听到的“差点儿 VP”格式是表示庆幸意义的。再往下观察和推导,假如 VP 是表示消极意义(或中性意义)的词语,那么它所表示的事情一定是几乎要发生了,但是最终还是侥幸地没有发生;在这种情况下,如果“差点儿VP”格式中有否定词“没(有)”,那么它表示冗余性否定(所以跟“差点儿”中的隐性否定重合);假如VP是表示积极意义的词语,那么看“差点儿”之后有没有否定副词“没(有)”;如果有,VP所表示的事情一定是几乎不能实现,但是最终还是幸运地实现了;在这种情况下,否定词“没(有)”表示真性否定(所以跟“差点儿”中的隐性否定抵消);如果无,VP所表示的事情一定是几乎快要实现,但是最终还是遗憾地没有实现,于是回过头来把整个格式的默认性评价意义“庆幸”修正为“遗憾”。比如,听到“乔老爷差点儿没喘过气来”后,先默认这个句子表示庆幸意义;由于“喘过气来”是积极的,因而断定“没”表示真性否定,整个句子表示:“乔老爷”几乎不能“喘过气来”,但最终还是幸运地“喘过气来”了。不过,有的听话人倾向于把“没喘过气来”看作一个惯用语(=“喘不过气来”),结果怎么样呢?也没有问题。他可以先默认这个句子表示庆幸意义,由于“没喘过气来”是消极的,因而整个句子表示:“乔老爷”几乎“喘不过气来”,但最终还是幸运地“喘过气来”了。虽然两种理解方式的词汇-句法分析程序不同,但是在上述概率语法的指导下,最终得到的语义解读是一样的。可见,这种概率语法对于理解“差点儿(没有)VP”格式的意义,有近于瓮中捉鳖、手到擒来之效。

这种自上而下的概率语法模型,或许能够较好地逼近人们理解“差点儿(没有)VP”格式时实际的认知加工过程。可以把相关的判决程序概括成如下的算法流程:

[1] 读入“差点儿(没有)VP”格式的实例,默认其评价意义为“庆幸”;
[2] 检查其中VP的评价意义,
　　[2.1] 如果VP表示消极(或中性)意义,
　　　　那么句子的意思为“接近VP,但没有VP”;
　　　　[2.1.1] 如果“差点儿”与“VP”之间有否定词“没(有)”,
　　　　　　那么这个“没(有)”表示冗余否定;
　　[2.2] 如果VP表示积极意义,
　　　　那么检查“差点儿”与“VP”之间有没有否定词“没(有)”;
　　　　[2.2.1] 如果其间有否定词“没(有)”,
　　　　　　那么这个“没(有)”表示真性否定,
　　　　　　　句子的意思为“接近没有VP,但最终VP了”;
　　　　[2.2.2] 如果“差点儿”与“VP”之间没有否定词“没(有)”,
　　　　　　那么句子的意思为“接近VP,但没有VP”,
　　　　　　　必须把句子的评价意义修正为“遗憾”。

可见,在语言能力的语法这种抽象的平面上(at the level of grammatical competence),“差点儿没 VP”可能是歧义格式;因为,当其中的 VP 是中性词语时,根据说话人是否期望 VP 的发生而产生两种意义相反的解读(readings)。但是,在语言运用的语法这种现实的平面上(at the level of grammatical performance),[①]“差点儿没 VP”格式的实例(instantiation)几乎是没有歧义的;因为,其中的 VP 要么是积极的,要么是消极的,极少是中性的。即使是中性的,说话人也通常通过上下文、情境、信念、习俗等语境线索,明确地向听话人传达自己希望还是不希望 VP 发生。比如,“跳起来”本来是中性的,但是在“差点儿没 VP”格式中却总是实现为消极性评价。比如:“(高兴/惊奇得)差点儿(没)跳起来”,其中肯定式与否定式意义相同。“把球踢进球门”本来也是中性的,但是在“差点儿没 VP”格式中却多半是实现为积极性评价;因为不带偏见的观众总是乐于看到进球,至于哪个队攻进哪个队的球门是无所谓的。[②] 比如:“(那个队员)差点儿(没)把球踢进球门”,其中肯定式与否定式意义不同。只有当说话人不希望“那个队员”把球踢进球门,并且他相信听话人也知道他的这种期望时;他才能用冗余否定形式“(那个队员)差点儿没把球踢进球门”,来表示跟肯定形式“(那个队员)差点儿把球踢进球门”相似的意思。并且,从真实文本的统计来看,在“差点儿没 VP”格式的实例中,VP 以消极的占绝对多数(92%左右)。[③] 也就是说,语言使用者通过具体的使用和频率来造成一种倾向,让抽象、多义的“差点儿没 VP”格式在言语中专化为跟“差点儿 VP—”同义的冗余否定形式。

这样看起来,语言使用者远比语言研究者聪明。在语法学家为“差点儿没 VP”格式的歧义消解而上下求索、无计可施时,说话人早已悄悄地通过不用或少用中性词语来避免可能的歧义;而听话人则采用自上而下的语义理解策略,由占绝对优势(92～98%左右)的句式评价义“庆幸”引导,再通过 VP 的评价意义来推导有关事件的发生与否、其中的否定词“没(有)”是真性否定还是冗余否定,甚至修正默认的句式评价义,从而全面地理解这种句式的各种实例的意义。

---

① 关于这两种平面的语法的差别,详见 Givón(1978),pp. 72～79。

② 参考沈家煊(1999:82)的有关说明。

③ 毛修敬(1985:60～61)指出,在他收集的 100 个“差点儿(没)VP”例句中,VP 表示消极意义的有 98 个,占 98%。

第五节 “差点儿(没有)VP”格式的道义约束

从上文对于真实文本语料的统计和分析，可以看出：在语言运用的语法这种层面上，“差点儿没VP”是一种表示道义情态(deontic model)的格式；其表达方式与这种表达内容之间的匹配关系，受到汉语使用者社团(即中国大部分人口)及其文化中的一般公认的道德规范和行为准则的约束，涉及公众对于事件或行为的好还是坏、是否应该期望等的评价。这种道义约束具体地表现为：(i)尽可能多地在“差点儿VP”格式的VP位置上填入消极意义的词语“VP－”，让隐性否定格式“差点儿VP”尽可能多地表示“庆幸”这种积极的评价意义；为了突出这种积极乐观的评价意义，可以让“差点儿VP－”中的隐性否定意义溢出，并且用否定副词“没(有)”来显性地标记，形成冗余否定格式“差点儿[没]VP－”。(ii)尽可能少地在“差点儿VP”格式的VP位置上填入积极意义的词语“VP＋”，让隐性否定格式“差点儿VP”尽可能少地表示“遗憾”这种消极的评价意义；为了避免突出这种消极的评价意义，禁止“差点儿VP＋”中的隐性否定意义溢出，因此就没有“差点儿[没]VP＋”这种冗余否定格式。(iii)为了避免跟冗余否定格式“差点儿[没]VP－”混淆，尽可能少地在“差点儿没VP”格式的VP位置上填入积极意义的词语“VP＋”，尽管双重否定格式“差点儿没有VP＋”也可以表示“庆幸”这种积极的评价意义。(iv)为了遵循乐观原则，禁止在“差点儿没VP”格式的VP位置上填入消极意义的词语“VP－”，以免让双重否定这种强调性格式表示“遗憾”这种消极的评价意义，也正好避免跟冗余否定格式“差点儿[没]VP－”混淆。

并且，由于道义是一种公共的社会约束和惯例性的文化约束，因而通常可以超越说话人特定的好恶，压倒说话人个人性的企望。例如：①

(19)你在朝鲜战场是个怕死鬼！我差点儿没有枪毙你！(丁隆炎《最后的年月》)

(20)这一下差一点儿没有把张维气死，气得他直瞪着眼，大张着嘴，足有一分钟没说上话来。(赵树理《张来兴》)

(19)是说话人(彭德怀)对所斥责的对象(你)说的话。虽然“枪毙你”是说话人是期望的，但是它仍然是消极性的词语，所以可以用冗余否定格式“差点

① 下面两例转引自沈家煊(1999：120)。

儿[没]VP－"来表达。(20)中的"张维"是说话人的仇人。虽然"把张维气死"是说话人期望的,但是它仍然是消极性的词语,所以可以用冗余否定格式"差点儿[没]VP－"来表达。

可见,即使是在特定的语境中,说话人也无法顺从自己的情绪倾向,强行扭曲他的期望与词语的积极/消极之间自然的组配关系。正是这种处于道义约束下的词语的评价意义与句式的评价意义的自然组配,保证了上述概率性的语言运用语法在理解"差点儿(没有)VP"格式的意义时得以实施。

第六节　结语

上文尝试从副词"差点儿"所包含的隐性否定的角度,来观察和讨论这种隐性否定意义溢出的有关语法效应,特别是"差点儿没(有)VP"格式中形式与意义之间的复杂的对应关系。文章着重用"差点儿"中隐性否定的语义溢出,来解释"差点儿没(有)VP"格式中冗余否定的形成机制;用"差点儿(没有)VP"句式的"肯定 vs. 否定"(包括隐性否定)和其中 VP 的评价意义的"积极 vs. 消极"的配置方式,来推导整个句式的评价意义的"正面 vs. 反面";进而用"乐观原则"来解释"差点儿 VP"格式三缺一格局的语用动因,以便用句式缺位来说明"差点儿 VP"格式中隐性否定溢出的条件。文章还基于对真实文本中 400 多个"差点儿 VP"实例的分析,来说明在语言运用平面上的语法中,对于歧义句式"差点儿没(有)VP"以至于所有的"差点儿 VP"格式,都有可能采用概率性的语义理解策略:先默认"差点儿 VP"格式表示积极的评价意义(即庆幸),然后根据"差点儿(没有)VP"格式的道义约束,凭借其中 VP 的评价意义的"积极 vs. 消极"来推断整个句子的语义解释,从而快捷而正确地理解整个"差点儿(没有)VP"格式的各种实例的意义。

第十四章 “白”字句否定意义识解的概念-句法协同机制

第一节 引言

在语言中，多数的语句组合是复合性的（complicated），表现为整个结构体的意义可以直接从其结构成分和结构方式上推导出来；少数的语句组合是复杂性的（complex），表现为整个结构体的意义不能直接从其结构成分和结构方式上推导出来。[①] 例如：

（1）a. 我快走，你慢走，所以用的时间不一样。（快：快速；走：行走）

b. 你快走，再不走就要迟到了。（快：赶快；走：离开）

c. 你爷爷快走了，你等办完后事再出门也不迟。（快：即将；走：离世）

（2）a. 他白吃了三服药，咳嗽还没有好。（白：没有效果；徒然）

b. 他白吃了一顿自助餐，用的是我的积分返点。（白：没有代价）

c. 他白吃了我一顿好饭，没有给我办成事儿。（白：没有报偿）

在（1）中，不同词类（形容词和副词）、不同意义（义项）的“快”跟不同意义（包括隐喻用法）的动词“走”组合后，都可以在“状语-中心语”这种结构方式的引导下得到语义解读：‘快速地行走、赶快离开、即将离世’。但是，在（2）中，不同意义（义项）的副词“白”跟动词短语“吃……”组合后，在“状语-中心语”这种结构方式的引导下也不一定能够得到合理的语义解读。比如，（2a）“白

---

① 关于复合系统和复杂系统的区别，结语部分有具体讨论；参考 Cilliers（1988），中译本的前言第 2 页、正文第 4～6 页。

吃了三服药”说的是‘吃了三服药，但是没有起到治疗的效果’，而不是简单的‘没有效果地吃了三服药’，“白吃了一顿自助餐”说的是‘吃了一顿自助餐，但是没有付出相应的代价’，而不是简单的‘没有代价地吃了一顿自助餐’，“白吃了我一顿好饭”说的是‘吃了我一顿好饭，但是没有践行或实现某种承诺’，而不是简单的‘没有报偿地白吃了我一顿好饭’。

从直觉上说，像(1)这种复合结构，其各结构成分根据层次结构逐渐局部地组合，最终构成一个结构体，其语义解释符合弗雷格的语义组合性原理(Frege's Principle of Semantic Composition)。像(2)这种复杂结构，其有关结构成分跨层次地组合，最终构成的结构体的语义解释超越了弗雷格的语义组合性原理。比如，(2)中的“白”是对于整个主谓结构“他吃了三服药、他吃了一顿自助餐、他吃了我一顿好饭”所表示的命题(proposition)的主观评价；并且，还增生了一些意义。对于诸如此类语言现象的解释，在语法理论内部可以用构式语法(Construction Grammar)来说明：“NP＋bai＋VP”这种形式-意义配对，造成了句子意义整体大于部分。当然，也可以从语言这种系统的复杂性(complexity)和非线性(non-linearity)的角度进行探讨。

但是，光是把构式意义的涌现(emergence)归结为构式的效应，或者归结为语言结构的复杂性和非线性，这种近于贴标签的方式是远远不够的；因为，出于语言学家的职业习惯，我们还想知道：我们人脑是如何处理语言中的这种复杂性和非线性现象的？小孩是怎么习得足以处理语言中的这种复杂性和非线性的语言能力的？也就是说，语言的复杂性和非线性的机制是什么？

本章通过副词“白、白白(地)”的语义解释问题，来讨论人脑如何植根于概念结构，并在句法结构的制导下来生成语句和识解其意义。首先描写“白、白白(地)”的不同义面(①无代价、无报偿，②无收获、徒然地)及其用法特点。然后讨论“白、白白(地)”的不同意义所共享的概念结构基础：都是对“劳酬均衡原理”的偏离；通过跟不同语义类型的谓词性成分组合，这种抽象意义具体地实现为：或者强调获得收益但没有付出相应的代价，形成义项①；或者强调付出代价但没有获得相应的收益，形成义项②。接着，通过大量的实例分析，指出“白、白白(地)”的两种意义是通过句法结构的制导来明确的：(i)当陈述“白、白白(地)”所修饰的动词性成分的主语没有付出而白得时，把“白、白白(地)”识解为‘无代价、无报偿’(即“白、白白(地)①”)；(ii)当陈述“白、白白(地)”所修饰的动词性成分的主语没有收获而白搭时，把“白、白白(地)”识解为‘无收获、徒然地’(即“白、白白(地)②”)。通过这个案例，本文说明：语言是一个复杂的、非线性的自组织系统，具有随时间进化和不断涌现出新的成分和新的构式的特性；语言从概念结构、论元结构到句法结构和语句构式等多层面的结构型式，为人脑基于层级性模式识别的信息加工方式提供了结构基础。

第二节 多层面的概念结构与语法结构的互动

粗略地说，句子的意义结构可以分为三个层面：(1)述谓结构(predication)，往往是由核心动词(包括形容词)的论元结构投射出来的，实现为一个基本的句法结构，用以表示基本的事件及其参与者等信息(拿动词“吃”来说，涉及“谁吃什么”这种基本的及物性关系)；(2)时体结构(tense-aspect)，通过附着在基本的句法结构上的时体标记(副词、助词、语缀等)，来表示事件在语境中的时间定位(在说话之前还是之后发生、有没有完成等)；(3)认识结构(epistemic)，包括说话人的推论(reasoning)、情感(emotion)和情态(modal and modality)等，通过附着在基本的句法结构上的逻辑、情感和情态标记(副词、助词、助动词、语气词、语缀等)，来表示说话人对事件的因果(必然性)、值得、恰当性、好恶、频率、概率(可能性)、道义(必要性)、确信等的主观评价。[①] 更加简单地说，(1)(2)两种结构造就句子的命题意义(proposition)，(3)构成句子的评价意义(evaluation)。包含副词“白、白白(地)”的句子，也可以这样来分层次地剖析。例如：[②]

(3)a. 贾母道：“今儿原是带着你们取乐，咱们只管咱们的，别理他们。我巴巴儿的唱戏摆酒，为他们呢？<u>他们白听戏</u>，[e_i]<u>白吃</u>[e_j]，已经便宜了，还让他们点戏呢！”(《红楼梦》第22回)

b. 孩子被她这么一折腾，“哇”地一声全吐了出来。这下好了，刚才吃下去的药[e_i]全都<u>白吃</u>了。(魏崇《十月》)

c. 众人笑道：“真是茄子，我们再不哄你。”刘姥姥诧异道：“真是茄子？我<u>白吃</u>了半日！姑奶奶再喂我些，这一口细嚼嚼。”(《红楼梦》第41回)

(4)a. 凭丁翼平那个赚钱的劲儿，咱们<u>白费</u>力气，做不出好活儿来！

① 我们这里的认识结构，大致相当于Sweetser(1990)的epistemic level和Traugott(1982)的expressive meanings。

② 下面凡是有出处的例子，除非特别说明，其他均转引自张谊生(2000)，第235～296页。

（老舍《春华秋实》）

b. 咱们的汗白流了，力气白费了，死了也白死！（老舍《春华秋实》）

c. 真！做校长仿佛是丢人的事，你就说，天下竟会有这样的人！看他文文雅雅的，他的书都白念了。（老舍《四世同堂》）

在(3a)中，动词"听"的受事"戏"做宾语，两者形成述宾结构，"听"的施事"他们"做这个述宾结构的主语；副词"白"黏附在谓词性成分"听戏"上，表示对于事件"他们听戏"的评价：他们享受了听戏，但是没有付出相应的代价。至于动词"吃"的主语和宾语都是空语类（empty category），需要利用句法规则，在上文分别找回（discover）它们的先行语，从而确定它们的所指对象，最终得到它们之间的施事-受事之类的及物性关系。在(3b、3c)中，利用了语气词和助词"了"来标记事件（吃药、吃茄子）已经实现。在(4a)中，动词"费"的施事和受事各就各位。在(4b)中，动词"费"的受事"力气"居于动词之前做主语，其施事要到上文去找回。(4c)则更为复杂，动词"念"的施事、受事都隐藏在其主语中，意思是'他念书都白念了'（构式类似于"他的老师当得好＝他当老师当得好"）。

动词的论元结构其实是跟动词相关的概念结构和句法结构互相作用所形成的一种词汇性语义结构：一定的事件结构（行为发出者-行为-行为接受者）通过一定的句法结构（主语-动词-宾语）的表达和模塑，最终形成相对定型的论元之间的论旨角色关系（施事-动词-受事）和句法配位方式[主语（施事）-动词-宾语（受事）、大主语（受事）-小主语（施事）-动词、……]。因此，空语类的语义解读，一方面是由概念结构驱动的，当事件结构得不到完整的解读时，人们需要明确动词的施事、受事及其及物性关系；另一方面又是由句法结构制导的，人们必须调用句法规则来核查主语或宾语位置上的空语类的先行语，以期得到动词的施事和受事的语义解释。

第三节　"白"等的意义和用法及其概念结构基础

下面，我们通过实例来探讨"白、白白（地）"的各种意义、用法及其概念结构基础和意义扩散的轨迹。先看它们的一个义面（semantic facet）：（一）无代价，无报偿。[1] 即得到享受、实物、服务、待遇或钱财等的利益，但是没

① 参考吕叔湘（2001/1980），第58页。

有付出相应的代价,没有做出相应的劳动、回报、补偿、赔偿等;可以简称为"无付出"或"白得、白捡"。例如:

(5)a. 还不错,总算没输,白吃一顿,白玩一场也挺开心。(曹桂林《北京人在纽约》)

b. 得啦,白住了两天房,白玩了女人,这买卖做得不错。(老舍《四世同堂》)

c. 现在大家正在兴高采烈的白拿东西,要是遇见我,他们一人给我一砖头,我也活不成。(老舍《我这一辈子》)

d. 再说,我和他三七分账,我受累,他白拿钱,我是哑巴吃黄连,有苦说不出!(老舍《四世同堂》)

e. 祥子遇见的主人也不算少,十个倒有九个是能晚给一天工钱,就晚给一天,表示出顶好白用人,而且仆人根本是狗猫,或者不如狗猫。(老舍《骆驼祥子》)

f. 可是你爸爸也并没有白用了你的钱呀?(老舍《归去来兮》)

g. 赵鹏,你在这里白混饭吃,胸无大志,学问全无长进,算怎么一回事?(老舍《老舍文集十二卷》)

(6)a. 他不要嫁妆,我不能不要彩礼呀!白白要了我的女儿去,没那么便宜的事。(老舍《荷珠配》)

b. 她自己是一棵草也不肯白白拿过来的人。(老舍《四世同堂》)

c. 当晚他灯熄得很晚,坐在床头,抽着烟,看着以旧换新的车,再看看白白得来的几张钞票,直到上下眼皮都快粘在一起了,他才熄灯入睡。(冯骥才《匈牙利脚踏车》)

按照社会常规,吃喝玩乐、获得钱财或服务等利益,都要付出相应的代价、劳动或回报等;就像俗话所说的"天上不会掉馅饼"、西谚所谓的"没有免费的午餐"。可以总结为"劳酬均衡原理"(The Principle of The Equilibrium of Payment and Reward)。但是,如果现实生活中偶尔发生或人们想象、希望出现诸如上例所述的不劳而获等偏离"劳酬均衡原理"的反常情况,在汉语中就可以用"白、白白(地)"这种专门的语言成分来标记这种反常规的情况。

推广一步,除了上述的"利益、享受-劳动、代价"这种比较直接的"劳酬均衡"之外,还可以是"损害、破坏-赔偿、受罚"这种相对间接的、带有想象性的"劳酬均衡"。"白、白白(地)"还可以表示实施了损害、破坏却没有补偿、赔偿或受到惩罚。例如:

(7)a. 这样还不算完，眼下不知道赵国松到底怎么样，你打了人不能白打，是认罚还是认打。(蒋子龙《燕赵悲歌》)

b. 雨村听了大怒道："那有这等事！打死人竟白白的走了，再拿不来的！"(《红楼梦》第4回)

c. 他赶上个好机会白拣来一条命。(老舍《四世同堂》)

按照社会常规，损害、破坏了别人的人身或财产等利益，都要做出相应的补偿、赔偿或受到相应的惩罚；就像俗话所说的"借钱还债、欠债还钱、杀人偿命、破财消灾"、西谚所谓的"责罚相当"，可以看作"劳酬均衡原理"的引申。可以像(7c)那样想象：在情势所迫、难免一死的情况下，居然大难不死，这也等于是没有付出代价，无偿地存活了下来。在这种情况下，也可以用"白、白白(地)"来标记这种超乎想象的情况。

现在，我们来看"白、白白(地)"的另一个义面：(二)没有效果，徒然地。① 即付出钱财、实物、劳动、时间、辛苦等的代价，但是没有得到相应的报酬、收获、利益、报答等；可以简称为"无收获"或"白给、白搭"。例如：

(8)a. 做生意不冒险，人家白送给你好不好？(曹桂林《北京人在纽约》)

b. 今天白送给人家一张画，卖出去一张画，心里很痛快！(老舍《西望长安》)

c. 大赤包的女儿不能白给了人。(老舍《四世同堂》)

d. 每天早上六点到晚上九点，坐在公园门口看车，不拿工资，白尽义务，却分外上心。(苏叔阳《画框》)

e. 紧挨他站着的一个人就说："抓都抓起来了，哭顶个啥用。白叫鬼子听了高兴。"(邓友梅《别了，濑户内海》)

(9)a. 你不骗吃不骗喝，你白给破风筝写词儿，你说话不转文，不扯谎，你是好人。(老舍《方珍珠》)

b. 想想看吧，本来就没有儿子，不能火火炽炽地凑起个家庭来，姑娘再跟人一走，自己一辈子算是白费了心机。(老舍《骆驼祥子》)

c. 有时候，我白费了许多工夫与材料而做不出我所想到的东西。(老舍《我这一辈子》)

d. 谁要说给他找个媳妇，他甘愿白为人家脱三天大坯！(蒋子

① 参考吕叔湘(2001/1980)，第58页。

龙《燕赵悲歌》)

e. 她白受了苦。白当了特务,永远不能再见妈妈。(老舍《四世同堂》)

f. 大多数学生瞧一下批的分数,就把卷子扔了,老师白改得头痛。(钱锺书《围城》)

(10)a. 如今白白的花了钱,弄了这个东西,又叫咱们认出来了。(《红楼梦》第95回)

b. 他拉车不止一天了,夏天这也不是头遭,他不能就这么白白地“泡”一天。(老舍《骆驼祥子》)

c. 于是他顺着沟走来走去,焦躁起来,竟没有找到什么木板,白白地多走了冤枉路,绕还是跳?(王蒙《夜的眼》)

d. 你要活,我也要活。你赶紧出去,叫人来还有救活我的可能。为什么两个人都白白死去。(冯骥才《他在人间》)

按照社会常规,给人钱财、物品、提供劳动或服务等利益,乃至付出生命,都要得到相应的物品、钱财等作为报酬或收获;就像俗话所说的“公平交易,一手交钱,一手交货”,或者“种瓜得瓜,种豆得豆;一分耕耘,一分收获”。显然,这也隶属于“劳酬均衡原理”或更加普遍的“成本效益原则”(The Principle of Cost-benefit)。但是,如果现实生活中偶尔发生或人们想象、不希望出现诸如上例所述的劳而不获等偏离“劳酬均衡原理”的反常情况,在汉语中也可以用“白、白白(地)”这种专门的语言成分来标记这种反常规的情况。

推广一步,除了上述的“代价、劳动-利益、收获”这种比较直接的“劳酬均衡”之外,还可以是“优势、长处-利益、收获”这种相对间接的、带有想象性的“劳酬均衡”。“白、白白(地)”还可以表示虽然有某种优势、强项却没有因此而得到好处。例如:

(11)a. 自从她嫁给胡二之后,背后常常有人感叹:“白长了一幅漂亮的脸蛋,可惜了。”(魏崇《十月》)

b. 孙七爷,你白活了这么大的岁数呀!他大节下的,一个铜板不拿回来,你还夸奖他哪?(老舍《四世同堂》)

c. 像我们白来了外国一次,没读过半句书,一辈子做管家婆子,在国内念的书,生小孩儿全忘了——吓!(钱锺书《围城》)

d. 树奎哥……咱俩从小做亲,苦等到现在,咱不能白白来人间走一遭,今夜里,咱天当房,地当床,咱……咱俩就成亲吧……(李存

葆《山中,那十九座坟茔》)

按照一般的社会常规和期望,长得漂亮应该嫁得好、活得长应该见识广、出国应该学习新知识、来人间应该享受人间幸福;这种有利条件应该取得好的结果的信念,也可以看作"劳酬均衡原理"的引申——可以概括为"条件与结果均衡原理"。

第四节 劳酬均衡原理的偏离及其词汇化形式

现在的问题是:怎样来为"白、白白(地)"的各种意义、用法建立一个解释性的理论模型。张谊生(2000)指出:"白""对命题的预设直接加以否定"(第236页),"预设否定的否定对象不是命题本身,而是说话人、听话人共知的相关情况"(第235页)。比如:

(12)a. 张三学了几年钢琴(,但至今仍然一窍不通)。

b. 张三<u>白</u>学了几年钢琴。

张谊生(2000)认为:(12a)的预设是:学了几年钢琴,应该善于弹奏。对于这种逸出人们联想和推断的情况,可以使用(12a)这种以预设为依据的转折复句,也可以像(12b)那样用"白"等预设否定副词。(第235～236页)当"白"等副词表示"无偿地"时(如:白拿),否定的预设是"获得效益应该付出相应的代价",被"白"等副词所否定的是代价的付出;当"白"等副词表示"徒劳地"时(如:白花钱),否定的预设是"付出代价应该获得相应的效益",被"白"等副词所否定的是效益的获得。(第237页)

我们认为,张谊生(2000)的这种"否定预设"理论有相当的启发性,但是不够准确和清晰。首先,我们必须明确这种预设是语义预设(semantic presupposition)还是语用预设(pragmatic presupposition);前者是使命题为真的真值条件(truth condition),后者是使语句合适的合适性条件(felicity condition)。如果是"说话人、听话人共知的相关情况"这种背景知识,那么应该属于语用预设。其次,我们必须明确这种预设是语句预设(sentential presupposition)还是词汇预设(lexical presupposition)。前者是一个语句(p)及其否定形式(¬p)以另一个语句(q)为前提,反过来说,这另一个语句(q)的意义可以从一个语句(p)及其否定形式(¬p)上推演(entail)出来;如下面的例(13)所示。后者是一个词语(a)和由此造成的语句[p(a)]及其否定形式[¬ p(a)]以另一个词语(b)和由此造成的语句[q(b)]为前提,反过来说,这另一个词语(b)和由此造成的语句[q(b)]的意义可以从一个词语(a)和由此造成的语句[p(a)]及其否定形式[¬ p(a)]上推演出来。如下面的例(14)所示。例如:

(13)a. 李平的儿子考上了大学。→ a′. 李平至少有一个儿子,他考过大学。

b. 李平的儿子没考上大学。→ b′. 李平至少有一个儿子,他考过大学。

(14)a. 王刚忘记了今天要停电。→ a′. 王刚早些时候知道今天要停电。

b. 王刚没忘记今天要停电。→ b′. 王刚早些时候知道今天要停电。

其实,词汇预设也可以比例(14)所示情形宽松一些,可以没有跟 a 相应的词汇 b;表现为:一个词语(a)和由此造成的语句[p(a)]及其否定形式[¬ p(a)]以另一个语句(q)为前提,反过来说,这另一个语句(q)的意义可以从一个词语(a)和由此造成的语句[p(a)]及其否定形式[¬ p(a)]上推演出来。例如:

(15)a. 刘芳后悔参加了文学社。→ a′. 刘芳参加了文学社。

b. 刘芳不后悔参加了文学社。→ b′. 刘芳参加了文学社。

如此看来,被“白”等副词所否定的“获得效益应该付出相应的代价”或“付出代价应该获得相应的效益”这种“说话人、听话人共知的相关情况”,是一种社会规约和集体信念,应该属于语用预设;并且,由于这种意义是由“白”等副词所激发(trigger)的,因而它们应该属于词汇预设。这种跟特定词汇“白”等相关的语用预设,是保证可以使用“白”等词语的合适性条件。现在,我们用否定测试来检验一下。例如:

(16)a. 赵晓星白学了这么多年钢琴,不会弹肖邦《第一钢琴协奏曲》。

b. 赵晓星没白学这么多年钢琴,能够弹肖邦《第一钢琴协奏曲》。

(17)a. 八年自己人的监牢也并没有白坐,是个做总结的好机会,比

住几年党校还强。(王蒙《悠悠寸草心》)

b. 武耕新刚才看见李峰的态度和缓,心里很高兴,以为交交心,解除隔阂,自己也不白跑一趟。(蒋子龙《燕赵悲歌》)

在肯定式(16a)和相应的否定式(16b)中,"付出代价应该获得相应的效益"这种背景性意义是保持不变的。(17)中的否定式跟其相应的肯定式也是共享"付出代价应该获得相应的效益"这种语用预设。

当我们证明了"获得效益应该付出相应的代价"或"付出代价应该获得相应的效益"这种"劳酬均衡原理"是"白"等词语的语用预设时,也就是证明这种预设不是"白"等词语所修饰的述谓结构的预设;于是,也就推翻了张谊生(2000:236)关于"白""对命题的预设直接加以否定"的观点。并且,从理论上说,预设是语句在意义上得以成立并且可以解读的语义或语用前提,它对否定具有相当的免疫力(所以可以用否定测试);除非在特定的、有标记的表达中才能对语句的预设进行否定,从而形成"元语言否定"(metalinguistic negation)或"语用否定"(pragmatic negation)。① 比如,例(16a、16b)的语义预设是"赵晓星学了这么多年钢琴",对它的否定,需要在句首加"不是"这种高层否定才能达成。例如:

(18)a. 不是赵晓星白学了这么多年钢琴,不会弹肖邦《第一钢琴协奏曲》;而是他学了才不到两年,而且是自学的。

b. 不是赵晓星没白学这么多年钢琴,能够弹肖邦《第一钢琴协奏曲》;而是他学了整整一辈子,而且是在名师指导下练的。

(18a、18b)都是否定预设中关于赵晓星学习钢琴的时间长度,(18a)是说原来预设的时间比实际时间长,(18b)是说原来预设的时间比实际时间短。但是,它们都没能影响由副词"白"带来的语用预设,即"劳酬均衡原理"。显然,"白、白白(地)"等副词不但没有否定"劳酬均衡原理",而且是以"劳酬均衡"这个社会期望的标准模型为其词汇意义的前提的。

根据我们的理解,"白、白白(地)"等副词的陈述性意义(assertion)是:

① 详见 Horn(1985)。他认为,外部否定这种取消预设的有标记的否定形式,不能用作用于命题上的真值条件或语义算子来处理;而应该看作一种反对(object)先前的话语的一种手段,反对的理由可以是先前的话语在规约或会话涵义、形态、风格或语域、语音实现形式上的不恰当性。据此,Horn(1985)把外部否定看作一种元语言的否定,因为它是对先前的话语的引述性否定;同时,外部否定是一种语用否定,它否定的是先前的话语在表达方式上的合适性,而不是否定句子的真值条件。

偏离(deviate from)了“劳酬均衡原理”。具体地说是:它们所黏附的述谓结构所表示的事件偏离了“劳酬均衡原理”。由于“劳酬均衡原理”中的两个端点(代价、劳动……vs.效益、报酬……)是平衡的,偏离了均衡之后的结果就是两极性的:或者是付出代价、劳动……,但是没有获得效益、报酬……;或者是获得效益、报酬……但是没有付出代价、劳动……。当“白、白白(地)”等副词黏附到一个述谓结构上以后,如果这个述谓结构所表示的事件可以识解为获得利益,那么整个句子表示“获得效益却没有付出相应的代价”;如果这个述谓结构所表示的事件可以识解为付出代价,那么整个句子表示“付出代价却没有获得相应的效益”。

要而言之,“白、白白(地)”等副词可以看作专门表示偏离“劳酬均衡原理”的词汇化形式。这也符合“白”的原初意义及其引申轨迹。“白”的原初义是白色的,即具有像霜或雪的颜色这种性质的,跟“黑”相对;后来,引申出空白意义,即没有加上什么东西的。例如:

(19)目辨白黑美恶。(《荀子·荣辱》)

(20)而爽手持试纸,竟日不下一字,时谓之曳白。(《旧唐书·苗晋卿传》)

这“空白”就是期望(可以、应该、必须……)有但是没有;这个“没有”是相对于期望中的“有”而言的。比如,中古的“白丁、白衣、白身”都是指没有功名的平民;[①]现代汉语中的“白饭(不加菜肴或不就菜吃的米饭)、白卷(没有写出文章或答案的考卷)、白票(投票选举时,没有写上或圈出被选举人姓名的选票)、白田(没有种上庄稼的田地)”。再引申一步,用在对“劳酬均衡原理”的偏离上,就具体地实现为:或者(i)该付出代价、劳动……却没有,推演出:不该获得效益、报酬……却获得了,这就是俗话所说的“白得、白捡”;或者(ii)该获得效益、报酬……却没有,推演出:不该付出代价、劳动……却付出了,这就是俗话所说的“白给、白搭”。

第五节　概念结构驱动及其语言运用中的偏侧效应

上文说包含“白、白白(地)”等副词的句子的生成和理解是受到“劳酬均

① 以上说明和举例,参考《古汉语常用字字典》(第4版),第8页,商务印书馆,2008年。

衡原理”之类的概念结构驱动的，这种句子的语用预设是“劳酬均衡原理”的普遍有效性；于是，如果出现、发生有关偏离了“劳酬均衡原理”的事件，那么这便是一种反预期的、具有较高新闻性和信息性的事件，是值得报道的；并且，说话人有必要使用“白、白白(地)”等副词来做标志(flag)，以表达自己对于句子中核心动词的述谓结构及其所激活的事件的主观评价，同时给听话人留下明确的词汇标记作为理解的线索。相反，听话人看到包含“白、白白(地)”等副词的句子，由这种标记来启动“劳酬均衡原理”等信念作为背景(background)，再把这种副词的陈述性意义“偏离劳酬均衡原理”作为突出的图形(figure)。

由于“劳酬均衡原理”涉及“付出代价、劳动……”和“获得效益、报酬……”两个端点，因而说话人和听话人都有一个主观认定的任务：把“白、白白(地)”等副词所修饰的述谓结构所表示的事件看作“付出代价、劳动……”，还是“获得效益、报酬……”。当然，这也不是漫无边际的主观假设；而是受到社会习俗、大众信念等集体规约的限制，并且跟动词的语义类别相对应。根据张谊生(2000)的调查，当“白、白白(地)”等副词修饰“拿、要、弄、赢、赚、挣、得、获、娶、取、搞、捞、找、借(到)、租(到)”等获得义动词、“吃、喝、吸、抽(烟)、尝、看(戏)、坐、乘、玩、睡、穿、戴、抹(香水)、使、用”等享用义动词时，表示无代价地、无报偿地；(第281页)当“白、白白(地)”等副词修饰“给、交、付、捐、赔、献、汇、赏、输、嫁、借(出)、租(出)、花、费、耗、死”等交出义动词、“奔、走、追、赶、进、出、爬、逃”等位移义动词、“写、画、编、刻、捏、做、打、补”等技能义动词、“劝、求、教、叫、要(求)、喊、派”等劝使义动词、“想、怕、恨、愁、气、恼、算、数”等心理活动义动词[这四种动词都含有“耗费(体力、精力)”的语义特征]时，表示无效地、徒劳地。(第283页)简而言之，当“白、白白(地)”等副词修饰获得、享受义动词时，表示“白得”；修饰付出、劳动义动词时，表示“白搭”；因为根据“劳酬均衡原理”，“获得效益、报酬……”就应该“付出代价、劳动……”；反之，“付出代价、劳动……”就应该“获得效益、报酬……”。一旦偏离了“劳酬均衡原理”，就是“白得”(“获得效益、报酬……”却没有“付出代价、劳动……”)或者“白搭”(“付出代价、劳动……”却没有“获得效益、报酬……”)。这样，“白、白白(地)”等副词的两个义面，在其所修饰的动词的不同语义类型的推动下，逐渐成为两种相关又相对独立的不同的意义(sense，或义项)。

值得一提的是，“劳酬均衡原理”作为一种普遍的社会规范(social norms)，具有指导现实、坚定理想和抵制相反的冲动的功能。这种规范提倡和追求的是“劳酬均衡”，目的就是防止和反对偏离这种规范而造成的“劳酬不均衡”[“白得”(不劳而获),或者“白搭”(劳而不获)]。任何社会系统中的道德秩序都包含着规范以及相应的反规范(counter-norms)之间的紧张平衡。① 比如,如果“劳酬不均衡”[特别是“白得”(不劳而获)]不是一个诱人的选择,就没有道理去坚持“劳酬均衡”。但是,这只是问题的一个方面,问题的另一个方面是:尽管人们有追求“白得”这种“劳酬不均衡”的冲动,然而遭遇到的更多情况却是“白搭”这种“劳酬不均衡”。这种现实反映在实际的语言运用中,表现为:在使用“白、白白(地)”等副词的句子中,表示“白搭”义的实例占绝大多数。特别是“白白”,极少用于表示“白得”。我们从 CCL 语料库中抽取 500 个有“白白”的句子,剔除“清清白白、明明白白”之类无关句子 198 例;剩下的 302 例中,有 300 例是表示“白给、白搭”义的,② 占 99.33%强。这种“白白”所修饰的动词(短语)绝大多数是表示失去或劳动意义的。比如:

送(与)(龙王爷)、给(了别人)、送给(职工)、送人、奉送、贡献、转让(给别人)、断送掉、葬送掉、让别人捡便宜货、付出、支出(税费)、拿出(几十万)、投(入)(100 多万)、丧失、失去(良机)、扔掉、扔给(别人)、丢给(外国公司)、出让、丢掉、丢失、泡汤、破坏(掉)、浪费(掉)、费掉、糟蹋、糟践、花费、花钱、多花(60 元)、负担(费用)、增加负担、耗费、消耗(能源、时间)、损耗、耗掉、空耗、蒸发、燃烧、烧掉、(排)放掉、错过(时机)、放跑/过(机会)、推掉(巨利)、放空跑掉、外流、流走、流失、流掉、流淌、流进/流入/抛入(大海)、倒掉、流逝、(付之)东流、溜走、消失(在土地上)、排入黄海、泄走蓄水、(霉)烂(在地里)、烂掉(水果)、闲置(在那儿)、用(水)、用于(肥田)、度过(光阴)、耽误/耽搁(时间)、消磨(掉时间)、过去、损失、损掉(一目棋)、赔(了进去)、搭进(血汗钱)、吃亏、被吞并、造成重复运输、让人骗走(几百万元)、忍受(贫穷)、受(窝囊)气、饱尝(苦处)、死去、丧命、牺牲、送死、送命、送掉性命、丢脸、等(待)、等死、讨来一顿骂、折腾、培养(她 20 年)、建(一个网)、辛苦、干活、效劳、增加路程、来/到世界上(走一遭/趟)、比对方大、踩过(宝石)

只有 2 例是表示“白得、白捡”义的,占 0.67%弱。这种“白白”所修饰的动

① 参考 Ziman(2000),中译本第 40 页。

② 张谊生(2000)指出,他这部著作之前的文献都认定“白白”只能表示无效地、徒劳地,不能表示无代价地、无报偿地;其实“白白”也可以表示无代价地、无报偿地。(第 278～279 页)该书还指出:近代汉语中的预设否定副词“空、徒、虚、枉、浪、漫、唐、干、瞎”只能否定效益的获得,不能否定代价的付出;只有“白、坐、素”可以双向否定。(第 238 页)

词(短语)是表示得到意义的。比如:

(21)他认为买股票赚的钱等于是玩过游戏后赢的,如果说脑筋是白用的,那么,盖大楼也是白白盖得的。(《1994 年报刊精选》)

(22)任何国家都不能无偿让采矿权人白白开采矿产资源。(《1994 年报刊精选》)

也就是说,在语言运用中,"白、白白(地)"等副词的"白搭"义远远比"白得"更为常用。并且,从上面这两个例子来看,都是非现实(irrealis)用法的[①]。因此,我们又回过头去,统计表示"白给、白搭"义的 300 例中现实性(realis)用法与非现实用法的情况。结果发现,201 例是现实性用法的,占 67%;99 例是非现实用法的,占 33%。两者的比例差不多是 2 比 1。接着,我们又统计了张谊生(2000:235～296)中有出处的"白、白白(地)"的例句,结果发现:例句总数为 157 个,表示"白给、白搭"义的有 102 例,占 64.97% 弱;表示"白得、白捡"义的有 55 例,占 35.03%强。两者的比例差不多是 2 比 1。在 102 个表示"白给、白搭"义的例子中,49 例是现实性用法的,占 48.03%强;53 例是非现实用法的,占 51.96%强。两者的比例差不多是 1 比 1。在 55 个表示"白得、白捡"义的例子中,22 例是现实性用法的,占 40%;33 例是非现实用法的,占 60%。两者的比例差不多是 2 比 3。这种真实文本和研究文献在不同类型的引例的比例差别,也许可以这样来解释:研究文献要平衡地展示各种类型的用例,所以会缩小甚至抹平它们在实际使用中的比例差别。尽管如此,还是保持着这种倾向:"白给、白搭"义的用例多于"白得、白捡"义的用例,在"白得、白捡"义的例子中,非现实用法的用例多于现实性用法的用例。

第六节 句法结构制导的语义关系的锚定和咬合

上文说明,"白、白白(地)"等副词有两个义面:(i)"白得"("获得效益、报酬……"却没有"付出代价、劳动……"),(ii)"白搭"("付出代价、劳动……"却没有"获得效益、报酬……");并且,这两种意义的概念结构基础是"劳酬均衡原理",不管是"白得"还是"白搭",它们都是对"劳酬均衡原理"

① 非现实用法指否定、疑问、可能、愿望、将来、假设等不陈述实际发生的事态的语句。

的偏离。在特定的句子中，这两种意义呈现出一种跷跷板效应：肯定了一端（白得 vs. 白搭）就否定了另一端（非白搭 vs. 非白得）。因此，在具体的语句中，必须首先确定“白、白白（地）”的陈述意义是“白得”还是“白搭”。此外，由于“劳酬均衡原理”的概念结构背景是交易行为（transaction），典型的情境是甲方跟乙方之间的代价、劳动……与效益、报酬……之间的交换关系。因而在有的使用“白、白白（地）”的语句中，还要确定“白得”或“白搭”的主体是谁。在这种语义解释的过程中，涉及多层次的概念结构和词汇-句法结构的互动，表现为：跟句子中某些词项相关的概念结构提供各种语义解释的可能性，而句法结构则起到锚定（anchor）和咬合（mesh）语义关系的作用。例如：

(23)a. 我的扭捏，不是装出来的，我是真正为她心疼，为自己白吃白喝感到羞愧。（张贤亮《绿化树》）

b. 什么减肥药、减肥茶$_i$，她$_j$吃了不少，可一年多下来，腰围还是那么粗，看来[e_i][e_j]都白吃了。（何金《减肥的烦恼》）

c. 快活林这座酒店，原是小施管营造的屋宇等项买卖，被这蒋门神倚势豪强，公然夺了，白白地占了他的衣饭。（《水浒传》第30回）

d. 通常的做法应是见好就收，以免成为压低行情，[e_i]白白让别人捡便宜货。（CCL语料《股市基本分析知识》）

在(23a)中，“吃、喝”激活了消费、享受的概念结构，副词“白”通过“劳酬均衡原理”的偏离这种抽象的意义，来陈述这种消费、享受是“白得”（“获得效益、报酬……”却没有“付出代价、劳动……”）；并且，通过主谓结构“自己白吃白喝”来确定“白得”这种行为的受益主体是“自己”，再通过反身代词跟先行语的同指约束关系，来确定这个受益主体是说话人“我”。同时，“劳酬均衡原理”激活交易这种概念结构；既然交易双方中有一方已经“白得”了，那么可以推导出另一方必然“白搭”（“付出代价、劳动……”却没有“获得效益、报酬……”）。先行句子中的“她”就是那个受损客体。在(23b)中，“吃-减肥茶药/茶”激活了治疗、劳动的概念结构，副词“白”通过“劳酬均衡原理”的偏离这种抽象的意义，来陈述这种治疗、劳动是“白搭”（“付出代价、劳动……”却没有“获得效益、报酬……”）。根据同样的原理，可以知道(23c)中陈述的是蒋门神“白得”，推论出的是小施管“白搭”；(23d)中陈述的是类指性的空主语“白搭”，推论出的是“别人”“白得”。

如果忽视句法结构对语义解释的制导作用，那么就不一定能够正确地理解包含“白、白白(地)”的短语和句子的意义。比如,《现代汉语词典》(第6版,第23页,2012年)在“白”的“无代价、无报偿”这一义项之下,举的例子是“白给”(其实《现代汉语词典》前几版都是这样)①。设想一下,如果“张三白给李四一本书”是真的,那么情况一定是:张三给了李四一本书,但是没有获得收益或回报。因此,“白给”中“白”的意思不是“无代价、无报偿”,而是“没有效果、徒然”。可见,脱离句法环境的词语解释有时比较危险。

再比如,张谊生(2000)从行为的主体(发出者)和客体(承受者)这种论旨角色关系的角度,来解释“白、白白(地)”句的意义。由于缺少参照句法结构这种相对刚性的指标,结果产生了一些似是而非的解读。例如:

(24)a. 若是倪善继存心忠厚,兄弟和睦,肯将家私平等分析,这千两黄金,弟兄大家该五百两,怎到得滕大尹之手?白白里作成了别人,自己还讨得气闷,又加个不孝不弟之名,千算万算,何曾算计得他人,只算计得自家而已。(《古今小说·滕大尹鬼断家私》)

b. 叫他把关系转走,我们厂不能白养这种不干活的人。(蒋子龙《乔厂长上任记》)

张谊生(2000)说(24a)“以行为的客体‘滕大尹’为基点,表示别人获得利益但没付代价”(第240~241页)。其实,这一句的陈述性意义是:“白白里作成了别人”的空主语(倪善继兄弟)“付出代价却没有获得利益”;其推导性意义才是:滕大尹“获得利益但没付代价”。张谊生(2000)说(24b)“似乎是两可的,从‘我们厂’的角度看,是A义(无效地、徒劳地),从‘这种人’的角度看,又是B义(无代价地、无报偿地)。当然,在一定的语言环境中,还是清楚的。从上下文看,应当是B义”(第287页)。其实,这一句陈述的是:主语“我们厂”不能“付出代价却没有获得利益”,即他所谓的A义(无效地、徒劳地);其推导性意义才是:“这种不干活的人”“获得利益但没付代价”。

可见,甩开句法结构的语义解读往往会出错。张谊生(2000)说:“在兼语句中,同一个‘(白)V’总是要同时涉及两个行为者。所以,在兼语句里,‘(白)V’的A、B两义的相对性就更突出。甚至连‘白’的位置也是灵活的,既可以修饰致使类动词,也可以修饰后面的行为动词,但不会改变基本语义。”例如:

① 承蒙张谊生学长向我指出这个例子。

(25)a. 绝对不能教诸位弟兄们白跑这么些路，至少我们也得送双新鞋穿！（老舍《残雾》）

b. 好！那么小姐就去进行，你给我情报，我给你车费，不能白教你跑路，请原谅我这么不客气我是个刚正的人。（老舍《残雾》）

张谊生(2000)说：“无论‘白’在前还是后，这两句总归以兼语为表义重点，所以都是A义（无效地、徒劳地）”（第288页）。果真如此，句法结构对语义解释的制导作用就丧失殆尽了。其实不然。(25a)陈述的是：我们不能让“诸位弟兄们”徒劳地、无收获地“跑这么些路”，“白”表示A义；但是，(25b)陈述的是：“我”不能无代价地“教你跑路”，“白”表示B义。张谊生(2000)接着讨论了下面两个例子：

(26)a. 我不教你白拉，给你钱！（老舍《四世同堂》）

b. 明天的车份儿不要了，四点收车。白教你们拉一天的车，都心里给我多念道点儿吉祥话儿，别没良心。（老舍《骆驼祥子》）

c. 明天的车份儿不要了，四点收车。教你们白拉一天的车，都心里给我多念道点儿吉祥话儿，别没良心。

张谊生(2000)说：“无论‘白’在前还是后，两句的表述重点总归不会相同。前句是你拉车我乘车，我不会不给你报酬的；后句是你们拉我的车去赚钱，我不要车份儿。前句的‘白拉’是付出，表A义（无效地、徒劳地），后句的‘白拉’是获益，表B义（无代价地、无报偿地）”（第288页）。其实，(26a)陈述的是：“我”不让“你”徒劳无收益地拉车（即“白给、白搭”），“白”的确表示A义（无效地、徒劳地）；(26b)陈述的也是：“我”“付出代价却没有获得利益”地让你们用我的车（即“白给、白搭”），其中的“白”的意义也是他所谓的A义（无效地、徒劳地）。(26b)的推论性意义是：你们可以无代价、无报偿地用我的车一天。如果改成(26c)，那么陈述的倒是：“我”让你们“获得利益却没有付出代价”地用我的车（即“白得、白捡”），其中的“白”的意义倒是他所谓的B义（无代价地、无报偿地）。那么，为什么(26a)和(26b)结构不同（“白”的位置不同），但是“白”的语义解释却是相同的。原因在于其中的动词“拉（车）”的语境意义不同：在(26a)中，“拉（车）”指的是一种劳动和服务；在(26b)中，“拉（车）”指的是一种对设备的享用。于是，“白”的意义也具体地实现为徒然提供劳动却没有收获，或者徒然提供设备却没有收获，都是“白给、白搭”。

张谊生(2000:289)指出，“在主谓短语做宾语的句子里，‘白’的位置有时也是可前可后”。例如：

(27)a. 章伯一想，理路却也不错，便道：“依你该怎么样？难道白白地看他们死吗？”（刘鹗《老残游记》）

b. 他又不愿看老人白白地去牺牲——老人的一家子已快死净了。（老舍《四世同堂》）

张谊生(2000)说：“尽管‘白’的位置可以移动，但移动以后含义就不同了，这一点同兼语句不同。前句强调的是‘自己’不能无动于衷、袖手旁观，后句强调的是‘老人’不该无故牺牲、送掉性命。”（第289页）其实，兼语句跟主谓短语做宾语的句子一样，都是在句法结构的制导下来表达意义和解读意义的。

因为概念结构意义丰富、因素繁多，容易趋于混沌和不确定；而句法结构则构造形式单纯（往往是逐层两分的层次结构）、结构关系有限（主谓、述宾、偏正等五六种），容易趋于僵硬和确定。为了保证认知的经济和资源不被浪费，概念结构和句法结构必须互动，并且通过语言的自组织来在某个临界点达到平衡。当然，在语句结构对于劳酬利害的主体（发出者）和客体（承受者）交代不明确时，可以根据大概率来猜测：“白、白白（的）”说的多半是“白给、白搭”“无效地、徒劳地”“付出代价却没有获得利益”。例如：

(28)a. 不行，反正早晚得连衣服带身体一块推进焚尸炉，那么好的衣裳不是白烧了吗？（苏叔阳《画框》）

b. 谁舍得一年的辛苦被一把火白白烧掉？（乔良《大冰河》）

c. 没有这辆小汽车，生活受着多么大的限制，几乎哪里也不敢去，一天的时间倒被人力车白白费去一半！（老舍《东西》）

当然，上面句子中“烧、费”等失去义动词也助成了这种“白给、白搭”义的语义解释。

第七节　结语

根据Cilliers(1988)的见解，一个系统，尽管由大量的组分构成，承担着复杂而精致的任务；但是如果可以从其个体组成而获得关于系统的某种完整的描述，这样的系统就是复合的。比如，雪花、飞机、计算机、CD播放器、芒德布罗集（Mandelbrot set）等是复合系统，因为它们可以被精确地加以分析。相反，一个系统，如果无法通过分析其个体组成而获得关于系统的某种完整的理解，那么这样的系统就是复杂的。比如，细菌、蛋黄酱、大脑、语言、社会系统等是复杂系统，因为这种系统的组成成分之间、系统与环境之间具有错综复杂的非线性关系，并且相互作用之间形成反馈回路；于是，每次都只能对其某些方面进行分析，而难以对其整体做精确的分析。复杂系统通常跟活的事物联系在一起，并且会随着时间而进化，如细菌、大脑、语言、社会系统等。并且，复杂系统的组成成分之间、系统与环境之间的关系并非是固定不变的，而是流动着、变化着，常常是作为自组织（self-organisation，局部成分的互动造成全局模式）的结果。这会产生出新的特征，通常称作涌现性质（emergent properties）。①

从某种意义上说，语言结构也是一种自组织系统，具有随时间进化和不断涌现出新的成分和结构方式的特性。比如，在语言系统中，某些类型的词语根据一定的语法规则组合起来，形成某种类型的构式（construction），有时会涌现出一些新的意义（通常称为构式意义）；显然，这种构式意义一般无法还原为构式的结构方式和其中的结构成分。例如：

(29)a. 老九，给我请假吧，我去也是白去，心里乱透了。（老舍《东西》）

b. 我祖上传这方子时，有四句口诀：青龙丹凤，沾上就灵；黑狗白鸡，用也白用。（冯骥才《神鞭》）

c. 问：西红柿和什么不能（和黄瓜）一起吃？

答：所以，吃之前一定先要垫垫肚子唉。因为黄瓜中含有一种维生素C分解酶，会破坏它的维生素C，这样，根本达不到美白的效果唉，吃了也白吃了。（网文）

(30)a. 那个傻熊还想打我主意哩！待会儿我去拿，不吃白不吃。（张贤亮《绿化树》）

b. 李峰打着哈哈说：“你耕新私人送东西，我是不要白不要，那就不客气了。”（蒋子龙《燕赵悲歌》）

(29)是“VP也(是)白VP”构式的例子，整个构式表示假设关系：即使VP了也(是)徒然VP、无济于事，不会有常规的做出VP所预期的效果；流露出

① 详见Cilliers(1988)，中译本的前言第2页、正文第4～6页。

一种无可奈何、欲说还休的口气。其中的“白”表示“付出代价却没有获得利益”(即“白给、白搭”),其中的 VP 往往是表示劳动、付出等意义的。(30)是“不 VP 白不 VP”构式的例子,整个构式也表示假设关系:即使不 VP 也(是)徒然不 VP,不会有相应的补偿或收获;涉及“VP”和“不 VP”两个相反的概念域的融合(blending):(i)根据“劳酬均衡原理”,获得“VP”这种享受通常是要付出相应的代价的;现在居然可以表面上不付出相应的代价而获得“VP”这种享受(即“白得、白捡”),那么实际上获得“VP”这种享受是一种潜在资本或付出所带来的收益(即“不白得、不白捡”);(ii)同样是根据“劳酬均衡原理”,放弃这种实际上是有代价的享受(即“不 VP”),理应得到相应的补偿;如果得不到补偿,那么就是“付出代价却没有获得利益”(即“白给、白搭”)。整个构式流露出一种无可置疑、理所当然的口气。其中的“白”表示一种想象性、虚拟性的“付出代价却没有获得利益”(即“白放弃权益”),其中的 VP 往往是表示享受、获得等意义的。

当人们把上述“不 VP 白不 VP”和“VP 也(是)白 VP”两种构式联合起来时,就形成一种多义性的复合构式“不 VP 白不 VP,VP 也(是)白 VP”。例如:

(31)a.“天下没有免费的午餐。”但是,从早些年曾广为流传的讥讽公款吃喝的“不吃白不吃,吃了也白吃”的民谣开始,这“白吃”就已经深入人心,现在“白吃”涵盖的范围就更大了。“吃空饷”这道“免费午餐”更成了咱们的一道风景。(网文)

b.政协委员的提案不能是“不说白不说,说了也白说”。(《科技日报》2013 年 3 月 5 日,第 1 版)

c.问:吃果冻会长胖吗?

答:不会,啥营养都没,不吃白不吃,吃了也白吃。(网文)

d.在 20 世纪 80 年代这几年的中国,对于城市的芸芸众生来说,有什么事能使人感到特别幸运?获得奖金?小额者人皆有之,早视为理所当然,再翻两个番也是不要白不要,要了白要。(王蒙《高原的风》)

在复合构式“不 VP 白不 VP,VP 也(是)白 VP”中,前一小句继承了单纯构式“不 VP 白不 VP”的选择限制和语义解释,其中的“白”表示徒然地、无报偿地(放弃某种权益),其中的 VP 往往是表示享受、获得等意义的;即使是表示劳动、付出意义的,也要在构式的压制(coersion)下,解读为享受、获得等意义。比如,(31b)中的"说"(上交提案)是一种政协委员所享受的参政和议政的权利。但是,后一小句则有相反的两种情况:(i)继承单纯构式"VP也(是)白VP"的选择限制和语义解释,其中的"白"表示"付出劳动却没有获得效果"(即"白给、白搭"),其中的VP往往是表示劳动、付出等意义的。比如,(31b)说的是政协委员每一次会议都上交提案,但是相关部门以"这事不归我管"为由,相互推诿和"踢皮球",使一个个很好的提案都无疾而终。这样,前后两个小句的意义几乎是相反的,因此可以用表示转折关系的"但是"等连词来连接:前件说"弃之可惜",后件说"食之无味",整个构式表示一种无可奈何、无所适从的口气,通常是一种自我解嘲的牢骚话。(ii)后一小句跟单纯构式"VP也(是)白VP"的选择限制和语义解释不同,其中的"白"表示"获得VP这种享受或权益而不需要付出相应的代价(即"白得、白捡")",其中的VP往往是表示享受、获得等意义的,比如(31a)中的"吃"(公款吃喝、吃空饷)。这样,前后两个小句的意义是相承相证的,因此可以用表示解释关系的"也就是说"等词语来连接:前件从反面说"弃之划不来",后件从正面说"食之占便宜",整个构式表示一种讥笑、讽刺、批判的口气,通常用于批判某些见怪不怪的社会不公正现象。更加巧妙的是,有的语句实例可以兼具复合构式"不VP白不VP,VP也(是)白VP"的两种语义解释。比如,(31c)的意思是:因为果冻没有什么营养,吃果冻不会使人长胖;所以,不吃果冻就徒然地放弃了过嘴瘾和解馋的机会,(i)但是,吃了呢也徒然地没有什么营养效果(不值得庆幸!);或者(ii)吃了呢也不用付出长胖这种代价(不必担心!)。(31d)的意思是:因为奖金是一种人人有份的大锅饭,并且数额很小,翻两番也没有多少;所以,不要奖金就徒然地放弃了人皆有之的这份利益,(i)但是,要了呢也徒然地没有太大的效果(纠结啊!);或者(ii)也就是说,要了呢也不用付出额外的代价(虽然无大补益,但是心安理得!)。

复合构式"不VP白不VP,VP也(是)白VP"还有几种变异和衍生形式。例如:

(32)a. 我就是要吃!吃是吃,喝是喝,一顿不吃饿得慌,<u>不吃白不吃,吃了也不白吃</u>!管谁看呢,爱看就看,不要被本小姐迷倒就好!(网文)

b. 也许,白吃者吃得心安理得,心地坦然,自由自在,优哉游哉。<u>不吃白不吃,吃了也白吃,白吃谁不吃</u>?(骆森林《也是一种"白吃"》)

c. <u>不吃白不吃</u>,[吃了也白吃,]<u>白吃谁不会</u>呀?(网文)

d. <u>不说白不说,说了也白说,白说谁还说</u>?

e. 最后用借用北京大学教授王瑶先生的名言:“不说白不说;说了也白说;白说也要说;但愿不白说!”(网文)

(32a)后一小句变成否定形式“VP 也不白 VP”,这是对构式“VP 也(是)白 VP”的否定;意思是:VP 了并非徒然 VP、无济于事,而是有常规的做出 VP 所预期的效果;流露出一种淘气、俏皮的口气。(32b)在复合构式“不 VP 白不 VP,VP 也(是)白 VP”后面,又增加了一个反问形式的小句“白 VP 谁不 VP”;这里的第二个小句“VP 也(是)白 VP”一定是对第一个小句的同义性申述解释,第三个小句强调不付出代价而获得利益现象的普遍性和“白得、白捡”者心安理得的心态。(32c)是省略了第二个小句,并且把第三个小句中具体动词改成助动词“会”;构式意义则基本相似。(32d)在复合构式“不 VP 白不 VP,VP 也(是)白 VP”后面,又增加了一个反问形式的小句“白 VP 谁还 VP”;这里的第二个小句“VP 也(是)白 VP”一定是对第一个小句的反义性转折,第三个小句顺着第二个小句强调:既然 VP 也(是)白搭,那么就没有人去 VP 了;流露出一种从无可奈何到绝望无助的口气。(32e)则相反,在复合构式“不 VP 白不 VP,VP 也(是)白 VP”后面,又增加了两个小句“白 VP 也要 VP,但愿不白 VP”;这里的第二个小句“VP 也(是)白 VP”一定是对第一个小句的反义性转折,第三个小句逆着第二个小句强调:即使是徒然地 VP,也要去努力 VP;然后,第四小句则留下一个光明的尾巴:希望不会是徒然地 VP;流露出一种从无可奈何到尚存一线希望的口气。

从上文的讨论可以看出,包含“白、白白(的)”的构式或复合构式的一个突出特点是:整个构式的意义大于各组成部分之和。这种整体大于部分之和的现象,可以归结为构式中组成成分的非线性关系。一般地说,线性(linearity)指量与量之间按比例、成直线的关系,在空间和时间上代表规则和光滑的运动;而非线性(non-linearity)则指不按比例、不成直线的关系,代表不规则的运动和突变。如问:两个眼睛的视敏度是一个眼睛的几倍?很容易想到的是两倍,可实际是 6～10 倍!这就是非线性:1+1 不等于 2。对于方程组,线性与非线性的区别在于其中的变量是否为一次幂。若其中任一变量都为一次幂则为线性方程,如:$y=2x+6$。这种方程的图形为一直线,所以称为线性方程。若其中至少有一个变量在一次以上则为非线性方程,如:$x^2+y+z=12$。比如,平方关系、对数关系、指数关系、三角函数关系等都是非线性的。求解这类方程往往很难得到精确解,经常需要求近似解。如果说线性关系是互不相干的独立关系,那么非线性则是相互作用的互动关系,正是这种相互作用,使得整体不再是简单地等于部分之和,而可能出现不同于“线性叠加”的增益或亏损。比如，激光的生成就是非线性的。当外加电压较小时，激光器犹如普通电灯，光向四面八方散射；而当外加电压达到某一定值时，会突然出现一种全新现象：受激原子好像听到“向右看齐”的命令，发射出相位和方向都一致的单色光，就是激光。① 语言系统中的非线性问题，还是一个未经开垦的处女地，等着我们去发掘和耕耘。

当然，这只是问题的一个方面，问题的另一个方面是：包含“白、白白(的)”的构式或复合构式，在概念结构、论元结构、句法结构和语句构式等多个层面上，都具有比较良好的结构型式，这为人脑基于模式识别的信息加工方式提供了结构基础。根据 Kurzweil(2012)的观点：神经科学的最近进展显示，产生我们人类高级思维的新皮层(neocortex)是按照一种虽然相对直接但是复杂微妙的模式识别的方式(pattern recognition scheme)来运作的。这种模式识别的方式在本质上是层级性的(hierarchical)，这样许多表征输入的离散的物体(来自周围环境)的低级模式联合起来，触发表征在本质上更加抽象的一般范畴的高级模式。这种层级结构是天生的(innate)，但是特定的范畴和元范畴是通过学习而填进去的。另外，信息流动的方向并不只是自底向上(from the bottom up)，而且还可以自顶向下(from the top down)；这样，激活高阶的模式可以触发低阶的模式，在不同层级之间就有反馈。这种看待大脑运作的方式的理论叫作心智的模式识别理论(The Pattern Recognition Theory of the Mind, PRTM)(pp. 5～6、8、34～74、172)。② 对于语言产生和理解来说，可以这样来设想：概念结构、论元结构、句法结构和语句构式等多层面的结构型式，相当于各种不同层次的模式；在特定的语境中，人们借助于这些模式来进行预期和规划，以较小的认知代价来生成和理解话语。

---

① 参考百度百科等网上资料。

② 这里主要根据 Thibeault(2012:3)的译述。如需引用，务请核对原文，特别是第 3 章。

伍　中介语里否定表达的偏误分析

第十五章　中介语里跟“不”相关的偏误分析

第一节　引言

现代汉语否定副词“不”，主要用在谓词性成分之前，表示否定；还可以作为回答问话的答句而单用，表示跟问话的意思相反。[①] 相对来说，“不”的意义和用法比较简单，说本族语的人一般不会用错。但是，学习汉语的外国人就不一样了。他们一开始会经常出错，并且还常常错得千奇百怪，甚至令人莫名其妙。如果认真地分析这种偏误，无疑可以帮助我们更好地从反面认识“不”的意义和用法限制。为此，我们仔细地分析了从汉语中介语语料库抽取出来的1017个带“不”的句子，[②]把跟“不”的意义或用法方面的错误相关的句子都挑出来，逐个进行分析，归到不同的偏误类别中，并做出简要的说明。希望对于“不”的第二语言教学有所帮助，同时对于“不”的意义和用法限制有更加细致和切实的认识。

第二节　句法方面的问题

为了方便和简单，我们把跟语序位置、结构形式和用法限制等相关的偏误都归入“句法方面的问题”这大标题之下，底下再分成九个小类。

15.2.1　否定词位置不当

否定词位置不当的通常表现是，否定词“不”不恰当地落在某些成分之

① 详见吕叔湘(2001)，第90～93页。

② 这些句子均是由陈小荷先生从北京语言大学对外汉语研究中心的中介语语料库中检索出来提供给我的，在此谨向陈小荷先生致以诚挚的谢意。

后，从而使这些本该被否定的成分处于否定的辖域（the scope of negation）之外；当然，也有相反的情形，即否定词“不”不恰当地落在某些成分之前，从而使这些不该被否定的成分居然也处于否定的辖域之中。例如：[1]

(1)为什么你对他们不说呢？[736]

(为什么你不对他们说呢？)

(2)但是儿孙子对她不关心。[423]

(但是儿[子、]孙子不关心她。)

(3)虽然现在我受到母亲的信，就很高兴，但是先不敢开封。[728]

(……但是不敢马上开封。)

(4)忽然我发现漠河是对外不开放的地区。[297]

(忽然我发现漠河不是对外开放的地区。)

(5)剥皮老爷又很生气了，让二虎不刨了。[183]

(剥皮老爷又很生气了，不让二虎刨了。)

(6)根据这教训，敌人为了不隐蔽在树丛中威胁皇帝的安全，故宫内不种树。[513]

(……为了不让敌人隐蔽在树丛中威胁皇帝的安全……)

(7)我们日本绝对穿着鞋不进家。[445]

(我们日本人绝对不穿着鞋进家。)

(8)我们两个人不相交日久。[138]

(我们两个人相交不久。)

(9)女人常常不想当家庭妇女跟林道静一样。[211]

(女人常常跟林道静一样，不想当家庭妇女。)

(10)我来北京还不到四个月……对了解整个中国社会还不够。[141]

(我来北京还不到四个月……对整个中国社会还了解不够。)

(11)连方言对她一点儿错误也不容忍。[155]

(连方言也不容忍她有一点儿错误。

或：方言对她的一点儿错误也不能容忍。)

---

① 所有例句多少都有一点儿问题，有的明显是不合语法，有的则可能只是不自然或不通顺。为了简单，一律不加星号、问号等标记。例句后面方括号中的数字是检索语料的编号。圆括号中的是经过修改的句子，由于不了解具体的语境和写者的准确表达意向，因而改句只是一种可能的参考答案。另外，关于否定的辖域、焦点等概念，请看袁毓林（2000、2003b）及其所引有关文献。下章同。

(12)直到现在汉语的语法书也还是不完全统一的。[335]

(直到现在,汉语的语法书也还不是完全统一的。)

(13)凡是俄罗斯学生都很久不能拿主意怎么过新年。[239]

(凡是俄罗斯学生,对于怎么过新年,都很久不能拿定主意。)

在现代汉语中,一般只有“不”后的谓词性成分才能成为否定的辖域;其中,像宾语、状语、补语等非核心成分(non-head constituents)又成为否定的焦点。因此,像例(1)～(7)都不恰当地让焦点成分落在否定的辖域之外。而像例(8)(9)却又让本不该否定的成分置于否定的辖域之中。至于例(10)～(13)则属于一般的表达不清楚或不恰当,因为正好是否定句,所以顺便收进来。

15.2.2　谓词性结构类型的误用

谓词性结构类型的误用,包括把本该用述补结构表达的内容用述宾结构来表达或者相反、述补结构的黏合式和组合式的误用、宾语位置和类型方面的错误等内容。例如:

(14)北京城市成了不好看。[1017]

(北京这座城市变得不好看了。)

(15)有些人待人处事,对待人得不热情……[143]

(……对待人不热情/不热情对待人……)

(16)生态学家宣称原子核的电能量生产不出为环境不好的污染!(例如酸雨等)[361]

(生态学家宣称,原子核的电能量不会造成对环境不好的污染。)

(17) 自己的身体也不照顾的好。[400]

(自己的身体也不能照顾好/照顾不好。)

(18)如果我写得错了或者说得不对,我感谢你教我汉语。[5]

(如果我写错了或者说得不对……)

(19)除了一个国家以外都不愿意承担,好像都不愿意地球的和平似的。[165]

(……,好像都不愿意见到地球上有和平似的。)

(20)我不你告诉我你们做什么好吃的饭。[9]

(我不告诉你,我给你们做什么好吃的饭。)

(21)只知道不容易在中国当老外。[277]

(只知道在中国当老外不容易。)

例(14)～(18)是谓词性结构类型的误用,例(19)是宾语类型不当("愿意"应该带谓词性成分做宾语),例(20)是宾语位置不当。而这些错误多少跟"不"的使用有一点儿关系。例(21)的问题在于,虽然"(不)容易"可以像助动词一样带谓词宾语,但是有着严格的句法、语义限制条件;这限制条件就是作为宾语的谓词的施事或受事等强制性的论旨角色(obligatory thematic role)必须在这个述宾结构之前做主语。例如:①

a. 汽油容易挥发。

b. 老年人不容易接受新事物。

c. 象棋比较容易学。

d. 这句话不容易懂。

显然,例(21)不能满足"(不)容易"的这种限制条件,所以读上去怪怪的。像"(不)容易"对谓词宾语的这种限制条件,差不多只有碰到这种中介语偏误时才会促使我们去探讨的。因为说本族语的人,一般谁也不会说出(21)这样的句子。

15.2.3　否定式述补结构能否带宾语等问题

现代汉语否定式述补结构,有的能带宾语,有的不能带宾语。到底哪些能带?带什么样的宾语?哪些不能带?其中有没有规律可循?这类问题,一般的语法书或教材上都不做交代。于是,留学生经常在这方面出错。例如:

(22)而在这方面,林黛玉和出身四大家族之一的薛宝钗,根本比不上。[15]

(……林黛玉和出身四大家族之一的薛宝钗,根本不能比。

或:……林黛玉根本比不上出身四大家族之一的薛宝钗。)

(23)我很喜欢这个城市,这个旅游牢记不忘。[222]

(……这次旅游难以忘记/忘怀。或:……忘不了这次旅游。)

---

① 参见吕叔湘主编(2001),第67页,例子也是引自该书,但做了改动。

(24)……我们找不到出租汽车把我们送到码头，我们免不了走路去。[345]

(……我们找不到出租汽车把我们送到码头，我们只能走路去。)

(25)她很想占有方言的一切所以受不了方言跟别人在一起谈话，说开玩笑什么的。[156]

(……所以不愿意方言跟别人在一起谈话、开玩笑什么的。)

(26)那时候，我看出来这个中国人明明想站起来，受不了坐着五整个小时。[271]

(……整整五个小时坐着不动使他受不了。)

(27)中国人认不出来我是外国人。[961]

(中国人认不出我是外国人。)

(28)幸亏我是新学生所以老师们看不出来我的《身份》。[1014]

[……老师们看不出我的“身份”(来)]。

(29)记不了生词，不明白语法。[484]

(记不住生词……)

(30)这是为什么呢？我自己也说不准原因。[162]

(……我自己也说不准是什么原因。)

(31)天神看这个样子很忍受不了……[577]

(天神看到这种样子忍受不了……)

(32)病得厉害，整夜不能睡觉。[502]

(……整夜睡不着觉。)

例(22)～(28)都跟能不能带宾语、带什么样的宾语相关。比如，“比不上”是需要带宾语的，“免不了”后面的谓词宾语中通常要求有“要、会”等助动词，“受不了”的宾语通常是体词性的，一般不能是谓词性的，“V 不出来”是不能带宾语的。另外，(29)(30)是补语选择不当。(31)的不自然在于双音动词构成的“V 不了”一般不受程度副词修饰。(32)则是如果改用否定式述补结构，那么比原句要来得自然。这些跟能否带宾语无关的问题，顺便也放在这里讨论。

15.2.4　否定表达式缺少或多余时体虚词

当否定式用于表示状态变化的场合，通常需要表示时体意义的助词或语气词来铺垫。如果缺少相应的这种虚词，句子就给人一种语意未完的感觉。对于这种比较虚灵的意义及其表达方式，留学生一下子不易掌握，因而常常出错。例如：

(33)搬家以后我的生活不热闹。[20]
(搬家以后我的生活不热闹了。)

(34)这时候在食堂里边不热闹。[38]
(这时候食堂里边就不热闹了。)

(35)现在我们六个人不住在一起。[944]
(现在我们六个人不住在一起了。)

(36)这样写的话,这句话是不是太空虚。[158]
(……这句话是不是太空洞了。)

(37)谁也不闲……[62]
(谁也不闲着……)

(38)这个姑娘扔采臣一块金采臣也不要了。[917]
(这个姑娘扔采臣一块金子,采臣也不要。
或:这个姑娘就是扔采臣一块金子,采臣也不会要了。)

(39)他爸爸……还不知道禾苗已经活不了的。[697]
(……还不知道禾苗已经活不了了。)

(40)她说这不是白白送我来北京了。[784]
(她说这不是白白送我来北京的。)

例(33)～(36)属于缺少句末语气词"了",造成语意未尽、文气不足。例(37)缺少时体助词"着",使句子独立性欠佳。例(38)要么删去"了",要么在动词之前加助动词"会"。例(39)(40)是语气词"的"和"了"误用,一般来说,"了"跟时间副词"已经"相配合,"的"跟强调标记"是"相配合;也就是说,"已经VP了"和"是VP的"分别是惯用的格式。

15.2.5　助动词有无失当

助动词可以帮助句子表示情态意义,因此缺少必要的助动词就使句子本来要传达的情态意义得不到很好的表示;相反,助动词的冗余会使得句子语义的传达变得模糊不清或节外生枝。这方面,留学生难免会经常出错。例如:

(41)姑娘想给宁采臣钱所以他不能明白她真的要是什么。[23]
(……他不明白她真的想要什么。)

(42)我真不能理解这两个朋友的行动。[72]

(我真不理解这两个朋友的行动。)

(43)我盼望大家尽所有的努力维护和平,再不造成像我家这种悲剧。[154]

(……再也不要造成像我家这样的悲剧。)

(44)可是那段婚姻不算是笑语欢歌。[226]

(可是那段婚姻不能算是欢歌笑语。)

(45)我在自己一生中不忘记母亲。[412]

(我在自己一生中不会忘记母亲。)

(46)大夫说需要休息个把星期、所以这个星期不上课。[884]

(……所以这个星期不能上课。)

例(41)(42)如果并不想传达一种婉转的语气,那么其中的"能"应该删去。例(43)～(46)则是加上助动词"能、会"等更妥帖。对于这种语义表达的精细微妙之处,通常不是靠查词典或看语法书所能掌握的;而是需要多读多体会,逐渐地培养对于汉语情态表达的语感。

15.2.6　并列式的否定表达失当

现代汉语谓词性并列结构的各个项目,通常不能置于同一个否定词之下;或者说,否定的辖域内不能是谓词性的并列结构。[①] 对于这种细微的限制,一般的语法书上不会提及,老师一般也不会专门提醒;于是,留学生就经常出错。例如:

(47)气候也正好。不冷也不热,不常刮风,下雨。[95]

(……不常刮风,也不常下雨。)

(48)他认为自己是个了不起的人,也不喜欢收拾屋子,做饭。[218]

(……不喜欢收拾屋子,也不喜欢做饭……)

(49)因为他们不需要花钱制造新武器,和保护自己的国家。[334]

(因为他们不需要花钱制造新武器来保卫自己的国家。)

(50)要想当成真正的科学家,千万不要骄傲,自满自足,应该忠于人民和科学。[50]

(……千万不要骄傲自满……)

---

① 详见袁毓林(1999)或本书第四章的有关讨论。

(51)他不习惯这天气，吃，住。[984]

(他不习惯这[儿的]天气，也不习惯这儿的吃和住。)

(52)不管别人的意见，闲话，父母的批评。[248]

(不管别人的意见和闲话，也不管父母的批评。)

(53)我说得不太流利，也写得不太快，也听得不太清楚。[415]

(我说得不太流利，写得也不太快，听得也不太清楚。)

从例(47)～(50)可以看出，谓词性并列结构就是前面有状语修饰或有述语支配，跟否定词隔了一个层次，也仍然不自然和不可接受。例(51)(52)则是做宾语的几个并列项词类不同或构造不同，造成的句子有一种怪怪的味道。例(53)是几个否定式述补结构的并列表达，安排得不太妥帖。

15.2.7　否定格式"不是"的误用

否定格式"不是"的误用，包括用"不是"去代替了有关的其他动词、用"不"直接修饰名词性成分、"不"后缺"是"或多"是"、"不是"的后续小句中用了跟"不是"不配套的形式等问题。例如：

(54)妇女自古以来不是个完全的人格……[108]

(妇女自古以来缺少独立的人格……)

(55)她的态度又不显得爱管闲事而是显出她对我的了解和关心。[987]

(她的态度又不是显得爱管闲事，而是显出她对我的了解和关心。)

(56)想到这个的时候，开始感到留学生活的困难，就说是苦不是生活很艰难，也不物质生活的问题再说感到了寂寞。[159]

(……也不是物质生活的问题……)

(57)可是，现在不是爱好。[487]

(可是，现在不喜欢了。)

(58)可能是因为不是到时候。[556]

(可能是因为还不到时候。)

(59)家里不太大也是不太小。[339]

(家里不太大，也不太小。)

(60)对大部分人，故乡的意义不是这么巨大。[148]

(对大部分人，故乡的意义并不太大。)

(61)但我却不是学习的。整天在屋里玩玩。[124]

(但我却不好好儿学习,整天在屋里玩。)

(62)我们还有希望-因为不都年轻人要选择很有钱的工作。[356]

(……不是所有的年轻人都想选择很有钱的工作。)

(63)他面貌并长的不什么吸引人的样子。[395]

(他的外貌长得并不怎么吸引人。)

(64)一个地方是为你给好处不是那么好的条件。[147]

(……条件不是那么好。)

(65)……我不是中文系的学习……[110]

(我不是在中文系学习的/我不是中文系的学生。)

(66)他也终于上了大学。但不是中医系,就是生物学系。[126]

(……但不是中医系,而是生物学系。)

(67)他们想最好不一个人活但是两个人。[256]

(他们想最好不是一个人活,而是两个人都能活下来。)

(68)他不是多心的人,不是凶恶的人,不是贪财的人、也是直爽的人,从来没戳背梁骨。[215]

(……不是贪财的人;而是直爽的人,从来没被人戳脊梁骨。)

例(54)属于用"不是"代替了有关的其他动词。例(55)(56)属于"不"后缺"是",例(57)～(61)属于"不"后多"是"。例(62)(63)是用"不(都)"直接修饰名词性成分,例(64)(65)涉及有关成分的语序不当等问题。例(66)～(68)属于在"不是"的后续小句中,用了跟"不是"不配套的形式等问题。这种场合,一般应该用"不是……而是……"这种固定的搭配形式。

15.2.8　疑问格式"是不是"的误用

疑问格式"是不是"的误用,包括该用的地方不用、不该用的地方用了,以及用了跟"是不是"格式不匹配的副词或语气词等问题。例如:

(69)他非常喜欢跟人谈话的,不管你是他的好朋友或者不是。[303]

(……不管你是不是他的好朋友。)

(70)可是他根本不知道,他真正地得到他自己的目的或者没有。[313]

(……他是不是/有没有真正地达到他自己的目的。)

(71)是不是因为这个招待所不是国营的还是她们偶然是热情的服务员。[558]

（是因为这个招待所不是国营的，还是碰巧她们是热情的服务员？）

(72)我也不清楚，是不是什么时候开始喜欢春天、绿色。[96]

（我也不清楚，是从什么时候开始喜欢春天、绿色的。）

(73)一看着被太阳反射的水光后，我愣了一会儿这儿果然是不是天上的一个地点。[140]

（……这儿到底是不是天上的一个地方。）

(74)这样情况是不是真的吗？[511]

（这种情况是不是真的呢？）

例(69)(70)属于在该用较具综合性的"是不是"或"有没有"的地方，用了较具分析性的正反并列式选择形式。例(71)(72)属于在该用"是"的场合用了"是不是"形式。例(73)(74)用了跟"是不是"格式不匹配的副词或语气词。一般来说，修饰"是不是"的语气副词是"到底"，而不能是"果然"，跟"是不是"等选择形式相配合的语气词是"呢"，而不能是"吗"。①

15.2.9　修饰语中的否定表达不当

修饰语中的否定表达不当，包括否定式做状语时缺少后附成分"地"，或者用了不能直接做状语的否定形式等问题。例如：

(75)随着风刮湖水的浪也不停朝着岛边冲来。[1012]

（风不停地刮着湖水，浪也不停地朝着岛这边冲来。）

(76)我爷爷看着我，不眨眼说：……[981]

（我爷爷看着我，眼睛一眨也不眨地说：……）

(77)我也不说地吃饭。[630]

（我也不说话，只顾吃饭。）

(78)孟娜帮不上忙丽丽不高兴地走了。[1006]

（孟娜帮不上丽丽的忙，很不高兴地走了。）

(79)能体谅别人的话，国家之间也很不容易起摩擦。[646]

（能体谅别人的话，国家之间也不容易发生摩擦。）

(80)虽然吐鲁番的别称是火洲，但是一早一晚却是想不到地凉快。[105]

（……但是一早一晚却是意想不到的凉快。）

---

① 详见朱德熙(1982)§15.1.1，第202～203页。

例(75)(76)在否定式修饰语之后缺少“地”，例(77)用了不能做状语的否定形式；例(78)用“不高兴地”做状语，显得不太自然。例(79)的问题在于，助动词用法的“容易”可以分别受“不”和“很”修饰；但是，同时叠加上去形成的“很不容易”做助动词就显得不自然。例(80)的问题在于，“是”后面用谓词性的形式不如用名词性形式来得自然。

第三节　语义方面的错误

为了方便和简单，我们把跟焦点类型、助动词选择、多重否定、综合性表达与分析性表达颠倒等方面的偏误都归入“语义方面的问题”这大标题之下，底下再分成六个小类。

15.3.1　句式误用造成焦点类型错误

为了表示辩证的正反对立，可以用肯定式和否定式相并列对照的表达形式。但是，这种形式不能用“是……的”结构来包装。留学生不明白这一点，就会出错。例如：

(81)这个看法又是对的，又是不对的。[843]
　(这个看法既对又不对。
　或：这个看法既有对的一面，又有不对的一面。)

袁毓林(2003a)指出，“是……的”结构标记排他性的焦点；因此，用“是……的”肯定了“对”，那么其对立面“不对”，甚至焦点域中一切“对”之外的元素都自动地被否定掉了。① 没想到袁毓林(2003a)中生造出来的句子对“(51)a.你这样说，对，也不对。～ b.*你这样说，是对的，也是不对的。”其中有错误的(51b)居然在中介语中找到了绝妙的翻版。

15.3.2　“不”后助动词选择不当

现代汉语中不同的助动词在意义和用法上有细微的差别，有些助动词在肯定式中意义和用法差别不大，但是一到否定式中就差别很大，以至不能

---

①　关于排他性焦点、焦点域等概念，请看袁毓林(2003a)；更详细的关于焦点理论及相关概念的介绍，请看袁毓林(2003b)及其所引有关文献。

互相替换。这种情况，说本族语的人一般不一定能意识到，不过倒也不会用错。但是，对于第二语言学习者就不同了；他们如果稍不注意，马上就会出错。例如：

(82)爷爷，我不要你像他们一样。[980]

(爷爷，我不希望你像他们一样。)

(83)因为我喜欢锻炼身体但要早起床我就不要了。[1010]

(……我喜欢锻炼身体，但要早起床我就不愿意了。)

(84)我们在这地方见面因为我不要家里的人发现我有这两位朋友。[977]

(我们在这地方见面，因为我不想让家里的人发现我有这两位朋友。)

(85)一个不可以正点下班，只想吃个痛快的丈夫，我也觉得不合适。[279]

(一个不能正点下班、只想吃个痛快的丈夫……)

(86)1个月时间我每天不能出去。不能买东西。水也不能买好象动物的生活。[43]

(一个月时间，我都不敢出去。不会买东西，水也不会买……)

例(82)～(84)是助动词“要”误用。“要”固然可以表示希望(即做某件事的意志)，但是表示否定通常不说“不要”，而是要说成“不想、不愿意、不希望”等形式。① 例(85)(86)是助动词“可以、能”误用。“可以”固然能够表示可能，但是表示否定通常不说“不可以”，而是要说成“不能”等形式。② 因为“不可以”是不许可、不应该的意思。“能”可以表示有能力(即主观能力做得到)，但是如果是用来说某种要经过学习或练习获得的技能，应该用“会”。③ 像留学生初到中国，通常需要经过学习或练习才能用汉语来跟人交流和购买东西。因此，例(86)中的“能”换成“会”更好。

15.3.3 “不”和“没有”误用

当否定已经发生的动作或状态时，应该用“没有”，而不是“不”。留学生

---

① 对此，吕叔湘(2001)第592页做了非常准确而清楚的说明。

② 对此，吕叔湘(2001)第337页做了非常准确而清楚的说明。

③ 详见朱德熙(1982)§5.7，第62页。

有时不能掌握这一点，造成否定词误用。例如：

(87)不战胜悲痛的时候哈累和撒累觉得互相爱。[115]

(没有战胜悲痛的时候，哈累和撒累觉得是互相疼爱的。)

(88)他拿着鸡羽什么都没想，不把它往墙上扔起来了。[129]

(……没把它往墙上扔。)

(89)但是她从不曾在我的眼前流过泪，或者说过什么悲伤的话。[130]

(但是她从没在我的眼前流过泪……)

例(87)(88)是在该用“没有”的场合用了“不”。例(89)中用“不曾”来表示过去发生的动作或状态是可以的，但是在口语中还是用“没有”更自然。

15.3.4　跟“不太/太不”相关的问题

“不太＋形容词”和“太不＋形容词/动词短语”，在意义和用法上有比较微妙的地方；留学生往往不能细加辨别，造出不太自然甚至太不自然的句子。例如：

(90)对象的长相不太好看的话，那有点不太容易保护。[116]

(……那么[恋爱]不太容易保持。)

(91)他是律师，不过他太不喜欢他的工作。[922]

(……不过他太不喜欢他的工作了/不太喜欢他的工作。)

“不太”可以减弱否定的程度，含有婉转的语气；①并且，可能由于“不太”的语义中已经包含了程度不高的意思，因而前面不能再受“有点儿”修饰。例如：

a. 爸爸不太满意。＝爸爸有点儿不满意。

b. ?爸爸有点儿不太满意。

相反，“太不”可以加强否定的程度，②含有夸张的语气；并且，“不太＋形容

① 详见吕叔湘(2001)，第526页。

② 同上。

词/动词短语”后面往往有语气词“了”来呼应。例如：

太不好了　　太不恰当了　　太不体谅别人了

15.3.5　误用多重否定造成的错误

误用多重否定造成的错误，包括在该用双重否定的场合用了三重否定、在该用单重否定的场合用了双重否定等情况。例如：

(92)她告诉了我们怎么还不能不说我汉语说的不错。[432]

(她告诉我们，为什么还不能说我汉语说得不错。)

(93)不到这时他英语一点也不会。[440]

(到这时，他英语还一点也不会。)

(94)但是也有欢快的，相信的心，深交不是不会变的吗。[306]

(……深交是不会变的吗？)

(95)不要能不对你们弹钢琴。[935]

(?不想/?只能给你们弹钢琴。)

(96)但是我们在走路，坐汽车或在商店里很多中国人不觉得不好意思地来盯住了我们。[979]

(……很多中国人盯着我们看，并不觉得不好意思。)

(97)我想，学习汉语的留学生要特别注意，特别关心自己的身体和健康，假如不是他一直到自己的死亡就不会学好汉语，连汉语的初步知识都不会了解。[208]

(……直到死也不一定能学好汉语，可能连汉语的初步知识都不能掌握。)

(98)因为水饺味道很清谈，而且非得趁热吃不行……[718]

(……而且非得趁热吃才行……)

例(92)属于在该用双重否定的场合用了三重否定，例(93)～(97)属于在该用单重否定的场合用了双重否定，例(98)属于在不该用否定词的场合用了否定词。

15.3.6　分析性表达使用不当

粗略地说，意义相反的一对形容词，肯定了一个等于是否定了其反义词(比如，说“好”约等于说“不坏”；相反，说“坏”约等于说“不好”)。为了方便，可以把肯定式的形容词(“好、坏”)称为综合性表达,相应的意义相同的否定式(“不坏、不好”)就是分析性表达。什么时候该用分析性表达、什么时候该用综合性表达是大有讲究的。留学生往往一下子不能领会,在该用综合性表达的场合也尝试使用分析性表达。例如:

(99)……当然他不是个仙人,也有自己的不好的品质。[216]
(……也有自己的缺点。)
(100)有很多很多不能忘的天。[416]
(有很多很多难忘的日子。)
(101)把身体上不好的部分放在那沙漠上,就治好了病。[548]
(把身体上有病的部分放在那沙漠上,就治好了病。)
(102)因为他很健忘,他越来越忧虑他不好的记忆。[934]
(因为他很健忘,他越来越担忧他[那糟糕]的记忆力。)

一般来说,分析性表达比综合性表达在语义强度上要减弱一些,因而可以表示委婉的语气,便于比较婉转地表达对事物的评价。显然,这些地方用不着委婉语气,自然也不需要用这种比较折绕的分析性表达。

第十六章　中介语里跟“没有”相关的偏误分析

第一节　引言

在现代汉语中，否定词“没”和“没有”有两种意义和用法，①第一种是对“有”的否定。例如：

(1)小华没有零花钱。
(2)房间里没有家具。
(3)离暑假没有几天了。
(4)条件没有他说的那么好。

这种“没有”的词类属性，大家公认是动词，在句子中可以做谓语核心。

“没有”的第二种意义和用法是：否定动作或状态已经发生。例如：

(5)大卫没有来上课。
(6)她的头发还没有干。
(7)你们开学了没有？
(8)问：他结婚了吗？～ 答：没有！

这种“没有”的词类属性，传统语法认为是副词，做动词性成分的修饰语（即状语）。但是，描写语法学认为是动词。比如，赵元任（1968）认为这种“没有”是表示未完成的助动词（吕译本，第 293 页）。朱德熙（1985：71）认为这

① 关于这两种意义和用法的说明和举例，参考吕叔湘（2001），第 382～384 页。为了行文的简单，我们一般用“没有”来代表“没”和“没有”。

种谓词性成分前头的"没"和"没有"是动词。尽管有这种理论上的分歧，但是就说本族语的人的实际使用来说，这两种用法都是比较简单和容易掌握的，一般也不会用错。但是，学习汉语的外国人就不一样了。他们一开始会经常出错，并且还常常错得千奇百怪，甚至令人莫名其妙。如果认真地分析这种偏误，无疑可以帮助我们更好地从反面认识"没有"的这两种意义及其在用法上的限制。为此，我们仔细地分析了从中介语语料库抽取出来的815个带"没"和"没有"的句子，[①]把跟"没有"的意义或用法方面的错误相关的句子都挑出来，逐个进行分析，归到不同的偏误类别中，并简要说明。希望对于"没有"的第二语言教学有所帮助，同时对于"没有"的意义和用法限制有更加细致和切实的认识。

第二节　时体方面的问题

作为否定词，"没有"和"不"都能修饰动词性成分；但是，两者的差别在于"没有"除了有否定的意义之外，其中还包含体态(aspect)方面的意义。粗略地说，这种体态意义跟完成体相关。把这两种意义组合起来就是对于完成体意义的否定，即赵元任(1968)所谓的"表示未完成"(吕译本，第293页)，吕叔湘(2001：383)所谓的"否定动作或状态已经发生"；或朱德熙(1982：61)所谓的："没有来"的"没有"文言说"未"。而Wang(1965)则简单明快地把"没有"的语法意义分解为"不＋了"。

留学生初学汉语，对于"没有"这种体态方面的意义，往往不易一下子领会；一开口、一落笔难免会出现各种各样的错误。下面分成四个方面进行讨论。

16.2.1　体态助词"了"的多余或残缺

16.2.1.1　体态助词"了$_1$"多余

留学生一不小心，就会把"没有"当作一个单纯的否定词来使用；于是，在要表示否定完成体意义的场合，免不了要在动词之后用上体态助词"了"(记作"了$_1$")。例如：

(9)他们一定迷路，至直到今天没有一个人来接受了这一挑战。[204]

① 这些句子均是由陈小荷先生从北京语言大学对外汉语研究中心的中介语语料库中检索出来提供给我的，在此谨向陈小荷先生致以诚挚的谢意。

（他们一定是迷路了，直到今天还没有一个人来接受这一挑战。）

(10)从那第一次见面以后，一直到现在数了约十年的交往，没有变了为人。[440]

（从第一次见面以后，一直到现在约有十年的交往，没有改变为人。）

(11)中国自然的发展没有给资本主义造成了需要的客观条件和可能性。[775]

（中国的自然发展，没有给资本主义的产生创造必要的条件和可能性。）

(12)因从来没有一个非洲队进了八分之决赛过。[209]

（因为从来没有一个非洲队进过八分之一决赛。）

在例(9)～(12)中，“没有”所修饰的动词性结构中的体态助词“了$_1$”都是多余的，应该删除。

当“没有”做动词，用以否定后面的名词性成分时，通常不能加体态助词“了$_1$”，除非是表示假设、推理等非现实的(irrealis)情况。但是，对于这种细微的用法限制，留学生一般不容易马上掌握；于是，相关的偏误也就在所难免。例如：

(13)你去过新疆的饭馆，没有了新疆的小饭馆很有意思。[125]

（你去过新疆的饭馆，没有新疆的小饭馆那样有意思。）

(14)没有了包，也就没有证件，没有了钱，他们就没有办法租房间了。[792]

（没有了包，也就没有证件，没有钱；没有了钱，他们就没有办法租房间了。）

例(13)叙述的是一种现实的(realis)情况，所以“没有”后面的“了$_1$”是多余的。例(14)叙述的是一种假设、推理等非现实的情况，因此“没有”后面可以出现“了$_1$”；但是，原句在表达上有问题，现在我们尝试做上述修改。

16.2.1.2　语气词“了$_2$”多余或残缺

一般地说，用在动词性成分后边的体态助词“了$_1$”表示动作的完成；用在句尾的语气词“了$_2$”表示新情况的出现，①也包含了完成体的意义。跟

① 详见朱德熙(1982)§5.15，第68～71页；§16.2，第209页。

“了$_1$”一样，用“没有”否定动作、行为的发生时，这种“了$_2$”也是多余的。留学生不明白这一点，常常会出错。例如：

(15)我找了很久，可是没有找到了。[670]
(我找了很久，可是没有找到。)
(16)上星期三到星期五没有不一般的事发生了。[5]
(上星期三到星期五没有特别的事发生。)
(17)我的朋友什么嗜好都没有了，就是她过于认真。[616]
(我的朋友什么嗜好都没有，就是过于认真。
或者：我的朋友现在什么嗜好都没有了……)

例(15)(16)动词性成分后面的“了$_2$”是多余的。例(17)的情况比较复杂，如果是叙述一种状态“没有什么嗜好”，那么这个“了$_2$”是多余的；如果要叙述变化，那么这个“了$_2$”可以保留，但是需要添加“现在”等时间参照词语。

不过，语气词“了$_2$”并不是绝对不能跟“没有”共现。相反，由于“了$_2$”表示事态在某个参照时刻(现在或将来)出现了变化；因此，在有特定的时间参照的情况下，它还是非出现不可的。对于这种意义和用法上的复杂精细的限制条件，留学生大都不能很快地领悟。于是，语气词“了$_2$”残缺的偏误势必出现。例如：

(18)好长时间没有给你写信，我真对不起。[668]
(很抱歉，好长时间没有给你写信了。)
(19)他原来是一位造车师，但是那时候已经没有人坐马车去。[124]
(他原来是一位造车师，但是那时候已经没有人坐马车了。)
(20)风景挺漂亮，可惜一闻红叶，没有什么香的。[605]
(风景挺漂亮，可惜一闻红叶，没有什么香味了。)

例(18)有时间词语“好长时间”做参照，例(19)有时间词语“那时候”和时间副词“已经”做参照，例(20)有动词性词语“一闻红叶”做时间参照。

16.2.2　体态助词“过”的残缺或多余

体态助词“过”表示曾经发生某事或曾经经历某事，跟“VP 过”相对应的否定形式是“没有VP过”。[①] 也就是说，“过”的体态特征是过去完成，不像“了”那样单纯表示完成。“了”表示的单纯完成的体态意义跟“没有”中的完成意义相重复而成为不必要的冗余，在句法上两者不能共现。但是，“过”的过去完成的体态意义跟“没有”中的完成意义并不完全重复；如果光用“没有”而不用“过”，就不能传达过去完成这种体态意义。因此，在句法上两者可以共现。留学生一开始并不能做出这种精细的辨别，把“过”的用法跟“了”一比附，就会出现体态助词“过”的残缺的偏误。例如：

(21)我来北京快三年了没有掉滴眼泪。[541]

(我来北京快三年了，没有掉过一滴眼泪。)

(22)从此后我就没有跟我爸爸吵架，我爸爸也跟我特别好。[300]

(从此后以，我就没有跟我爸爸吵过架，我爸爸也跟我特别好。)

(23)我来北京以前，从来没有我一个人生活，一直跟父母一起住。[479]

(我来北京以前，从来没有一个人生活过，一直跟父母一起住。)

(24)在我们目前，一般的生活里人家没有遇到什么仙人。[165]

(目前，在我们一般的生活里，人们没有遇到过什么仙人。

或者：目前，在我们一般的生活里，人们不会遇到什么仙人。)

(25)虽然我去的地方不少，但是我一次也没有这样想对一个事情。[169]

(虽然我到过不少地方，但是我一次也没有这样想对过一件事情。)

(26)刚来两三个月以内，除了上课去吃饭以外别的地方没有去。[259]

(刚来的两三个月中，除了去上课和吃饭以外，没有去过别的地方。)

(27)我没有被他抱的记忆，连从他那儿领了一分钱的零用钱都没有。[419]

(我没有被他抱过的记忆，连从他那儿领过一分零用钱的记忆也没有。

或者：我没有被他抱过的记忆，连一分零用钱也没有从他那儿领过。)

---

① 详见朱德熙(1982)§5.15.7，第72页。

这些句子叙述的都是过去曾经发生过的事情,光用“没有”就无法表达出过去曾经这种体态意义;所以,体态助词“过”是不可缺少的。例(27)稍微复杂一点,动词“没有”否定的是存在着一种关于过去曾经发生过某事的记忆,因此其宾语的定语从句中需要“过”出场。

但是,在不是叙述过去曾经发生某事的场合,“过”的出现就多余了。例如:

(28)还没有到过知道的年龄那时候还觉得特别高兴。[301]

(还没有到懂事的年龄,那时候还觉得特别高兴。)

(29)中国人以前没有过这样的要求,认为这样肯定对中意两方都能有好处。[650]

(中国人以前没有这样的要求,认为这样肯定对中意双方都会有好处。)

(30)说起来我的长相并不那么吸引人,也没有听过别人夸我长得漂亮。[82]

(说起来我的长相并不那么吸引人,也没有听别人夸过我长得漂亮。)

体态助词“过”表示的是一种过去曾经经历过的,并且是不延续到现在或某个参照时间的经历,所以对于例(28)这种年龄持续增长的情况来说,不适合用“过”。对于例(29)来说,不拥有(即“没有”)是一种持续的状态,所以也不适合用“过”。对于例(30)来说,它的确说的是一种过去曾经有过的经历,可以用“过”。但是,汉语体态助词的使用受句子焦点结构的影响,通常把时态助词用在处于焦点短语中的动词性成分之后。[①] 在例(30)中,焦点性成分是“别人夸我长得漂亮”,因此体态助词“过”应该置于动词“夸”的后面。

16.2.3　句末助词“的”的多余或误用

名词化标记“的”用在谓词性成分之后,可以把谓词性成分表示的事件

① 刘勋宁(2000)指出,如果句子中有一系列动词性成分,那么体态助词“了”一般用在焦点性成分中。本文受他启发,认为体态助词“过”也有这种分布特点。

(events)转变为一种相应的事态(state of affairs),并使句子获得表示加强肯定、已经完成等意义。① 例如:

(31)a. 我去过德国。→ b. 我去过德国的。

(32)a. 他哪一天走? → b. 他哪一天走的?

比较起来,(31b)比(31a)表示肯定的语气更强一些,(32a)问的是没有(但是即将)发生的事,而(32b)问的则是已经发生的事。② 对于这种跟时体相关的"的",留学生往往不能很好地掌握,会出现各种各样的偏误。例如:

(33)原因是我事先没有考虑过病虫害的。[495]

(原因是我事先没有考虑过病虫害。)

(34)那天我去她家没有什么大事儿发生的。[765]

(那天我去她家,没有发生什么大事儿。)

(35)从这个饭店远远地看到碧绿的大海。环境再好没有的。[441]

(从这个饭店远远地可以看到碧绿的大海。环境再好没有了。或者:从这个饭店可以远远地看到碧绿的大海。环境是再好没有的。)

(36)我在家的时候,家里的人没有那么安安静静了。[568]

(我在家的时候,家里的人就没有那么安安静静的。)

(37)我刚来北京时,没有那么多朋友了。[661]

(我刚来北京时,没有那么多朋友的。)

例(33)(34)中的"的"是多余的,因为这些句子并没有强调语气,并且已经有"没有"来表示完成体意义了。例(35)是把"的"误用作语气词"了"了,修改的方法是把"的"改成"了",或者索性加上强调标记"是"来跟"的"配合。例(36)(37)是把"了"误用做语气词"的"了,叙述的是过去的事情,并且有强调语气,应该用"的"。

16.2.4　跟时体相关的副词或助词的缺少或误用

由于"没有"中包含体态方面的意义,因而对句子的体态有选择限制;有

---

① 详细的讨论,请看袁毓林(2003a)。

② 关于句尾"的"的意义和用法及用例,参考吕叔湘(2001),第162页。

时候，句子的体态要求有某种副词或其他成分配合才能满足“没有”的要求。对于这种意义上的细微的限制，留学生往往不能很快地掌握，于是会出现各种相关的错误。例如：

(38)我觉得一定快结婚，但现在我没有女朋友。[667]

(我觉得一定要赶快结婚，但现在我还没有女朋友。)

(39)我想一想有没有事情写了。[686]

(我再想一想还有没有事情写了。)

(40)虽然是个32岁的人，但并没有找到对象。[453]

(虽然是个32岁的人，但还没有找到对象。)

(41)韩中两国1990年前大约40年间没有建立外交关系。[56]

(韩中两国1990年前，大约40年间，一直没有建立外交关系。)

(42)她整三年继续一心一意的努力，决不死心，虽然这三年一场演出都没有。[430]

(整整三年来，她继续一心一意地努力，决不灰心，虽然这三年中/来，一场演出也没有。)

(43)我以恋爱为家庭幸福的基础，可能没有人反对。[148]

(我以恋爱为家庭幸福的基础，可能没有人会反对。)

例(38)～(40)叙述的都是跟现在相关的动作、状态的未完成，属于现在完成体；如果加上副词“还”做铺垫，那么语义就更为完整和通畅，因为“还”表示动作或状态持续不变。① 其中，例(40)中的“并”应该改为“还”；因为“并”可以用在否定词之前，表示转折关系，并含有否定某种看法、说明真实情况的意味。② 但是，这个句子是一种一般的叙述，在语气上跟“并”不般配。例(41)(42)叙述的是一种过去(未)完成进行体的状态，所以，例(41)应该加上副词“一直”做铺垫，并跟“1990年前大约40年间”相呼应；例(42)的表示过去时段的“这三年”之后最好加上方位词“中”或助词“来”，来强调这过去进行的一个时段。例(43)叙述的是一种假设的可能，因此应该加上“会”来强调这是一种非现实的体态或情状类型。

① 关于“还”的意义，详见吕叔湘(2001)，第252页。

② 关于“并”的意义，详见吕叔湘(2001)，第86页。

第三节　“没有”和“不”混用

“没有”和“不”都是否定词，都可以用在谓词性成分前面；留学生刚学汉语，往往不能分辨它们在意义和用法方面的细微差别，结果就把它们给混用了。

16.3.1　把“没有”错误地当作“不”来用

初学汉语的留学生通常会忽略“没有”中所包含的体态方面的意义限制，简单地把“没有”当作一个跟“不”一样的否定词来使用。例如：

(44)所以从10月1日到10月3日我没有上课。[11]

(所以，从10月1日到10月3日，我们不上课。)

(45)真的是他们对什么东西都没有感兴趣，不能茁壮成长。[442]

(真的是他们对什么东西都不感兴趣，不能茁壮成长。)

(46)我心里真的没有准备跟这一些街头顽童成交。[756]

(我心里真的不准备跟这些街头顽童交往。)

(47)林黛玉没有，所以虽然她爱宝玉但没有希望跟宝玉结婚。[174]

(林黛玉没有……所以，虽然她爱宝玉，但不希望跟宝玉结婚。)

(48)我最不爱的老师是给学生没有关心，又没有爱的老师。[60]

(我最不喜欢的是对学生不关心，又没有爱心的老师。)

(49)要是没有这样生活，无聊，一点儿也没有意思但是有是有引起发现各种各样的问题。[425]

(要是不这样生活就无聊，一点儿也没有意思。但是，有时会引起/发现各种各样的问题。)

(50)我觉得他一点儿也没有浪漫。[454]

(我觉得他一点儿也不浪漫。)

(51)但是，我以为我的选择最好，没有后悔。[62]

(但是，我以为我的选择最好，所以不后悔。)

(52)因为没有小心点儿我的骑术而且不太好。[50]

(因为不小心，而且我的骑术不太好……)

(53)这个是重要的因为的意思是我没有单独是不是？[609]

(这个是重要的，原因是我不孤独，是不是？)

(54)可是如果没有人们的自觉性的话，计划生育就没成功。[663]

（可是，如果没有人们的自觉性的话，计划生育就不会成功。）

(55)他非常虚伪，没有道德，为了自己的利益什么事情都可以做。[524]

（他非常虚伪，不[讲]道德，为了自己的利益可以做任何事情。）

(56)路上辛苦没有，这里的气候比马兰固木市比较热。[41]

（路上辛苦不辛苦，这里的气候比马兰固木市要热。）

(57)今天没有上课所以昨天我跟朋友们打算玩公园。[296]

（今天不上课，所以昨天我跟朋友们已经做好去逛公园的打算。

或者：今天没有课，所以昨天我跟朋友们已经做好去逛公园的打算。）

(58)没有(上)课的时，我们帮他们的工作。[287]

（不上课的时候，我们帮他们做一些工作。

或者：没有课的时候，我们帮他们做一些工作。）

例(44)给人的感觉是：从10月1日到10月3日学校上课，但是“我”没有去上课；事实上，说的应该是从10月1日到10月3日学校放假(国庆节)，“我”也不用去上课。例(45)～(48)中的心理、感觉动词是一种状态动词，一般只能用“不”否定，因为这种状态通常跟完成体意义不相协调。例(49)是假设句，叙述的是一种非现实的情况，自然跟完成体不般配。例(50)～(56)中的谓语核心都是形容词，是表示状态的，和状态动词一样，跟动作的完成这种体态无关，所以一般不用“没有”来否定。例(57)(58)都是属于表达不清晰。

16.3.2 体态助词“过”或语气词“了”的残缺

在有些情况下，误用做“不”的“没有”句可以有两种改正方法：(i)把误用做“不”的“没有”改成“不”就可以了；(ii)如果保持用“没有”，那么只要在动词之后加上体态助词“过”或语气词“了”，也能把句子救活。例如：

(59)爸爸的性格很顽固并且保守，但是他从来没有对我们大发脾气。[116]

（爸爸的性格很顽固并且保守，但是他从来不对我们大发脾气。

或者：爸爸的性格很顽固并且保守，但是他从来没有对我们发过脾气。）

(60)他从来没有拒绝帮助我。[143]

（他从来不拒绝帮助我。～ 他从来不拒绝我的帮助。～ 他从来不愿意帮助我。

或者：他从来没有拒绝过我。～ 他从来没有拒绝过我的帮助。～ 他从来没有帮助过我。）

(61)那个中国青年最初说了一句话以后他一直一句话也没有说。[544]

（那个中国青年最初说了一句话以后，一直一句话也不说。

或者：那个中国青年最初说了一句话以后，一句话也没有说过。）

(62)有时候整天没有吃东西。[258]

（有时候整天不吃东西。或者：他一整天没有吃过东西）

(63)学生七天都没有放假。[311]

（学生七天都不放假。或者：学生已经七天没有放假了。）

从上面的例子及其改正后的句子，可以看出："从来/一直不＋动词……"可以有条件地等同于"从来/一直没有＋动词＋过……"或者"从来/一直没有＋动词……＋了"。因为在过去的一段时间中一直没有发生过某种事情，也就等于在过去的一段时间中一直处于不发生某种事情的状态中。

第四节　差比表达方面的问题

"没有"的一种用法是用在比较句中，表示不及，即造成一种差比句。差比句的构造有其特别的地方，留学生一开始不一定能很好地掌握，难免会出现各种差错。

16.4.1　比较对象或比较项目表达不当

复杂的比较句，其构造也比较复杂，通常有比较对象（谁跟谁比）、比较项目（比什么）和比较基准（性质、状态及其程度）。[①] 例如：

(64)a. 小张英语比小刘好。　～ a′. 小张的英语比小刘好。

b. 小张英语没有小刘好。　～ b′. 小张的英语没有小刘好。

c. 小张英语没有小刘那么好。～ c′. 小张的英语没有小刘那么好。

(65)a. 东京人口比北京多。　～ a′. 东京的人口比北京多。

① 详见袁毓林(1998)，第116页。

b. 东京人口不如北京多。　　～ b′. 东京的人口不如北京多。

c. 东京人口不如那么北京多。　　～ c′. 东京人口不像北京那么多。

其中，a 是平比句，b 和 c 是差比句。比较对象一定有两项，其中做主语的是比较主体，简称主项（subjective item）；做介词宾语的是比较客体，简称客项（objective item）。在例(64)中，比较对象是“小张”和“小刘”，即是拿小张和小刘做比较；其中，“小张”是主项，“小刘”是客项。比较项目是“英语”这一科目，即是拿英语作为比较的方面。比较基准是“好”，即听、说、读、写的某一个或几个方面的水平的高低。在差比句中，还有表示比较结果的程度，即用“那么、那样”等代词来指示差别的程度。值得注意的是，比较对象中的主项可以和比较项目组合成一个偏正短语，形成一个宏主项（macro-subjective item），当然，比较对象中的客项也可以和比较项目组合成一个偏正短语，形成一个宏客项（macro-objective item）。例如：

(64′)a. ?小张的英语比小刘的英语好。　　～ a′. *小张的英语比小刘的好。

b. ?小张的英语没有小刘的英语好。　　～ b′. *小张的英语没有小刘的好。

c. ?小张的英语没有小刘的英语那么好。～ c′. *小张的英语没有小刘的那么好。

(65′)a. ?东京的人口比北京的人口多。　　～ a′. *东京的人口比北京的多。

b. ?东京的人口不如北京的人口多。　　～ b′. *东京的人口不如北京的多。

c. ?东京的人口不如北京的人口那么多。～ c′. *东京人口不像北京的那么多。

事实上，像(64′)(65′)a～c 这种笨拙的句子的可接受性是很差的，一般没有人会这么说。而(64′)(65′)a′～c′这种把宏客项省略为“的”字结构的句子则根本是不合语法的。但是，留学生不了解这一点，还真的造出了不少这类病句。例如：

(66)中国的生活没有日本的那么好。[464]

（中国的生活没有日本那么好。

或者：中国的生活不如日本那么好。）

(67)英国的历史没有中国的那么长。[781]

(英国的历史没有中国那么长。

或者:英国的历史不如中国那么长。)

(68)那时候妹妹很瘦小,没有一般小孩儿那样可爱。[576]

(那时候妹妹很瘦小,没有其他小孩儿那样可爱。

或者:那时候妹妹很瘦小,不像其他小孩儿那样可爱。)

(69)非常有意思,我觉得没有黄山的风景那么漂亮。[119]

(非常有意思,我觉得这儿没有黄山的风景那么漂亮。

或者:非常有意思,我觉得这儿的风景没有黄山那样漂亮。)

例(67)(68)是错误地用"的"字结构来充当比较对象中的宏客项,例(68)是客项的表达不太合适,例(69)是缺少比较对象中的主项。

16.4.2 缺少表示比较结果的程度表达"那么/那样"

根据上一小节的讨论,当比较两个相关事物的性质、状态时,差比表达一方面要用形容词性成分做谓语核心,另一方面需要用指示代词"那么/那样"来做状语,表示比较结果所达到的程度。留学生往往会遗漏这种表示程度的指示代词,造成句子的别扭和不通顺。例如:

(70)今年学习汉语没有以前的困难,但是还是觉得汉语很难。[155]

(今年,我学习汉语没有以前困难,但是还是觉得汉语很难。

或者:今年,我学习汉语没有以前那样困难,但是还是觉得汉语很难。)

(71)我母亲的脾气比父亲相反,她比父亲爱聊天,没有我爸爸的严肃。[185]

(我母亲的脾气跟父亲相反,她比父亲爱聊天,没有我爸爸那样严肃。

或者:我母亲的脾气跟父亲相反,她比父亲爱聊天,没有我爸爸那种严肃。)

(72)上海没有北京的新建筑也没有北京的街 dao 宽。[3]

(上海没有北京的建筑新,也没有北京的街道宽。

或者:上海没有北京那样的新建筑,也没有北京那么宽的街道。)

上面的例(70)(71)都有上一小节讨论的用"的"字结构来充当比较对象中的

宏客项的失误,把其中的"的"去掉以后,句子就合格了。但是,这两句去掉"的"以后,跟例(72)一样,在语气方面还嫌不够通畅,如果加上表示比较结果所达到的程度的"这么、那样"就十分通顺了,在语气方面也比较协调了。

16.4.3　比较对象中客项的位置

在比较句中,比较对象中客项的位置有一定的讲究;特别是在差比句中,客项必须在否定性词语的后面,即在否定的辖域之中。只有这样,才能使整个比较句显示出差别性比较的句式意义。留学生初学汉语,对于比较句中比较客体等功能项的位置不容易一下子掌握,造成了相关的错误。例如:

(73)在日本发行的报纸之种类,比中国的没有那么多。[418]

(在日本发行的报纸的种类,没有中国那么多。

或者:在日本发行的报纸的种类,跟中国相比,没有那么多。)

(74)在这样的农村,80 年代的经济改革让了发展,可是这样的农村的人民比勺园学生参观过的没有那么富的生活。[729]

(在这些农村地区,80 年代的经济改革使它们得到了发展,可是这里的人民没有勺园学生参观过的地区那么富裕。

或者:在这些农村地区,80 年代的经济改革使它们得到了发展,可是这里的人民比不上勺园学生参观过的地区那么富裕。)

(75)他的身体没有我那么好,可是比我健康多了。[43]

(他的身体没有我那么结实,可是比我健康多了。)

例(73)(74)中的错误较多,其一是用"的"字结构来充当比较对象中的宏客项,其二是句式杂糅,主要用的是差比句的格局,同时又用了把比较客项前置于否定词语之前的句式;结果,使得这个作为信息焦点的比较客体,逸出否定词的否定辖域之外。例(75)则是前面的差比句跟后面的平比句在语义上的矛盾。

第五节　"话题-焦点"结构方面的问题

"没有"作为否定词,属于焦点敏感算子;[1]所以,使用"没有"的句子自

---

① 关于汉语否定词"不、没有"的逻辑语义学性质,详见李宝伦、潘海华(1999)、Lee & Pan(2001)和 Lee(2002)。

然会在话题结构或焦点结构方面有一些特别的限制条件。留学生掌握汉语还不熟练时，容易出现这样或那样的错误。

16.5.1 话题结构表达不当

汉语是一种话题突出型语言，①话题结构多种多样。对于初学汉语的留学生来说，稍不留心，就可能出错。例如：

(76)人人都那天不没有工作人人都休息。[694]
(那天人人都不工作，人人都休息。)
(77)我知道大家都很累，可是连打招呼，也没有。[409]
(我知道大家都很累，以至于连[打]招呼也没有打。)
(78)即使老师让他们经常，复习，练习，做作业他们也没有做。[253]
(即使老师让他们经常复习、练习，但是作业他们也没有做。
或者：即使老师让他们经常复习、练习，但是连作业他们也不做。)

例(76)中，时间论元"那天"的辖域最广，可以统辖后面的两个小句，在该句中具有最高的话题性(high topicality)，宜于做整个句子的大话题。例(76)(77)是拷贝式话题结构，②其中例(77)中"没有"之后的原生动词不能删除；而例(78)中拷贝式话题中的动词又是多余的。

16.5.2 语序和焦点位置不当

否定句中语序和焦点位置不当，从另外一个角度看就是否定词位置的不当，通常的表现是，否定词"没有"不恰当地落在某些成分之后，从而使这些本该被否定的成分处于否定的辖域(the scope of negation)之外；当然，也有相反的情形，即否定词"没有"不恰当地落在某些成分之前，从而使这些不该被否定的成分居然也处于否定的辖域之中。例如：

(79)我的生活中除了学习以外特别的娱乐没有。[405]
(在我的生活中，除了学习以外，没有特别的娱乐活动。)
(80)或者即使现在特别的目的没有也天天过日子的时候不要浪费时间所以不要把难得的机会错过，注意自己的旁边儿。[424]

① 关于汉语的类型学特点，详见 Li and Thompson(1976)。
② 关于汉语中的拷贝式话题结构，详见徐烈炯、刘丹青(1998)。

（或者，即使现在没有特别的目的，每天也不要浪费时间，不要把难得的机会错过，要注意自己身边的事物。）

(81)因为他们来看看的目的是有意思的事情有没有所以他们的眼镜好像不是人家的那个。[426]

（因为他们来的目的是，看看有没有有意思的事情。所以，他们的眼镜好像不是人家的那个。）

(82)二年级这样的时间没有，所以一方面觉得寂寞。[379]

（二年级就没有这样的时间了，所以觉得寂寞。

或者：到了二年级，这样的时间就没有了，所以觉得寂寞。）

(83)我到了以后发现路上的人几乎没有了，车也少，而且路边儿的饭馆，商店，宾馆差不多都关门了。[764]

（我到了以后发现，路上几乎没有人了，车也很少；而且，路边儿的饭馆、商店、宾馆差不多都关门了。）

(84)没有很多人所以很畅通地不应该在收款台排队很久。[201]

（人不太多，所以很畅通，不需要在收款台前面排很长时间的队。）

(85)成人了以后对父母的反抗差不多没有，而且产生对父母尊敬的感情？[502]

（成人以后，差不多没有反抗父母的举动，而且产生了对父母尊敬的感情。

或者：成人以后，差不多不再反抗父母，而且产生了对父母尊敬的感情。）

(86)从小到现在，我没有对他的好印象。[421]

（从小到现在，我对他没有好印象。）

(87)刚来两三个月以内，除了上课去吃饭以外别的地方没有去。[259]

（刚来的两三个月中，除了去上课和吃饭以外，没有去过别的地方。）

(88)食物也没有吃。[255]

（什么东西也没有吃。或者：也没有吃什么东西。）

(89)那天我去她家没有什么大事儿发生的。[765]

（那天我去她家，没有发生什么大事儿。）

(90)这些都是因为考试快要来了，却以前没有一直那么认真地学习。[264]

(这些都是因为考试快要到来,但以前却一直没有认真地学习。)

例(79)～(86)中的"没有"用作动词,用以否定其后的名词性成分。其中,(79)～(85)中"没有"前面的名词性成分都是不定指的(indefinite),传达的是新信息,是句子中的信息焦点,应该是落入否定词的辖域中。除非是把它们改变为定指性的(definite)成分,[①]否则不能置于"没有"之前。相反,例(86)中的介词结构"对他"通过代词来表示旧信息,应该不是焦点,也就不应该处在否定的辖域之中。例(87)～(90)中的"没有"用作副词,用以否定其后的动词性成分。其中,(87)～(88)中"没有"前面的名词性成分本来应该是"没有"所否定的动词性成分的一部分,它们都是不定指的,传达的是新信息,是句子中的信息焦点,应该落入否定词的辖域中。除非是把它们改变为定指性的成分,否则不能置于"没有"之前。相反,例(90)中的副词"一直"是跟前面的时间词"以前"相照应的,应该不是焦点,也就不应该处在否定的辖域之中。

16.5.3　否定极项表达不当

在否定句中,表示全称否定有不同的方式,其中常用的有两种:一种是通过否定某个论域(universe of discourse)中的最小量,来达到对整个论域中相关元素的全部否定;另一种是通过否定某个论域中的都具有某种属性的任一元素,举一反三、依此类推,来达到对整个论域中相关元素的全部否定。[②] 例如:

(91)老王可是一滴酒也不沾。

(92)小吴可是什么酒也不喝。

连"一滴酒"也不喝,那么自然是两滴三滴、三杯两盏,不管多少,都是不喝的;"什么酒"也不喝,那么自然是啤酒、黄酒、烧酒、葡萄酒、白兰地,不管什么酒都是不喝的。像这种"一滴酒""什么酒"说的都是一些极端的情况,在语义学文献上称之为极性项目(polarity item)。在否定句中,极性项目跟否定词具有较强的亲和力,可以在语义上优先组合,成为优先否定的对象。因

① 关于名词性成分在指称性上的差别,详见陈平(1987)和徐烈炯(1995)。

② 关于疑问代词表示周遍性意义的语义机制,详见杉村博文(1992)和袁毓林(2004)中的有关讨论。

此，又称之为否定极性项目(negative polarity item)，简称否定极项。

有否定极项的句子，对各构成成分的形式和语义以及各成分的语序，都有特别的要求。留学生刚开始学习汉语，在这些方面往往不能一下子掌握，从而出现各种偏误。例如：

(93)他有一点儿善良。但是，一点儿也没有理解力。[49]

(他比较善良。但是，一点儿理解力也没有。)

(94)平时他们被工作缠身，忙得要命，一点儿也没有余地。[496]

(平时他们工作缠身，忙得要命，一点儿余地也没有。)

(95)一点儿也没有什么像样儿的家庭的！[507]

(一点儿家庭的样子也没有！

或者：一个像样儿的家庭也没有！

或者：没有什么像样儿的家庭！)

(96)我18岁的时候(1945年)上大学一点儿没有学习马上被应征入伍。[402]

[我18岁的时候(1945年)上大学，一点儿知识还没有学到，马上应征入伍了。

或者：我18岁的时候(1945年)上大学，还没有学习到什么知识，马上应征入伍了。]

(97)请你想一想，对东方人差别，折磨东方人，和在军队受到很多污辱的地方，对这样的地方，我一点好感了没有，不能勾起来。[97]

(请你想一想，那里歧视东方人，折磨东方人，军人污辱老百姓；对这样的地方，我一点好感也没有/不能勾起来。)

(98)好像他们都懂了现在学习的内容，一个人也没有不懂的。[384]

(好像他们都懂了现在学习的内容，没有一个人不懂的。)

(99)经常这时街上有很多学生，而现在谁也没有。[137]

(往常这时候，街上有很多学生，而现在一个人/什么人也没有。)

(100)好像一个人也没有动过他们。[221]

(好像谁也没有动过他们。或者：好像也没有一个人动过他们。)

(101)我们三个人的汉语水平不太高又太累在飞机里吃的小吃以外，吃的东西没有。[77]

(我们三个人的汉语水平不太高，又太累，除了在飞机上吃过一点儿小吃以外，一点儿吃的东西也没有。

或者：我们三个人的汉语水平不太高，又太累，除了在飞机上吃过一点儿小吃以外，没有吃过其他东西。）

(102)如果你的船翻倒，没有什么大的事，但是如果汽车压死你啊？[149]

（如果你的船翻倒，没有什么大不了的事；但是，如果是汽车，就会压死你啊！

或者：如果你的船翻倒，不会有什么大的事；但是，如果是汽车，就会压死你啊！）

(103)以前，我们常常在一起玩儿，常常到海边去谈话，常常互相帮助，而从来我们之间没有怨言。[304]

（以前，我们常常在一起玩儿，常常到海边去聊天，常常互相帮助，而且我们之间从来没有怨言。）

(104)现在老人什么问题几乎也没有，但是恐怕十年或二十年以后，退休的年龄被拖延。[186]

（现在，老人几乎什么问题也没有，但是恐怕十年或二十年以后，退休的年龄将要延迟。）

例(93)～(96)都属于把否定极项词语生硬地分裂开了，即把由数量词“一点儿”跟受其修饰的中心语分置于动词性成分“没有(VP)”的两边，应该统统移到“没有”之前。连接否定极项和否定词“没有”应该用副词“也”，但是例(97)误用了助词“了”。例(98)是双重否定句，否定极项应该置于两个否定表达“没有……不”的中间。例(99)(100)都是误用了极项词语，并且正好是用倒了；要说明其中的原因，还真不是一件容易的事，这里姑且录以存疑。例(101)属于在该使用极项词语的情况下没有使用。例(102)属于极项词语使用不当，即没有使用该用的熟语形式。例(103)(104)属于不恰当地在极项词语和否定词之间插入了其他成分，应该让极项词语和否定词尽可能紧挨在一起。

第六节　“没有”之后体词/谓词性成分用错

否定词“没有”之后既可以出现体词性成分，又可以出现谓词性成分；但是，在特定的语境中、在特定的语句中，该用体词性成分还是谓词性成分、用什么样的体词性成分和谓词性成分，都是大有讲究的。留学生初学汉语，不可能对此做出精细的分辨；于是，千奇百怪的错误也就在所难免了。下面，我们分类条陈。

16.6.1 “没有”之后谓词性成分误用作体词性成分

在有些情况下，“没有”之后应该用体词性成分，但留学生却用了谓词性成分；即把有关的谓词性成分误用作体词性成分了。例如：

(105)因为我们都是公司派来的没有那么多放假，所以我们的旅行很紧张。[324]

(因为我们都是公司派来的，没有那么多假期，所以我们的旅行很紧张。)

(106)一旦我碍她的面子，她马上就把事情说出来。没有什么抹不开。[195]

(一旦我碍她的面子，她马上就把事情说出来。没有什么磨不开的。)

(107)这次他没有大失望，因为一次就考上自己理想的大学的人不多。[371]

(这次他没有太大的失望，因为一次就考上自己所希望的大学的人不多。)

(108)因为没有孩子笑，没有爱人了解，没有人帮助，没有人关心他，和最重要的是没有知心朋友。[534]

(因为没有孩子的笑声，没有爱人的理解，没有别人的帮助，也没有别人的关心，最重要的是没有知心朋友。)

(109)跟这篇课文比较的话，我参加的婚礼感觉到非常轻松，没有什么拘束，紧张。[455]

(跟这篇课文比较的话，我参加婚礼时，感觉到非常轻松，没有什么拘束、紧张的感觉。

或者：跟这篇课文比较的话，我参加婚礼时，感觉到非常轻松，并不拘束和紧张。)

(110)他在泰国开了一家报社，使人们感到很惊讶，因为从来没有过贵族开报社。[559]

(他在泰国开了一家报社，使人们感到很惊讶，因为从来没有过贵族开报社的事儿。)

对于这种偏误，改正的方法是设法把这些谓词性成分改成相应的体词性成分。或者是寻找相应的名词，如例(105)；或者通过在谓词性结构后面或中间加名词化标记“的”，来把它转换成相应的体词性成分，如例(106)～(108)；或者在谓词性结构后面加名词化标记“的”，来把它转换成相应的体词性的“的”字结构，再在后面加上一个名词性的成分做中心语，如例(109)(110)。

16.6.2 “没有”之后体词性成分本身出错

在有些情况下，“没有”之后应该用体词性成分，并且留学生也的确努力地使用了体词性成分；但是，该体词性成分在表达上还是有问题。例如：

(111)但别的地方对我来说没有那么感情。[570]

(但别的地方对我来说，没有那么多感情。)

(112)况且我也没有方法说服他们，只好我我自己偷偷也准备了中国留学。[108]

(况且我也没有办法说服他们，只好自己偷偷地准备去中国留学。)

(113)回家后就睡觉，没有夫妻的谈话，结果他们的生活越阴沉越冷清清了。[427]

(回家后就睡觉，夫妻之间没有谈话，结果他们的生活越来越阴沉，越来越冷清了。

或者：回家后就睡觉，夫妻之间也不谈话，结果他们的生活越来越阴沉，越来越冷清了。)

在例(111)中，谓词性代词“那么”不能修饰名词“感情”；在例(112)中，“没有＋NP ＋ VP”格式中的 NP 不能是“方法”；在例(113)中，“夫妻的谈话”是一个非常生硬的表达。

16.6.3 “没有”之后体词性成分误用作谓词性成分

在有些情况下，“没有”之后应该用谓词性成分，但留学生却用了体词性成分；即把有关的体词性成分误用作谓词性成分了。例如：

(114)她们虽然非常好看，可是肯定不太聪明，肯定没有教育文化水平不高。[648]

(她们虽然非常漂亮，可是肯定不太聪明，肯定没有受过教育，文化水平不高。)

(115)但是他没有眼镜还看得见，所以他总能驾驶帆船。[188]

(但是，他没有戴眼镜还看得见，所以他总能驾驶帆船。

或者：但是，他不戴眼镜还能看见，所以他总能驾驶帆船。)

对于这类偏误，只要加上相应的动词就可以了。

16.6.4　“没有”之后谓词性成分本身出错

在有些情况下，“没有”之后应该用谓词性成分，并且留学生也的确努力地使用了谓词性成分；但是，该谓词性成分在表达上还是有问题。例如：

(116)我父亲没有毕业大学、是公务员。[365]

(我父亲上过大学，但是没有毕业。他现在是公务员。)

(117)他说你为什么还没有大学毕业，你要去中国了。[252]

(他说，你为什么大学还没有毕业就要去中国了。)

(118)所以从10月1日到10月3日我没有上课。[41]

(所以，从10月1日到10月3日，我没有/不用去上课。

或者：所以，从10月1日到10月3日，我没有课。)

(119)美红：在家里休息，没有工作。[68]

[美红在家里休息，没有/不用去工作。

或者：美红没有(找到)工作，在家里歇着。]

(120)我们八点动身，骑自行车的人没有那么多。[261]

(我们八点动身，骑自行车的人没有平时/想象的那么多。)

(121)我没有机会说得多，还遗憾的事情是我没有中国朋友。[29]

[我没有机会多说(一些)，还有一件遗憾的事情是：我没有中国朋友。]

(122)于是土耳其军队经常来我国开始战争，但是总是没有成功攻克。[268]

(于是，土耳其军队经常对我国发动战争，但是总是不能攻克。)

(123)不过做梦的事却没有。[53]

(不过做梦的事却没有发生过。)

例(116)中，“毕业大学”这种述宾表达是不合格的；在例(117)中，“没有”之后应该不能带一个主谓结构；在例(118)(119)中，在“没有”和动词之间加上一个趋向动词“去”更合适。例(120)属于差比表达，但是缺少比较的基准。在例

(121)中,“没有+NP+VP”格式中的VP不能是述补结构。在例(122)中,“成功”做状语应该加上后缀“地”。而例(123)则是“没有”之后缺少动词性成分。

第七节 跟“没有”相关的其他错误

为了方便,我们把上文几节没讨论到的各种偏误统统归到这一节来讨论。

16.7.1 “没有”在某些情况下多余

在特指问句、极项否定句等格式中,有时“没有”完全是多余的,应该删去。例如:

(124)在北京冰球赛很少,和我不知道什么时候有没有冰球赛。[328]

(在北京,冰球赛很少,而且我不知道什么时候有冰球赛。)

(125)他用很长年月写的书没有一个人也看不懂。[339]

(他用很长时间写的书,一个人也看不懂。

或者:他用很长时间写的书,没有一个人能看懂。)

(126)南岸的人没有一个也不知道他。[340]

(南岸的人一个也不知道他。

或者:南岸的人,没有一个知道他。)

(127)可是他也根本不知道,他真正的得到了自己的目的或者没有。[227]

(可是,他也根本不知道,他真正地达到了自己的目的没有。)

(128)人人都那天不没有工作人人都休息。[694]

(那天人人都不工作,人人都休息。)

(129)如果没有这样的事情怪不得没有那么幸福的生活。[755]

(如果没有这样的事情,就不会有那么幸福的生活。)

例(124)是特指问句,其中已经用了“什么时候”作为疑问项目,所以不必要再用“有没有”这种反复问形式了;也就是说,其中的“没有”是多余的。例(125)(126)的主体格局是“一个……也不……”这种极项否定句,因此没有必要再加上否定词“没有”。例(127)的主体格局是反复问形式,所以选择问连词"或者"是多余的。例(128)(129)中的否定词"没有"跟另一个否定词"不"重复。

16.7.2 用"没有"错误地替代其他动词性成分

汉语有一些谓词性词语和表达形式,在意义上表示空缺、减少、消失等,跟"没有"的意思相近,但是并不相同,在许多情况下不能互相替换。留学生不明白这一点的话,就会随便用常用词"没有"去替代,造成表达不当。例如:

(130)苦和乐都是重要的,如果没有了一个,我的生活就没意思了。[483]

(苦和乐都是重要的,如果缺少了一个,我的生活就没意思了。)

(131)她进去这间屋子,靠着窗,就忽然没有了她。[596]

(她进了这间屋子,靠着窗,就忽然不见了。)

(132)辛亥革命的改革也不彻底,所以没有人民或者军队的支持。[772]

(辛亥革命的改革也不彻底,所以得不到人民或者军队的支持。)

(133)在休息处卖的吃的东西越来越没有了。[57]

(在休息处卖的食品[吃的东西]越来越少了。)

(134)在美国我们没有很多人在路上卖东西,但是中国不是这样。[713]

(在美国,我们看不见很多人在路上卖东西,但是中国不是这样。)

(135)但是,因为沙河的养老院在修理,所以我们没有参观过。[743]

(但是,因为沙河的养老院在修理,所以我们没法/不能参观。)

对于这种同义、近义表达形式的正确选择,需要通过广泛阅读,增强汉语语感,才能逐步达到。

16.7.3 跟"没有"相关的其他类型的错误

还有一些零星的、难以归类的偏误,放在下面讨论。例如:

(136)公共汽车已经不有了,没有法子坐着出租汽车去杭大。[437]

（公共汽车已经没有了，没有法子，只能坐出租汽车去杭大。）

（137）但是上那个中国人一点儿也没有注意地，没往旁边看地开过来了。[542]

（但是那个中国人一点儿也没有注意，没往旁边看就开过来了。）

（138）我们住房是比较普通的，我没有关系。[251]

（我们的住房是比较普通的，我觉得没有关系。）

例（136）是在该用“没有”的场合，用了不正确的分析形式“不有”。例（137）是用了“没有＋VP＋地”这种错误的形式做状语。例（138）是在“没有关系”前缺少高层动词。

参 考 文 献

白　茎(2000)《"不"、"没(有)"教学和研究上的误区》,《语言教学与研究》第3期。

北京大学中文系现代汉语教研室编(1993)《现代汉语》,北京:商务印书馆。

陈　刚(1985)《关于"没V了"式》,《中国语文》第5期。

陈　平(1985)《英汉否定结构对比研究》,载《中国社会科学院研究生院硕士论文选》,北京:中国社会科学出版社;另收入陈平(1991)。

陈　平(1987)《释汉语中与名词性成分相关的四组概念》,《中国语文》第2期;另收入陈平(1991)。

陈　平(1991)《现代语言学研究——理论、方法与事实》,重庆:重庆出版社。

陈　一(1987)《试论"白Vp"结构的歧义性》,《汉语学习》第4期。

程　工(1985)《"不要白不要,要了白要"》,《中国语文》第3期。

丁裕暻(1998)《现代汉语假设复句研究》,北京大学中文系硕士学位论文。

范继淹(1985)《汉语句段结构》,《中国语文》第1期;另收入范继淹(1986)。

范继淹(1986)《范继淹语言学论文集》,北京:语文出版社。

方　梅(1995)《汉语对比焦点的句法表现手段》,《中国语文》第4期。

郭良夫(1988)《近代汉语副词"白"和"白白"》,《中国语言学报》第三期。

胡明扬(1984)《〈老乞大〉复句句式》,《语文研究》第3期。

胡明扬(1991)《语言学论文选》,北京:中国人民大学出版社。

胡明扬、劲　松(1989)《流水句初探》,《语言教学与研究》第4期。

胡增益(1989)《满语的bai和早期白话作品"白"的词义研究》,《中国语文》第5期。

胡增益(1995)《满语"白"同汉语副词"白"的借贷关系》,《中国语言学报》第五期。

江蓝生(2008)《概念叠加与构式整合——肯定否定不对称的解释》,《中国语文》第6期。

李宝伦、潘海华(1999)《焦点与"不"字句之语义解释》,《现代外语》第2期。

李　力(1998)《连谓式语义关系研究》,北京大学中文系学士论文。

李小玲(1986)《北京话里的"差点儿"句式》,《汉语学习》第1期。

李兴亚(1987)《"怀疑"的意义和宾语的类型》,《中国语文》第2期。

李行德、范　莉(2009)《普通话幼儿的否定词的句法分布》,第三届当代语言学圆桌会议暨《当代语言学》易名十周年纪念会,上海·同济大学,2009年10月24日。

李宇明(1995)《儿童语言的发展》,武汉:华中师范大学出版社。

刘勋宁(2000)《关于汉语语法分析的几个原则问题》,载陆俭明主编《面临新世纪挑战的现代汉语语法研究》,济南:山东教育出版社。

吕叔湘(1979)《汉语语法分析问题》,北京:商务印书馆。

吕叔湘(1985)《疑问·否定·肯定》,《中国语文》第4期。
吕叔湘主编(2001/1980)《现代汉语八百词》(增订本),北京:商务印书馆。
马思周(1990)《再论近代汉语副词“白”》,《中国语文》第5期。
马思周、潘　慎(1981)《〈红楼梦〉、〈儿女英雄传〉中的副词“白”》,《中国语文》第6期。
毛修敬(1985)《汉语里的对立格式》,《语言教学与研究》第2期。
钱敏汝(1990)《否定载体“不”的语义-语法考察》,《中国语文》第1期。
杉村博文(1990)《现代汉语“疑问代词+也/都……”格式的句法语意分析》,1990年6月3日在北京大学的讲演报告。
杉村博文(1992)《现代汉语“疑问代词+也/都……”结构的语义分析》,《世界汉语教学》第3期。
杉村博文(2003)《任指、遍指和偏指——现代汉语疑问代词周遍性用法的语义解释》,第七届世界华语文教学研讨会,台北,2003年12月26～31日。
邵敬敏(1986)《“不要白不要,要了白要”是悖论吗?》,《汉语学习》第5期。
邵敬敏(1991)《歧义分化方法探讨》,《语言教学与研究》第1期。
沈家煊(1993)《“语用否定”考察》,《中国语文》第5期。
沈家煊(1995)《“有界”与“无界”》,《中国语文》第5期。
沈家煊(1999)《不对称和标记论》,南昌:江西教育出版社。
沈开木(1984)《“不”字的否定范围和否定中心的探索》,《语法研究和探索》(3),北京:北京大学出版社。
石毓智(2001/1992)《肯定和否定的对称与不对称》(增订本),北京:北京语言文化大学出版社(台湾学生书局初版)。
田　京(1985)《鸡肋和奖金》,《中国语文》第6期。
王　还(1981)《〈现代汉语八百词〉是一本好词典》,《中国语文》第2期。
王　还(1990)《“差(一)点儿”和“差不多”》,《语言教学与研究》第1期。
王建勤(1997)《“不”和“没”否定结构的习得过程》,《世界汉语教学》第3期。
王了一(1982)《汉语语法纲要》,上海:上海教育出版社。
徐　杰、李英哲(1993)《焦点和两个非线性语法范畴:“否定”“疑问”》,《中国语文》第2期。
徐烈炯(1988)《生成语法理论》,上海:上海外语教育出版社。
徐烈炯(1995)《语义学》(修订本),北京:语文出版社。
徐烈炯、刘丹青(1998)《话题的结构和功能》,上海:上海教育出版社。
杨凯荣(2000)《“也”的含义和辖域》,(日本)《中国语学》247号。
杨凯荣(2002)《“疑问代词+也/都+P”的肯定与否定》,载徐烈炯、邵敬敏主编《汉语语法研究的新拓展(一)——21世纪首届现代汉语语法国际研讨会论文集》,杭州:浙江教育出版社。
杨凯荣(2003)《关于三种不同类型的周遍性意义句式》,《现代中国语研究》第5期。
杨一兵(1985)《“不要白不要,要了白要”可以成立》,《中国语文》第6期。
袁毓林(1993a)《自然语言理解的语言学假设》,《中国社会科学》第1期;另收入袁毓林(1998)。
袁毓林(1993b)《现代汉语祈使句研究》,北京:北京大学出版社。
袁毓林(1998)《语言的认知研究和计算分析》,北京:北京大学出版社。

袁毓林(1999)《并列结构的否定表达》,《语言文字应用》第3期。

袁毓林(2000a)《流水句中否定的辖域及其警示标志》,《世界汉语教学》第3期。

袁毓林(2000b)《连谓结构的否定表达》,载陆俭明主编《面临新世纪挑战的现代汉语语法研究》,济南:山东教育出版社。

袁毓林(2000c)《论否定句的焦点、预设和辖域歧义》,《中国语文》第2期。

袁毓林(2000d)《否定式偏正结构的跨维度考察》,《语法研究和探索》(10),北京:商务印书馆。

袁毓林(2003a)《从焦点理论看句尾"的"的句法、语义功能》,《中国语文》第1期。

袁毓林(2003b)《句子的焦点结构及其对语义解释的影响》,《当代语言学》第4期。

袁毓林(2004)《"都、也"在"Wh + 都/也 + VP"中的语义贡献》,《语言科学》第5期。

袁毓林(2005)《"都"的加合性语义功能及其分配性效应》,《当代语言学》第4期。

袁毓林(2006)《论"连"字句的主观化表达功能——兼论几种相关的"反预期"和"解-反预期"格式》,(日本)《中国语学》第253号。

袁毓林(2007)《论"都"的隐性否定和极项允准功能》,《中国语文》第4期。

袁毓林(2011)《"差点儿"和"差不多"的意义同异之辨》,《语言教学与研究》第6期。

袁毓林(2012)《动词内隐性否定的语义层次和溢出条件》,《中国语文》第2期。

袁毓林(2013)《"差点儿"中的隐性否定及其语法效应》,《语言研究》第2期。

袁毓林(2014a)《"怀疑"的意义引申机制和语义识解策略》,《语言研究》第6期。

袁毓林(2014b)《概念驱动和句法制导的语句构成和意义识解——以"白、白白(地)"句的语义解释为例》,《中国语文》第5期。

袁毓林、李　湘、曹　宏、王　健(2009)《"有"字句的情景语义分析》,《世界汉语教学》第3期。

张谊生(2000)《现代汉语副词研究》,上海:学林出版社。

张云秋、王忠玲、肖永华(2006)《四岁前儿童否定结构类型及误用的认知分析》,《首都师范大学学报》第6期。

钟兆华(1987)《〈红楼梦〉"白"字来源探疑》,《中国语文》第1期。

朱德熙(1959)《说"差一点"》,《中国语文》第9期。

朱德熙(1961)《说"的"》,《中国语文》12月号;另收入朱德熙(1980a)。

朱德熙(1980a)《现代汉语语法研究》,北京:商务印书馆。

朱德熙(1980b)《汉语句法中的歧义现象》,《中国语文》第2期;另收入朱德熙(1980a)。

朱德熙(1982)《语法讲义》,北京:商务印书馆。

Allwood, Andersson & Dahl (1977) *Logic in Linguistics*. Cambridge University Press. 《语言学中的逻辑》,王维贤等译,石家庄:河北人民出版社,1984年。

Beaver, David & Brady Clark (2003) Always and only: Why not all focus-sensitive operators are alike. *Natural Language Semantics* 11: 323～362.

Bloomfield, Leonard (1933) *Language*. New York: Holt, Rinehart & Winston.《语言论》,袁家骅、赵世开、甘世福译,钱晋华校,北京:商务印书馆,1985年。

Boucher, J. & C. E. Osgood (1969) The pollyanna hypothesis. *Journal of Verbal Behavior* 8: 1～8.

Calvin, H. William (1996) *How Brains Think: The Evolution of Intelligence*. London:

Phoenix.《大脑如何思维:智力演化的今昔》,杨雄里、梁培基译。上海科学技术出版社,2007 年。

Chao Yuen Ren(1968)*A Grammar of Spoken Chinese*. University of California Press. 据台湾版,台北:敦煌书局,1981 年。丁邦新全译本《中国话的文法》,香港:香港中文大学出版社,1980 年,据刘梦溪主编《中国现代学术经典·赵元任卷》,胡明扬、王启龙编校,石家庄:河北教育出版社,1996 年。吕叔湘节译本《汉语口语语法》,北京:商务印书馆,1979 年。

Chomsky,Noam(1965)*Aspects of the Theory of Syntax*. Cambridge Massachusetts: The MIT Press.

Cilliers,Paul(1988)*Complexity and Postmodernism:Understanding Complex Systems*. London:Routledge.《复杂性和后现代主义:理解复杂系统》,曾国屏译,上海:上海世纪出版集团、上海科技教育出版社,2006 年。

Cinque,Guglielmo(1993)A null theory of phrase and compound stress. *Linguistic Inquiry* 24:239～297.

Crystal,David(1997)*A Dictionary of Linguistics and Phonetics*. Blackwell Publishers Ltd.《现代语言学词典》,沈家煊译,北京:商务印书馆,2000 年。

Deutscher,M.(1965)A note on saying and believing. *Analysis* 105:53～57.

Dinsmore,J.(1979)Pragmatics,formal theory,and the analysis of presupposition. Doctoral dissertation,University of California at San Diego.

Duanmu,San(1990)A formal study of syllable,tone,stress and domain in Chinese languages. Ph. D. dissertation,Massachusetts Institute of Technology.

Ernst,Thomas(1995)Negation in Mandarin Chinese. *Natural Language and Linguistic Theory* 13:665～707.

Fauconnier,Gilles(1975a)Pragmatic scales and logical structure. *Linguistic Inquiry* 3:353～375.

Fauconnier,Gilles(1975b)Polarity and scales principle. *CLS* 11:188～199.

Fauconnier,Gilles(1976)Remarque sur la théorie des pheénomenès scalaires. *Semantikos* 1.3:13～35.

Fauconnier,Gilles(1994)*Mental Spaces:Aspects of Meaning Construction in Natural Language*. New York:Cambridge University Press. 北京:世界图书出版公司,2008 年。

Fromkin,Victoria,Robert Rodman & Nina Hyams(2003)*An Introduction to Language* (Seventh Edition). Boston:Thomson/Heinle. 北京:北京大学出版社,2004 年。

Gazdar,G.(1979)*Pragmatics,Implicature,Presupposition and Logical Form*. New York:Academic Press.

Givón,Talmy(1973)The time-axis phenomenon. *Language* 49:890～925.

Givón,Talmy(1978)Negation in language:Pragmatics,function,ontology. In Peter Cole (ed.). *Syntax and Semantics*. Volume 9:*Pragmatics*. New York:Academic Press. 69～112.

Glengberg,M. Arthur(2009)Language and action:Creating sensible combinations of ideas. In M. Gareth Gaskell(ed.)*The Oxford Handbook of Psycholinguistics*. Oxford: Oxford University Press. pp. 361～370.

Grice, H. P. (1967) *Logic and Conversation: The William James Lectures*. Harvard University, MS.

Grice, H. P. (1975) Logic and conversation. In Peter Cole & J. L. Morgan(eds.). *Syntax and Semantics*. Volume 3: *Speech Acts*. New York: Academic Press. pp. 41～58.

Hintikka, J. (1962) *Knowledge and Belief*. Ithaca, New York: Cornell University Press.

Horn, R. Laurence (1978) Remarks on neg-raising. In Peter Cole (ed.). *Syntax and Semantics*. Volume 9: *Pragmatics*. New York: Academic Press. 129～220.

Horn, R. Laurence (1985) Metalinguistic negation and pragmatic ambiguity. *Language* 61.1: 121～174.

Huang, C.-T. James (1988) *Wo pao de kuai* and Chinese phrase structure. *Language* 64: 274～311.

Jespersen, Otto (1917) Negation in English and other Languages. In *Selected Writings of Otto Jespersen*. London: George Allen & Unwin Ltd. 3～151.

Jespersen, Otto (1924) *The Philosophy of Grammar*. London: George Allen & Unwin Ltd.《语法哲学》，何勇、夏宇生、司辉、张兆星译，王静甦、韩有毅校，廖序东审订，北京：语文出版社，1988 年。

Karttunen, L. (1973) Presuppositions of compound sentences. *Linguistic Inquiry* 4.2.

Karttunen, L. & S. Peter (1979) Conventional implicature. In Oh, C.-K. & Di. Dinneen (eds.). *Syntax and Semantics*. Vol. 11: *Presupposition*. New York: Academic Press.

Kato, Natsuko & Yasuhiko Kato (1997) Negative polarity: A comparative syntax of English, Japanese, and Spanish. Presented at the Sixteenth International Congress of Linguistics, Paris, July 21, 1997 (Section 11).

Kempson, Ruth (1977) *Semantic Theory*. Chap. 8: *Ambiguity and Vagueness*. Cambridge University Press.《"歧义"与"模糊"》，孙秋秋译，《国外语言学》1983 年第 3 期。

Kempson, Ruth (1979) Presupposition, opacity, and ambiguity. In Choon-Kyu Oh & Dinneen, D. A. (eds.). *Syntax and Semantics*. Vol. 11: *Presupposition*. New York: Academic Press. 283～298.《预设，晦涩，歧义(上)》，沈家煊译，《国外语言学》1993 年第 4 期。

Kiparsky, C. & P. Kiparsky (1970) Fact. In Bierwisch, M. & K. Heidolph (eds.). *Progress in Linguistics*. The Hague: Mouton. 143～173.

Klima, Edward (1964) Negation in English. In Fodor, J. & J. Katz (eds.). *The Structure of Language: Readings in the Philosophy of Language*. New Jersey: Prentice-Hall. 246～323.

Kuhn, S. Thomas (1962) *The Structure of Scientific Revolution*. Chicago: The University of Chicago Press.《科学革命的结构》，李宝恒、纪树立译，上海：上海科学技术出版社，1980 年。

Kurzweil, Ray (2012) *How to Create A Mind: The Secret of Human Thought Revealed*. New York: Viking Adult.

Lakatos, Imre (1976) *Proofs and Refutations: The Logic of Mathematical Discovery*. Edited by John Worral and Elie Zahar. Cambridge: Cambridge University Press.《证明

与反驳——数学发现的逻辑》，康宏逵译，上海：上海译文出版社，1987年。

Lakatos, Imre(1978) *The Methodology of Scientific Research Programmes, Philosophical Papper*. Voume I. Edited by John Worral & George Currie, Cambridge: Cambridge University Press.《科学研究方法论纲领》，兰征译，上海：上海译文出版社，1986年。

Langendoen, T. & H. Savin(1971) The projection problem for presuppositions. In C. Fillmore & D. T. Langendoen(eds.). *Studies in Linguistic Semantics*. New York: Holt, Rinehart and Winston.

Leech, Geoffrey(1981/1974) *Semantics: The Study of Meaning* (Second Edition). Penguin Books.《语义学》，李瑞华等译，何兆熊等校订，上海：上海外语教育出版社，1987年。

Leech, Geoffrey(1983) *Principles of Pragmatics*. Longman Group Ltd. 中文介绍请看廖秋忠《〈语用学的原则〉介绍》，《国外语言学》1986年第4期。

Lee, Peppina P. L. (2002) Scope properties of the Chinese negator *Bu*, *Mei*(*you*) and *Bushi*: Are they sentential negators? 载徐烈炯、邵敬敏主编《汉语语法研究的新拓展(一)——21世纪首届现代汉语语法国际研讨会论文集》，杭州：浙江教育出版社。

Lee, Peppina P. L. & Pan Haihua(2001) Chinese negation marker *Bu* and its association with focus. *Linguistics* 39.4: 703～731.

Levinson, Stephen(1983) *Pragmatics*. Cambridge University Press.《语用学论题之一～四》，沈家煊译，《国外语言学》1986年第1、2、4期和1987年第1期。

Li, Charles & Thompson, A. Sandra(1976) Subject and topic: A new typology of language. In Li, C Charles(ed.). *Subject and Topic*. Academic Press. 李谷城摘译，《国外语言学》1984年第2期。

Morgan, J. (1973) Presupposition and the representation of meaning: Prolegomena. Doctoral dissertation, University of Chicago.

Osgood, E. Charles & Meredith Martin Richards(1973) From Yang and Yin to *and* or *but*. *Language* 49.2: 380～412.

Paris, Marie-Claude(白梅丽)(1979) Some aspects of the syntax and semantics of the "*Lian … Ye/Dou*" construction in Mandarin Chinese. *Cahiers de Linguistique Asie Orientale*(《东亚语言学杂志》)5: 47～70.《汉语普通话中的"连……也/都"》，罗慎仪据法文文本(与英文文本多有不同)节译，《国外语言学》1981年第3期。

Popper, R. Karl(1968) *Conjectures and Refutations*. New York and Evanston: Harper & Row.《猜想与反驳》，傅季重、纪树立、周昌忠、蒋弋为译，上海：上海译文出版社，1986年。

Quine, W. V. O. (1960) *Word and Object*. Cambridge, Massachusetts: MIT Press.《语词和对象》，陈启伟、朱锐、张学广译，北京：中国人民大学出版社，2005年。

Quine, Willard Van Orman(1980) *From A Logical Point of View* (Second Revised Edition). Harvard University Press.《从逻辑的观点看》，江天骥、宋文淦、张家龙、陈启伟译，上海：上海译文出版社，1987年。英文本，本文据1999年的第12次印刷本。

Russell, Bertrand(1905) On denoting. *Mind* 14.56: 479～493.

Russell, Bertrand(1959) *My Philosophic Development*. London: George Allen & Unwin Ltd.

Russell, Bertrand(1996/1945) *A History of Western Philosophy*. London: Routledge.

Russell, Bertrand(2010/1905) *Mysticism and Logic and Other Essays*. Cornell University Library Digital Collections.

Schiebe, T. (1975) *Über Präsuppositionen zusammengesetzter Sätze im Deutschen*. Stockholm: Almquist & Wiksell.

Smith, Neil & Deirdre Wilson (1979) *Modern Linguistics: The Results of Chomsky's Revolution*. Bloomington: Indiana University Press.《现代语言学》,李谷城等译,北京:外语教学与研究出版社,1983 年。

Soames, S. (1982) How presuppositions are inherited: A solution to the projection problem. *Linguistic Inquiry* 13.3.

Sperber, Dan & Deirdre Wilson (1995) *Relevance: Communication and Cognition* (2nd ed.). Oxford: Blackwell.

Sweetser, Eve E. (1990) *From Etymology to Pragmatics: Metaphorical and Cultural Aspects of Semantic Structure*. Cambridge: Cambridge University Press.

Thibeault, Aaron(2012) A summary of '*How to Create a Mind: The Secret of Human Thought Revealed*' by Ray Kurzweil. Posted on November 27, 2012 by the Book Reporter. Online at http://newbooksinbrief.com/2012/11/27/25-a-summary-of-how-to-create-a-mind-the-secret-of-human-thought-revealed-by-ray-kurzweil/#25p2.

Traugott, Elizabeth Closs(1982) From propositional to textual and expressive meanings: Some semantic-pragmatic aspects of grammaticalization. In Winfred P. Lehmann and Yakov Malkiel(eds.). *Perspectives on Historical Linguistics*. Amsterdam: Benjamins. 245～271.

Ungereer, F. & H.-J. Schmid(2006) *An Introduction to Cognitive Linguistics* (Second Edition). London & New York: Longman.《认知语言学导论》,彭利贞、许国萍、赵薇译,熊学亮、刘翼斌、赵旻燕审校,上海:复旦大学出版社,2009 年。

Wang, S.-Y. William(王士元)(1965) Two aspect markers in Mandarin. *Language* 41.2.《现代汉语中的两个体标记》,袁毓林译,《国外语言学》1990 年第 1 期。

Weinreich, U. (1966) Explorations in semantic theory. In Sebeok, T. A. (ed.). *Current Trends in Linguistics* III. The Hague: Mouton.

Ziman, John(2000) *Real Science: What It Is, and What It Means*. England: Cambridge University Press.《真科学:它是什么,它指什么》,曾国屏、匡辉、张成岗译,上海:上海科技教育出版社,2008 年。

Zwicky, Arnold & Jerrold Sadock(1975) Ambiguity tests and how to fail them. In John P. Kimball(ed.). *Syntax and Semantics* 4. New York: Academic Press. 1～36.

后　　记

本书是我承担的国家社会科学基金后期资助项目(12FYY005,2012 年 8 月～2014 年 6 月)的结项成果。感谢国家社会科学基金的资助,使我有机会整理和补充自己从 20 世纪 90 年代以来对于汉语否定表达的研究结果,并且编辑和扩充成一部专著;也让我有机会对自己 90 年代以来研究否定问题的技术路线,特别是其背后的方法论和科学哲学进行回顾和审视。

从 1996 年开始,我尝试研究汉语的否定表达问题;先后考察了并列结构、连谓结构和流水句中的否定现象。1999 年,我还以"汉语否定句的认知研究"为题,申报国家社会科学基金青年项目。虽然没有申请成功,但是已经展开的系列研究也无法马上刹车。于是,我又接着考察了谓词性偏正结构的否定表达,还从理论上讨论了否定句的焦点、预设和辖域歧义等问题。在这个过程中,我碰到了"避免"类动词和"差点儿"类副词中所隐含的否定(即隐性否定),发现自己在理论准备方面的严重不足。特别是在讨论否定句的焦点、预设和辖域歧义等问题时,感觉到必须对句子的焦点结构和有关的焦点理论有更加广泛和深入的了解。于是,我下决心学习和研究句子的焦点结构和语义解释问题。2002 年,我以"汉语句子的焦点结构和语义解释"为题,申报国家社会科学基金项目;获得成功(课题编号:02BYY033,2002 年 6 月～2005 年 6 月);结项成果《汉语句子的焦点结构和语义解释》于 2012 年由商务印书馆出版。有了对于焦点结构的摸索经验,我从 2006 年开始,回到了对于否定句的焦点结构和汉语隐性否定动词和副词的研究,积累了一组文章。于是,我在 2012 以"汉语否定表达的认知研究和逻辑分析"为题,申报国家社会科学基金后期资助项目,侥幸获得成功。接下来,就根据课题评审专家的意见,对这本书稿进行修正和扩充。

具体的增补和修订信息如下:

对章节板块进行了调整,把原来的第三单元"中介语里否定表达的偏误分析",调整到最后,成为第五单元。这样,更好地体现从理论研究到应用研究的逻辑顺序。

把原来独立的关于疑问代词的任指否定格式的一章，并入关于显性否定的第二单元。

在第四单元中，增加了一章（第十四章），专门讨论副词“白、白白（地）”构成的句子的否定意义的概念结构基础和相应的概念与句法相协同的语义识解机制。

在“前言”部分增加了对于本书所使用的研究方法和哲学理念的介绍与讨论。

在第一章中，增加了关于预设和否定与心智空间的两节（第六节“关于预设投射的三种理论”、第七节“结语”）。

在第二章中，增加了关于否定与悖论的两节（第四节“悖论启发我们‘思考不可思考之事’”、第五节“悖论引导我们在不确定的世界里谦逊地前行”）。

在第九章中，增加了两节（第一节“引言”和第七节“结语”）。

书中的有关章节，曾经在学术期刊上发表过，收入本书时又做了修订、增补和扩充。下面，把作为相关章节的底稿的发表信息和引用指数列举如下①：

（1～2）第一、二章的基础是论文《论否定句的焦点、预设和辖域歧义》（《中国语文》2000 年第 2 期，第 99～108 页）。论文的主要内容曾经应邀在香港城市大学中文、翻译和语言学系做过专题演讲。文章发表后被广泛应用，日本《现代中国语研究》（2001 年第 3 期）上周静的《汉语肯定否定研究的新特点》一文，认为本文是“用人工智能、计算机的知识来研究（否定）的”（第 108 页）。引用指数 218 次。

（3）第三章的基础是论文《否定式偏正结构的跨维度考察》（《语法研究和探索》（10），第 42～46 页，商务印书馆，2000 年）。收入论文集，没有引用数据。

（4）第四章的基础是论文《并列结构的否定表达》（《语言文字应用》1999 年第 3 期，第 57～72 页）。引用指数 45 次。

（5）第五章的基础是论文《连谓结构的否定表达》（陆俭明主编《面临新世纪挑战的现代汉语语法研究》，第 449～464 页，山东教育出版社，2000 年）。收入论文集，没有引用数据。

（6）第六章的基础是论文《流水句中否定的辖域及其警示标志》（《世界汉语教学》2000 年第 3 期，第 22～33 页）。引用指数 41 次。

---

①　我从《中国学术期刊网》（即“中国知识资源总库”或“中国知网”，CNKI）的《中国引文数据库》中查看这些文章的引用率（查阅时间：2017 年 11 月 29 日）数据（引用频次）。

(7)第七章的基础是论文《“Neg＋Wh＋VP”和“Wh＋Neg＋VP”意义同异之辨——兼谈全称否定的排他性保留和特称容忍的逻辑机制》(《中国语文》2011 年第 3 期,第 195～204 页。是我和师兄王明华合作的)。引用指数 12 次。

(8)第八章的基础是论文《动词内隐性否定的语义层次和溢出条件》(《中国语文》2012 年第 2 期,第 99～113 页;中国人民大学复印报刊资料《语言文字学》2012 年第 6 期,第 16～30 页。全文转载)。引用指数 52 次。

(9)第九章的基础是论文《隐性否定动词的叙实性和极项允准功能》(《语言科学》2014 年第 6 期)。引用指数 10 次。

(10)第十章的基础是论文《“怀疑”的意义引申机制和语义识解策略》(《语言研究》2014 年第 3 期,第 1～12 页)。引用指数 12 次。需要交代的是,论文发表用的是简本(删去了两节);本书用的是全本(恢复了两节:第七节“‘怀疑’的语义侧面被语境突显和塑造”和第八节“‘怀疑’的使用规则和偏误分析”)。

(11)第十一章的基础是论文《隐性否定溢出的例证调查和博弈论分析》(复旦大学汉语言文字学科《语言研究集刊》第九辑,第 97～112 页,上海辞书出版社,2012 年。是我和师兄王明华合作的)。收入论文集,没有引用数据。

(12)第十二章的基础是论文《“差点儿”和“差不多”的意义同异之辨》(《语言教学与研究》2011 年第 6 期,第 66～75 页;中国人民大学复印报刊资料《语言文字学》2012 年第 3 期,第 22～30 页。全文转载)。引用指数 23 次。

(13)第十三章的基础是论文《“差点儿”中的隐性否定及其语法效应》(《语言研究》2013 年第 2 期,第 54～64 页;中国人民大学复印报刊资料《语言文字学》2013 年第 9 期,第 46～57 页。全文转载)。引用指数 23 次。

(14)第十四章的基础是论文《概念驱动和句法制导的语句构成和意义识解——以“白、白白(地)”句的语义解释为例》(《中国语文》2014 年第 5 期,第 402～417 页)。引用指数 7 次。

(15)第十五章的基础是论文《试析中介语中跟“不”相关的偏误》(《语言教学与研究》2005 年第 6 期,第 39～47 页)。引用指数 57 次。

(16)第十六章的基础是论文《试析中介语中跟“没有”相关的偏误》(《世界汉语教学》2005 年第 2 期,第 56～70 页)。引用指数 61 次。

增补和修订完这部书稿,我一方面感到些许欣慰,终于可以把这个课题做一个了结了;另一方面又感到十分惭愧,因为我对否定表达的观察和描写还很不充分，理解也不够全面和深入，尤其是缺少心理学方面的实证研究。我希望在以后的研究中能够逐步补充和完善。

最后，我要感谢在学术上帮助过我的各位师友，感谢研究过否定表达的前辈和时贤，感谢商务印书馆和责任编辑朱俊玄先生。感谢崔希亮学长给我题写书名，为拙著增光添彩。

必须说明，由于本书的16章内容是在20来年中，在不同的理论认识的背景上，并且是在不同的地点（北京、东京、首尔）和资料条件下写成的，因而所引文献的版本、行文的格式体例、所用的术语乃至观点可能前后不一，现在也难以全部统一。谨此，向广大读者致歉。书中的谬误和纰漏，敬请各位读者和行家不吝指正。

2014年11月18日写于京西蓝旗营